Guías para conversar

Francés

para el viajero

geoPlaneta

Francés para el viajero
1ª edición en español – junio de 2006
Traducción de *French Phrasebook*, 2ª edición – abril de 2003

Editorial Planeta, S.A.
Av. Diagonal 662-664. 08034 Barcelona (España)
Con la autorización para la edición en español de Lonely Planet Publications Pty Ltd A.B.N. 36 005 607 983, Locked Bag 1, Footscray, Melbourne, VIC 3011, Australia

Dirección editorial: Olga Vilanova
Coordinación editorial: María García Freire
Asesoramiento lingüístico: Mireille Bloyet
Traducción: Belén Vasallo
Transliteración: Mireille Bloyet, Pilar Menéndez
Realización: Advanced Creativity Communication, S.C.P.

Edición inglesa
Publishing manager: Jim Jenkin
Project manager: Fabrice Rocher
Commissioning editors: Karin Vidstrup Monk , Karina Coates
Translation and transliteration: Michael Janes
Editors: Ben Handicott, Meg Worby, Emma Koch, Annelies Mertens, Piers Kelly
Proofer: Julie Burbidge
Series designer: Yukiyoshi Kamimura
Layout designer: Patrick Marris
Illustrations: Daniel New
Cartographers: Natasha Velleley, Wayne Murphy, Paul Paia

Cover illustration: *A toast for the thirsty threesome,* Yukiyoshi Kamimura

ISBN 13: 978840806465-7
ISBN 10: 84-08-06465-7
Depósito legal: B-23191-2006

Impresión: Gaybán Gràfic, S.L.
Encuadernación: Roma, S.L.
Printed in Spain – Impreso en España

cómo utilizar este libro ...

Cualquier persona puede hablar otro idioma, todo depende de la confianza que tenga en sí misma. No hay que preocuparse si uno no ha aprendido nunca una lengua extranjera, pues aunque sólo se aprenda lo más elemental, la experiencia del viaje se verá sin duda enriquecida con ello. No hay nada que perder haciendo este esfuerzo por comunicarse con los demás.

> buscar información

El libro está dividido en secciones para que resulte más fácil encontrar lo que se busca. El capítulo de **herramientas** se consultará con frecuencia, pues en él se exponen las bases gramaticales del idioma y se dan las claves para leer adecuadamente la guía de pronunciación. En la sección **en práctica** se incluyen situaciones típicas de cualquier viaje: moverse en transporte público, encontrar un sitio para dormir, etc. La sección **relacionarse** proporciona frases para mantener conversaciones sencillas, para expresar opiniones y poder conocer gente. También se incluye una sección dedicada exclusivamente a la **comida,** que además contiene un diccionario gastronómico. En **viajar seguro** se podrán encontrar frases relacionadas con la salud o la seguridad. Basta con recordar los colores de cada sección para poder encontrarlo todo fácilmente, aunque también se puede usar el **índice general.** Otra opción es consultar el **diccionario bilingüe** para localizar el significado de las palabras.

> hacerse entender

En el lateral derecho de cada página se incluyen frases en color que servirán como guía de pronunciación. Ni siquiera hará falta mirar el propio idioma, ya que uno se acostumbrará a la forma en la que se han representado ciertos sonidos. Aunque el capítulo de pronunciación en **herramientas** aporta una explicación más extensa y detallada, cualquier persona que lea despacio estas frases de color podrá ser entendida.

> consejos

El lenguaje corporal, la forma de hacer las cosas, el sentido del humor, todo ello desempeña un papel importante en las distintas culturas. En los textos de los recuadros **de uso cotidiano** se incluyen las expresiones coloquiales más usadas, que conseguirán que las conversaciones resulten más naturales y vivaces. Por otra parte, los recuadros **se podrá oír** recogen frases que probablemente se puedan escuchar en determinadas situaciones (los recuadros comienzan con la guía fonética porque el viajero oirá la frase antes de saber qué están diciendo).

francés

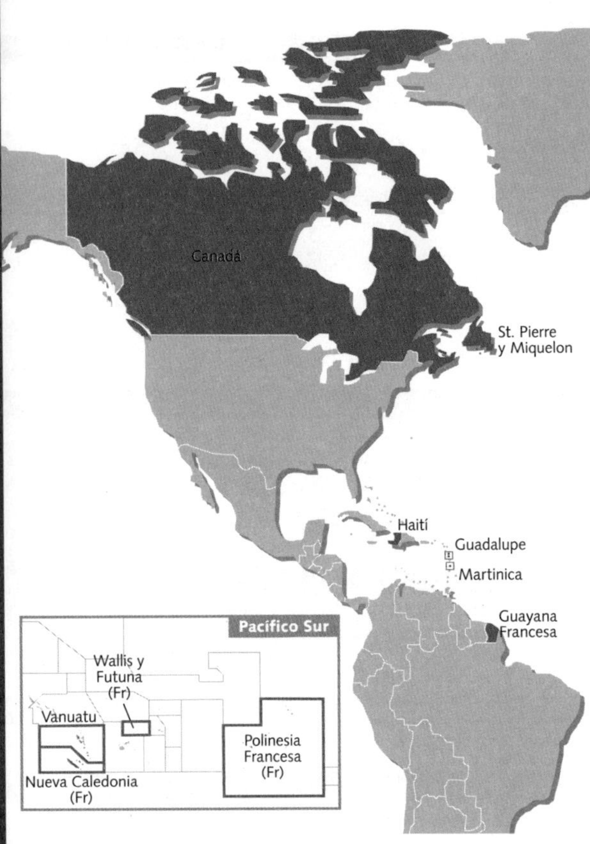
Canadá
St. Pierre
y Miquelon
Haití
Guadalupe
Martinica
Guayana
Francesa
Pacífico Sur
Wallis y
Futuna
(Fr)
Vanuatu
Polinesia
Francesa
(Fr)
Nueva Caledonia
(Fr)

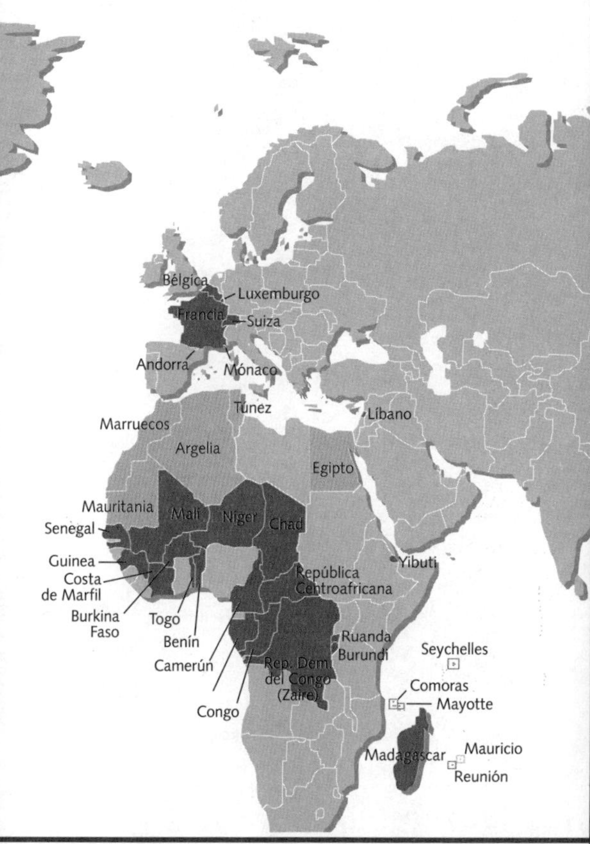

lengua oficial **ampliamente entendida**

Para más detalles, véase la **introducción**.

INTRODUCCIÓN
introduction

El francés es uno de los idiomas que más se aprende en el mundo e incluso puede que, sin saberlo, el viajero sepa ya decir algunas frases de manera espontánea. No se debe olvidar que, si bien la evolución los ha ido distanciando de manera visible, tanto el francés como el español poseen el mismo origen y, por lo tanto, las raíces de las palabras son las mismas y sus gramáticas se relacionan familiarmente... Por otro lado, tras siglos siendo la lengua de cultura por excelencia en Europa, el francés ha exportado un sinfín de palabras procedentes de ámbitos como el arte, la gastronomía, etc.

Por todo ello la estructura de las frases en francés no resulta nada extraña a los hispanohablantes y los sonidos del idioma son bastante similares a los del español. Los pocos sonidos que sí son diferentes probablemente resultarán familiares por los ejemplos exagerados o caricaturizados que aparecen en la televisión y en las películas, como por ejemplo la 'r' pronunciada vibrante y gutural, tan característicamente francesa. Esto no significa que lo que se escucha en televisión sea totalmente exacto, pero el intento de adoptar un acento francés a medida que se avanza con este libro puede ayudar mucho más de lo que uno imagina.

El francés pertenece a la familia de las lenguas románicas, como el italiano, el español o el portugués.

datos básicos ...

nombre del idioma: francés

nombre en el idioma:
français fran·sɛ

familia lingüística: románica

número aproximado de hablantes:
lengua materna: 80 millones
segunda lengua: 50 millones

lenguas emparentadas:
italiano, español, portugués, rumano

aportaciones al español:
chef, gourmet, paté, puré, menú, restaurante, modista, chaqueta, pantalón, jardín, garaje, chalet, carné.

Estos idiomas se crearon a partir del latín hablado que los romanos llevaban consigo en las conquistas del imperio en el s. I a. C. Una vez desaparecido el Imperio Romano, estos países quedaron aislados del influjo centralizador latino, sus lenguas evolucionaron de diferente manera y dieron lugar a los idiomas que hoy se hablan en Italia, Francia, España o Portugal.

Tras disfrutar de las ventajas prácticas de hablar francés, como por ejemplo averiguar dónde se encuentra un agradable viñedo fuera de las rutas turísticas, uno podrá constatar que las razones para aprender este idioma siguen aumentando, pues el peso específico de esta lengua en la literatura (el premio Nobel de literatura se ha otorgado a autores franceses una docena de veces), el cine y la música es muy significativo y, por otra parte, cuenta también con el incentivo de que ser una lengua hablada en todo el mundo.

El francés es la lengua oficial en cerca de 30 países, aunque esto no significa que sea siempre el único idioma hablado en cada uno de ellos: en Canadá sólo se habla francés en Québec, y en Bélgica su uso es más frecuente en la parte sur. Aunque una razón para la divulgación del idioma fue la colonización de países en África, el Pacífico y el Caribe, el francés continuó siendo el idioma de la diplomacia internacional hasta principios del s. XX, cuando fue sustituido por el inglés. No obstante, sigue siendo el idioma oficial de ciertos organismos internacionales, incluida la Cruz Roja, las Naciones Unidas y el Comité Olímpico Internacional.

¿Alguien necesita más incentivos? Hay que pensar que los contactos que se hagan empleando el francés ayudarán a que la experiencia sea única. La sabiduría local, las nuevas relaciones y un sentimiento de satisfacción personal están en la punta de la lengua, de modo que adelante...

> abreviaturas utilizadas en este libro

f. femenino
m. masculino
Sólo se colocarán al lado de un sustantivo si el género de éste difiere del género español.

Casi todos los sonidos del francés se pueden encontrar en español, aunque existen algunas excepciones: los sonidos vocálicos nasales, el característico sonido de la u y esa r, tan francesa, que sale del fondo de la garganta, el sonido j y la s sonora (parecida a la zeta). No obstante, el perder la vergüenza y el imitar los distintos acentos franceses que uno escuchará puede resultar realmente eficaz.

sonidos vocálicos

El francés tiene muchas más vocales que el español, concretamente 16, pues posee vocales abiertas, cerradas y nasales. También cuenta con la ü, un sonido intermedio entre i y u que se realiza colocando los labios como si se fuera a pronunciar una u pero se pronuncia una i. Lo mismo sucede con el sonido œ, intermedio entre o y e, que se obtiene colocando los labios como si se fuera a pronunciar una o pero se dice una e. La a, i, o y u son similares al español y no presentan mayor problema en su pronunciación.

símbolo	equivalente español	ejemplo francés
a	c**a**sa	*tasse*
ɛ	p**e**rcha (e abierta)	*faire*
e	**e**lefante (e cerrada)	*musée*
i	dec**i**r	*lit*
o	r**o**jo	*pot*
œ	inexistente; poner los labios como para pronunciar una o pero decir una e	*deux /le*
ü	inexistente; poner los labios como para pronunciar una u pero decir una i	*tu*
u	l**u**na	*chou*

sonidos vocálicos nasales

Estos sonidos se pronuncian como si uno estuviera intentando expulsar el aire por la nariz en lugar de por la boca. Es más fácil de lo que parece. El español, hasta cierto punto, también tiene sonidos nasales; por ejemplo, cuando se dice 'lengua', la 'e' se contagia de nasalidad por efecto de la 'n'. En francés, sin embargo, los sonidos vocálicos nasales tienen tanta fuerza que hacen que los sonidos consonánticos que los siguen se omitan, aunque a veces se 'intuya' el sonido de la consonante. Por eso para reproducir estos sonidos, el hablante de español debe exagerar mucho la nasalidad de la vocal. Una buena guía es poner, al principio, un dedo bajo la nariz y sentir que el aire sale por ésta. Se utilizarán sonidos consonánticos nasales (m, n) con la vocal nasal para ayudar a producir el sonido con más confianza.

símbolo	equivalente español	ejemplo francés
a^n	**ban**co (exagerando la nasalidad)	*tra^{n}te*
ε^n	**ven**go (exagerando la nasalidad)	*magasε^n*
o^n	**con** (exagerando la nasalidad)	*mouto^n*

sonidos consonánticos

Hay que respirar profundamente y prepararse para afrontar la principal dificultad que conlleva la pronunciación de las consonantes: el sonido de la r. Ésta se forma al fondo de la garganta y suena un poco como cuando se hacen gárgaras. Se puede salir del paso utilizando la 'r' española, pero es uno de los sonidos que realmente ayudarán a que el idioma suene natural, por ello merece la pena practicarlo. Otro sonido que crea problemas por su inexistencia en castellano es la j francesa, pero para poderlo reproducir se puede intentar pronunciar un sonido parecido al de la ll argentina.

símbolo	equivalente español	ejemplo francés
b	**b**ien	*billet*
d	**d**ado	*date*
f	**f**uego	*femme*
g	**g**ol	*grand*
j	inexistente; se pronuncia como la **ll** argentina en ca**ll**e	*je*
k	**c**arta	*carte*
l	**l**una	*livre*
m	**m**amá	*merci*
n	**n**o	*non*
ñ	ca**ñ**a	*signe*
p	**p**uerta	*parc*
r	inexistente; es un sonido que se forma al fondo de la garganta, muy parecido a las gárgaras	*rue*
s	**s**i	*si*
sh	**sh**ow	*change*
t	**t**arta	*tout*
v	inexistente; es un sonido intermedio entre b y f; se pronuncia apoyando los dientes superiores en el labio inferior y dejando salir el aire	*verre*
w	semivocálica	*water*
x	e**x**ceso	*exces*
y	semivocálica	*payer*
z	es una **s** sonora, similar al sonido de un moscardón	*poison*

énfasis de la palabra y ritmo

Las palabras francesas tienen por lo general el acento en la última sílaba, lo que convierte el francés en una lengua de palabras agudas. Los hispanohablantes tienden a poner más énfasis en la segunda sílaba. Esto resulta bastante raro en francés, de modo que para compensar se debería intentar añadir un ligero acento a la última sílaba.

El ritmo del francés se basa en la división de la frase en unidades con significado y en la acentuación de la última sílaba de cada una de estas unidades. En cada uno de estos puntos, el tono se caracteriza por una ligera ascensión.

La pronunciación francesa, al igual que la española, es bastante sencilla.

La prononciation du français,	la pro·no^n·sia·sio^n dü fran·sɛ
comme celle de l'espagnol,	kom sɛl dœ lɛs·pa·ñol
est assez facile.	ɛ a·se fa·sil

El 'ritmo' de la frase es bastante regular gracias a estas sílabas sobreacentuadas.

entonación

Cuando se hace una pregunta se utiliza una entonación ascendente. Por otra parte, cuando se enumeran cosas, la voz sube después de pronunciar cada objeto hasta que, al decir el último, la voz cae, tal como se hace en español.

escritura

Escribir en francés resulta más complicado que hablarlo: un buen ejemplo es la ortografía de las terminaciones verbales. A veces una terminación puede tener hasta cinco letras y sonar igual que otra terminación que sólo tenga dos (*-aient* y *-ai*: ambas suenan como ɛ). No hay que desesperarse, ya que los propios franceses tienen también dificultades con la ortografía.

cómo construir frases
grammaire

Este capítulo está diseñado para ayudar al lector a formar sus propias frases. Si uno no encuentra la frase exacta, debe recordar que no hay reglas, sólo formas diferentes de decir las cosas. Normalmente, uno podrá hacerse entender con un par de palabras bien escogidas, un poco de gramática y unos cuantos gestos.

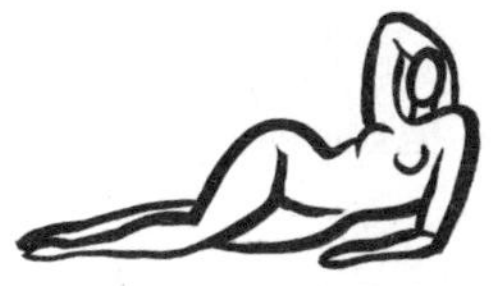

artículo indeterminado

Quiero un billete y una postal.
Je voudrais un ticket et une carte postale. — jœ vu·drɛ ɛ^{n} ti·kɛ e ün kart pos·tal

El artículo determinado en francés tiene una forma masculina y otra femenina, como en español, y debe concordar en género con el sustantivo al que acompaña.

masculino	*un*	ɛ^{n}	un billete	un ticket	ɛ^{n} ti·kɛ
femenino	*une*	ün	una postal	*une carte postale*	ün kart pos·tal

adjetivos

Busco un hotel confortable.

Je cherche un hôtel confortable.	jœ shɛrsh ɛ^n no·tɛl ko^n·for·tabl

Por norma general los adjetivos se posponen al sustantivo. No obstante, hay que tener en cuenta dos excepciones de uso frecuente, los adjetivos **grande,** *grand* y **pequeño,** *petit*, que se colocan antes del sustantivo.

Los adjetivos, al igual que en castellano, tienen marcas de género y número: el femenino suele llevar una -*e* al final que hace que se pronuncie la consonante que va delante, que en el caso del masculino suele ser muda, o que cambie el final del sonido vocálico.

masculino			femenino	
pequeño	*petit*	pœ·ti	*petite*	pœ·tit
siguiente	*prochain*	pro·shɛ^n	*prochaine*	pro·shɛnn

género

El género de los sustantivos coincide en su gran mayoría con el del español, aunque hay también algunas excepciones. El sustantivo 'diente', por ejemplo, es femenino. En este libro solamente se especificará el género de los sustantivos (con f. o m. al lado de la palabra) en aquellos casos en los que sea diferente al género de la palabra en español.

Véase **artículo indeterminado, artículo determinado, posesivos** y **adjetivos.**

masculino y femenino

En este libro, las formas en masculino aparecen antes que las formas en femenino. Si se ha añadido una letra para indicar la forma femenina (normalmente una e), ésta aparecerá entre paréntesis. Cuando el cambio conlleva algo más que una letra añadida, aparecen las dos formas.

tener

Tengo dos hermanos.
J'ai deux frères. jɛ dœ frɛr

Al igual que en español, los verbos se conjugan y las desinencias verbales cambian en función del sujeto. Por otra parte, el sujeto en la frase es obligatorio, de modo que si no hay otro sujeto explícito, se deberá utilizar un pronombre.

tener		avoir		
yo	tengo	*j' (je)*	*ai*	Jɛ
tú	tienes	*tu*	*as*	tü a
él/ella	tiene	*il/elle*	*a*	il/ɛl a
nosotros	tenemos	*nous*	*avons*	nu·za·vo^{n}
vosotros	tenéis	*vous*	*avez*	vu·za·ve
ellos	tienen	*ils/elles*	*ont*	il/ɛl zo^{n}

Véase también **posesivos.**

número

Quiero dos billetes.

Je voudrais deux billets. — jœ vu·drɛ dœ bi·yɛ

En líneas generales, el plural se forma añadiendo una *-s* al singular, aunque hay varias excepciones. Por ejemplo, las palabras que terminan en *-al* hacen el plural en *-aux*, como *cheval/chevaux, journal/journaux.*

Quiero dos billetes mensuales.

Je voudrais deux billets mensuels. — jœ vu·drɛ dœ bi·yɛ ma^{n}·süɛl

Al igual que el sustantivo y el artículo, el adjetivo también forma el plural añadiendo una *-s*.

Véase **adjetivos** para más información.

posesivos

Éste es mi marido y ésta es mi hija

Voici mon mari et voici ma fille. — vua·si mo^{n} ma·ri e vua·si ma fiy

Los posesivos en francés son bastante parecidos al castellano, pero presentan la particularidad de que las formas del singular tienen género y deben concordar con el sustantivo al que acompañan, así **mi casa,** *ma maison,* pero **mi perro,** *mon chien.*

	mi	su (formal)		
masculino	*mon*	*votre*	*passeport*	pasaporte
	mo^{n}	votr	pas·*por*	
femenino	*ma*	*votre*	voiture	automóvil
	ma	votr	vua·tür	
plural	*mes*	*vos*	bagages	maletas
	mɛ	vo	ba·gaj	

Cuando el sustantivo empieza por 'h' o por un sonido vocálico, se emplea *mon* en vez de *ma*, independientemente de su género, así *mon amie (mon na·mi)*.

Los posesivos para la segunda persona singular 'tu' (*ton, ta, tes*) y tercera persona singular 'su' (*son, sa, ses*) se utilizan de la misma forma que 'mi' en el recuadro anterior.

Véase también **tener**.

negación

No lo sé.

Je ne sais pas. jœ nœ sɛ pa

Para construir una frase negativa, los franceses utilizan las partículas *ne* y *pas*. La partícula *ne* sigue al sujeto y *pas* se coloca después del verbo o del auxiliar más funcional.

No quiero ir.

Je ne veux pas aller. jœ nœ vœ pa a·le

Si el verbo es una forma compuesta, las partículas *ne* y *pas* se colocan una antes y otra después de la forma auxiliar conjugada, no del participio: *je n'ai pas mangé*.

planes futuros

Llegaré mañana.

Je vais arriver demain jœ vɛ a·rri·ve dœ·mɛ^{n}

(lit.: Yo voy llegar mañana)

Al igual que en español, se puede expresar futuro utilizando el presente del verbo 'ir' seguido de otro verbo, pero a diferencia del español, se omite la preposición 'a' entre los dos verbos.

ir		aller		
yo	voy	*je*	*vais*	jœ vɛ
tú	vas	*tu*	*vas*	tü va
él/ella	va	*il/elle*	*va*	il/ɛl va
nosotros	vamos	*nous*	*allons*	nu·za·lo^{n}
vosotros	vais	*vous*	*allez*	vu·za·le
ellos	van	*ils/elles*	*vont*	il/ɛl vo^{n}

señalizadores

Ése es el tren adecuado.
C'est le bon train. sɛ lœ bo^{n} trɛ^{n}
(lit.: Ése es el buen tren)

La forma más sencilla de señalar algo es utilizando la expresión *c'est* (lit.: ése es). Una frase con *c'est* se puede convertir fácilmente en una pregunta ('¿Es ése el tren adecuado?'). Para más información véase **preguntas**.

ser o no ser

La forma de infinitivo de 'ser' es *être* en francés y, al igual que en español, el verbo se conjuga y cambia en función del sujeto (y del tiempo).

Soy sagitario.
Je suis Sagittaire. jœ süi sa·ji·tɛr

Usted es guapa.
Vous êtes belle. vu·zɛt bɛl

Él es un pesado.
Il est chiant. il ɛ shi·a^{n}

pronombres interrogativos

¿Qué pasa?
Qu'est-ce qui se passe? kɛs kis pas

pronombres interrogativos		
¿Quién?	*qui?*	ki
¿Quién es?	*Qui est-ce?*	ki ɛs
¿Qué?	*qu'est-ce que?*	kɛs kœ
¿Qué es?	*Qu'est-ce que c'est?*	kɛs kœ sɛ
¿Cuál?	*quel/quelle?*	kɛl
¿Cuál (de ellos/ellas)?	*Lequel/laquelle?*	lœ·kɛl/ la·kɛl
¿Cuándo?	*quand?*	ka^n
¿Cuándo sale el vuelo?	*Quand par le vol?*	ka^n par lœ vol
¿Dónde?	*où?*	u
¿Dónde está el bar?	*Où est le bar?*	u ɛ lœ bar
¿Cómo?	*comment?*	ko·ma^n
¿Cómo llegaste hasta allí?	*Comment êtes-vous venu?*	ko·ma^n ɛt-vu vœ·nü
¿Cuántos?	*combien?*	ko^n·byɛ^n
¿Cuántos billetes?	*Combien de billets?*	ko^n·byɛ^n dœ bi·yɛ
¿Por qué?	*pourquoi?*	pur·kua
¿Por qué os reís?	*Pourquoi riez-vous?*	pur·kua ri·e·vu

partitivos

Quiero agua.
Je voudrais de l'eau. jœ vu·drɛ dœ lo

En francés, se utiliza el artículo partitivo con los sustantivos incontables cuando funcionan como objeto directo. Así, en español es suficiente decir 'quiero leche' (que sería lo mismo que decir 'quiero un poco de leche'), pero en francés sería necesario anteponer el artículo partitivo a este sustantivo.

masculino	*du*	dü
femenino	*de la*	dœ la
plural	*des*	dɛ

preposiciones de lugar

Mi pasaporte está en mi bolso

Mon passeport	mo^n pas·por
est dans mon sac.	ɛ da^n mo^n sak

Vivo en Barcelona.

J'habite à Barcelona.	ja·bit a bar·sœ·lon

Para especificar la ubicación de algo, se antepone la preposición al sustantivo que indica el lugar, tal como se hace en español. Para más información sobre preposiciones, véase **diccionario**.

artículo determinado

Me tomaré los caracoles, el filete y la tarta Tatin.

Je prends les escargots,	jœ pra^n lɛ·zɛs·kar·go
le beefsteak et la tarte Tatin.	lœ bif·tɛk e la tart ta·tɛ^n

El artículo determinado singular tiene una forma para el masculino y otra para el femenino, mientras que el plural tiene una forma única que se utiliza indistintamente para los dos géneros.

artículo determinado		
masculino	*le*	lœ
femenino	*la*	la
plural	*les*	lɛs

El hotel que está cerca de la estación de trenes no es caro.

L'hôtel près de la gare n'est pas cher.	lo·tɛl prɛ dœ la gar nɛ pa shɛr

Tanto *le* como *la* se convierten en *l'* cuando preceden a una palabra que empieza por vocal o por h.

preguntas

¿Aquí?	*Ici?*	i·si

La manera más fácil de hacer una pregunta es hacer una afirmación, como se hace en español, y subir la entonación. Otra posibilidad es anteponer *est-ce que* (lit.: es-que-es) a la frase.

¿Es este tren el correcto?

Est-ce-que c'est le bon train?	ɛs kœ sɛ lœ bo^n trɛ^n

Véase **pronombres interrogativos**.

orden de las palabras

El orden básico de las palabras es sujeto-verbo-complemento, como en español. En caso de duda, se puede construir una frase con la misma estructura del español.

alfabeto francés		
A a a	B b bé	C c sé
D d dé	E e œ	F f ef
G g jé	H h ash	I i i
J j ji	K k ka	L l ɛl
M m em	N n en	O o o
P p pé	Q q kü	R r ɛr
S s es	T t té	U u ü
V v ve	W w dubl ve	X x iks
Y y i·grek	Z z zed	

dificultades de comprensión
barrières de communication

¿Habla español?
Parlez-vous espagnol? — par·le vu ɛs·pa·ñol

¿Alguien habla español?
(Y a-t-il quelqu'un) qui parle espagnol? — I ya·til kɛl·kɛ^{n} ki parl ɛs·pa·ñol

¿Entiende?
Comprenez-vous? — Ko^{n}·prœ·ne vu

(Yo) Entiendo.
Je comprends. — jœ ko^{n}·pra^{n}

(Yo) No entiendo.
Non, je ne comprends pas. — No^{n} jœ nœ ko^{n}·pra^{n} pa

falsos amigos

Algunas palabras francesas son similares a palabras españolas, pero tienen un significado completamente distinto. Estas son algunas de ellas:

constipé — ko^{n}s·ti·pe — estreñido
no 'constipado', que se dice *enrhumé*, a^{n}·rü·me

espérer — es·pe·re — anhelar
no 'esperar', que se dice *attendre*, a·ta^{n}dr

subir — sü·bir — sufrir
no 'subir', que se dice *monter*, mo^{n}·te

salir — sa·lir — ensuciar
no 'salir', que se dice *sortir*, sor·tir

roman — ro·ma^{n} — novela
no 'romano', que se dice *romain*, ro·mɛ^{n}

entendre — a^{n}·ta^{n}ndr — oír
no 'entender', que se dice *comprendre*, ko^{n}·pra^{n}dr

demander — dœ·m a^{n}·de — preguntar
no 'demandar', que se dice *porter plainte*, por·te plɛ^{n}t

attendre — a·ta^{n}dr — esperar
no, 'atender', que se dice *s'occuper de*, so·kü·pe de

Hablo un poco.
Je parle un peu. — jœ parl ɛ^{n} pœ

¿Qué significa 'fesses'?
Que veut dire 'fesses'? — kœ vœ dir fɛs

¿Cómo se ...?	*Comment ...?*	ko·ma^{n}n ...
pronuncia esto	*le prononcez-vous*	lœ pro·no^{n}·se vu
escribe 'bonjour'	*est-ce qu'on écrit 'bonjour'*	ɛs kon e·kri bo^{n}·jur

¿Podría ..., por favor?	*Pourriez-vous ..., s'il vous plaît?*	pu·ri·e vu ... sil vu plɛ
hablar más despacio	*parler plus lentement*	par·le plü la^{n}t·ma^{n}
repetir eso	*répéter*	re·pe·te
escribirlo	*l'écrire*	le·krir

un par de consejos para leer en francés

> En francés se verá a menudo una *l'* delante de una palabra que empiece por vocal o por h muda. Esta *l'* sustituye al artículo *le* o *la* y se pronuncia como si la palabra empezara por una l, por ejemplo *l'orange*, lo·ra^{n}j.

> Por regla general, si una consonante aparece al final de una palabra, no se pronuncia, por ejemplo *faux*, fo. La excepción es la letra 'c', que sí se pronuncia a final de palabra, por ejemplo sec, *sɛk*. También se pronuncia la consonante final cuando la siguiente palabra empieza por una vocal o por h, por ejemplo *faux amis*, fo zami. Este fenómeno se llama *liaison*.

números y cantidades
nombres et quantités

números cardinales

nombres cardinaux

0	*zéro*	ze·ro
1	*un*	ε^n
2	*deux*	dœ
3	*trois*	trua
4	*quatre*	katr
5	*cinq*	sε^{n}k
6	*six*	sis
7	*sept*	sεt
8	*huit*	uit
9	*neuf*	nœf
10	*dix*	dis
11	*onze*	onz
12	*douze*	duz
13	*treize*	trεz
14	*quatorze*	ka·torz
15	*quinze*	kε^{n}z
16	*seize*	sεz
17	*dix-sept*	di·zεt
18	*dix-huit*	diz·üit
19	*dix-neuf*	diz·*nœf*
20	*vingt*	vε^n
21	*vingt et un*	vε^n·teε^n
22	*vingt-deux*	vε^n·dœ
30	*trente*	tra^{n}t
40	*quarante*	ka·ra^{n}t
50	*cinquante*	si^n·ka^{n}t
60	*soixante*	sua·za^{n}t
70	*soixante-dix*	sua·za^n·dis
80	*quatre-vingts*	katr-vε^n
90	*quatre-vingt-dix*	katr-vε^n-dis
91	*quatre-vingt-onze*	katr-vε^n-onz
100	*cent*	sa^n
1.000	*mille*	mil
1.000.000	*un million*	ε^n·mi·lio^n

números ordinales

nombres ordinaux

1°	*premier/première*	prœ·mie/prœ·miɛr
2°	*deuxième*	dœ·ziɛm
3°	*troisième*	trua·ziɛm
4°	*quatrième*	ka·triɛm
5°	*cinquième*	sɛ^n·kiɛm

fracciones

fractions

un cuarto	*un quart*	ɛ^n kar
un tercio	*un tiers*	ɛ^n tiɛr
una mitad	*un demi*	ɛ^n dœ·mi
tres cuartos	*trois-quarts*	trua·kart
todo	*tout*	tu
nada	*rien*	ryɛ^n

cantidades

quantités

¿Cuánto/s?	*Combien?*	ko^n·byɛ^n
Por favor, déme ...	*Donnez-moi s'il vous plaît ...*	do·ne mua sil vu plɛ ...
(100) gramos	*(cent) grammes*	(sa^n) gram
(media) docena	*(demi-)douzaine*	(dœ·mi) du·zɛn
un kilo	*un kilo*	ɛ^n ki·lo
un paquete	*un paquet*	ɛ^n pa·kɛ
una loncha	*une tranche*	ün tra^{n}sh
una lata	*une boîte*	ün buat
menos	*moins*	moɛ^n
(sólo) un poco	*(juste) un peu*	(jüst) ɛ^n pœ
mucho	*beaucoup de*	bo·ku dœ
más	*plus*	plü
unas/algunas (manzanas)	*quelques (pommes)*	kɛlk (pom)

horas y fechas
l'heure et le calendrier

la hora

l'heure

Para decir la hora, se suelen utilizar los números del 1 al 24.

¿Qué hora es?	*Quelle heure est-il?*	kɛl œr ɛ·til
Es la (una) .	*Il est (une) heure.*	il ɛ (ün) œr
Son las (diez).	*Il est (dix) heures.*	il ɛ (diz) œr
Es la una y cuarto.	*Il est une heure et quart.*	il ɛ ün, œr e kar
Es la una y veinte.	*Il est une heure vingt.*	il ɛ ün œr vɛ^n
Es la una y media.	*Il est une heure et demie.*	il ɛ ün œr e dœ·mi

Como en español, cuando pasa de la media, se toma la siguiente hora menos (*moins*) los minutos que falten hasta la hora en punto.

Es la una menos veinte.	*Il est une heure moins vingt.*	il ɛ ün œr moɛ^n vɛ^n
Es la una menos cuarto.	*Il est une heure moins le quart*	il ɛ ün œr moɛ^n lœ kar
de la mañana	*du matin*	dü ma·tɛ^n
de la tarde	*de l'après-midi*	dœ la·prɛ mi·di
de la noche	*du soir*	dü suar

los días de la semana

jours de la semaine

lunes	*lundi*	lɛ^n·di
martes	*mardi*	mar·di
miércoles	*mercredi*	mɛr·krœ·di
jueves	*jeudi*	jœ·di
viernes	*vendredi*	van·drœ·di
sábado	*samedi*	sam·di
domingo	*dimanche*	di·ma^{n}sh

el calendario

calendrier

> meses

enero	*janvier*	jan·vie
febrero	*février*	fe·vrie
marzo	*mars*	mars
abril	*avril*	a·vril
mayo	*mai*	mɛ
junio	*juin*	jüɛ^n
julio	*juillet*	jüi·yɛ
agosto	*août*	ut
septiembre	*septembre*	sɛp·ta^{n}br
octubre	*octobre*	ok·tobr
noviembre	*novembre*	no·va^{n}br
diciembre	*décembre*	de·sa^{n}br

> estaciones

verano	*été*	e·te
otoño	*automne*	o·ton
invierno	*hiver*	i·vɛr
primavera	*printemps* (m.)	prɛ^n·ta^n

fechas

dates

¿Qué fecha?
Quelle date? kɛl dat

¿Qué día es hoy?
C'est quel jour aujourd'hui? sɛ kel jur o·jur·düi

Es el (18 de octubre).
C'est le (dix-huit octobre). sɛ lœ (di·zui·tok·tobr)

presente

présent

ahora	*maintenant*	mɛ^{n}t·na^{n}
ahora mismo	*tout de suite*	tud süit
esta/este ...		
tarde	*cet après-midi*	sɛ ta·prɛ-mi·di
mes	*ce mois-ci*	sœ mua·si
mañana	*ce matin*	sœ ma·tɛ^{n}
semana	*cette semaine*	sɛt sœ·mɛn
año	*cette année*	sɛt a·ne
hoy	*aujourd'hui*	o·jur·düi
esta noche	*ce soir*	sœ zuar

pasado

passé

hace ...		
(tres) días	*il y a (trois) jours*	il·i·ya (trua) jur
media hora	*une demi-heure avant*	ün dœ·mi-œr a·va^{n}
un rato	*il y a un moment*	il·i·ya ɛ^{n} mo·ma^{n}
(cinco) años	*il y a (cinq) ans*	il·i·ya (sɛ^{n}k) a^{n}
antes de ayer	*avant-hier*	a·va^{n}·tiɛr
el/la ... pasado/a		
mes	*le mois dernier*	lœ mua dɛr·nie
noche	*hier soir*	i·ɛr suar
semana	*la semaine dernière*	la sœ·mɛn dɛr·niɛr
año	*l'année dernière*	la·ne dɛr·niɛr
desde (mayo)	*depuis (mai)*	dœ·püi (mɛ)
ayer por la ...	*hier ...*	i·ɛr ...
tarde	*après-midi*	a·prɛ-mi·di
noche	*soir*	suar
mañana	*matin*	ma·tɛ^{n}

futuro

futur

pasado mañana	*aprés-demain*	a·prɛ-dœ·mɛ^{n}
dentro de ...	*dans ...*	da^{n} ...
(seis) días	*(six) jours*	(si) jur
(cinco) minutos	*(cinq) minutes*	(sɛ^{n}k) mi·nüt
el/la ... que viene	*la semaine*	la sœ·mɛn
semana	*prochaine*	pro·shɛn
mes	*le mois prochain*	lœ mua pro·shɛ^{n}
año	*l'année prochaine*	la·ne pro·shɛn
mañana por la ...	*demain ...*	dœ·mɛ^{n} ...
mañana	*matin*	ma·tɛ^{n}
tarde	*après-midi*	a·prɛ-mi·di
noche	*soir*	suar
hasta el (lunes)	*jusqu'à (lundi)*	jüs·ka (lɛ^{n}·di)
dentro de una hora	*d'ici une heure*	di·si ün œr

durante el día

pendant la journée

tarde	*après-midi* **(m.)**	a·prɛ-mi·di
amanecer	*aube* **(f.)**	ob
día	*jour*	jur
tarde	*soir* **(m.)**	suar
mediodía	*midi*	mi·di
medianoche	*minuit* **(m.)**	mi·nui
mañana	*matin* **(m.)**	ma·tɛ^{n}
noche	*nuit*	nüi
salida de sol	*lever* **(m.)** *de soleil*	lœ·ve dœ so·lɛy
puesta de sol	*coucher* **(m.)** *de soleil*	ku·she dœ so·lɛy

dinero
l'argent

¿Cuánto cuesta?		
Ça fait combien?		sa fɛ kon·byɛ^{n}
¿Me puede escribir el precio?		
Pouvez-vous écrire le prix?		pu·ve-vu e·krir lœ pri
¿Aceptan ...?	*Est-ce que je peux payer avec ...?*	ɛs·kœ jœ pœ pɛ·ye a·vɛk ...
tarjetas de crédito	*une carte de crédit*	ün kart dœ kre·di
tarjetas de débito	*une carte de débit*	ün kart dœ de·bi
cheques de viaje	*des chèques de voyage*	dɛ shɛk dœ vua·yaj
Quería ...	*Je voudrais ...*	jœ vu·drɛ ...
cobrar un cheque	*encaisser un chèque*	a^{n}·kɛ·se ɛ^{n} shɛk
cambiar cheques de viaje	*changer des chèques de voyage*	sha^{n}·je dɛ shɛk dœ vua·yaj
cambiar dinero	*changer de l'argent*	sha^{n}·je dœ lar·ja^{n}

¿Dónde está el/la ... más cercano/a?	*Où est ... le plus proche?*	u ɛ ... lœ plü prosh
cajero automático	*le guichet automatique de banque*	lœ gui·shɛ o·to·ma·tik de bank
oficina de cambio de divisas	*le bureau de change*	lœ bü·ro dœ sha^{n}j

¿Me pueden dar un anticipo?	*Puis-je avoir une avance de crédit?*	püij a·vuar ün a·va^{n}s dœ kre·di
¿Cuál es el/la ...?	*Quel est ...?*	kɛl ɛ...
tipo de cambio	*le tarif*	lœ ta·rif
comisión	*le taux de change*	lœ to dœ sha^{n}j
Es/Son ...	*C'est ...*	sɛ ...
gratis	*gratuit*	gra·tüi
(12) euros	*(douze) euros*	(duz) œ·ro

haciendo pasta

En argot existen algunos términos que se utilizan para hacer referencia al dinero.

blé	ble	trigo
flouze	fluz	de la traducción de 'dinero' en árabe
pèze	pɛz	de *peser* (pesar)
pognon	po·ño^{n}	de *empoigner* (agarrar)
Elle a beaucoup de blé.	ɛl a bo·*ku* de ble	**Ella tiene mucha pasta.**

EN PRÁCTICA > transporte
le transport

desplazarse

voyager

¿A qué hora sale el ...?	*À quelle heure part ...?*	a kɛl œr par ...
barco	*le bateau*	lœ ba·to
autobús	*le bus*	lœ büs
avión	*l'avion*	la·vio^n
tren	*le train*	lœ trɛ^n
tranvía	*le tramway*	lœ tram·uɛ

¿A qué hora es el ... autobús?	*Le ... bus passe à quelle heure?*	lœ ... büs pas a kɛl œr
primer	*premier*	prœ·mie
último	*dernier*	der·nie
siguiente	*prochain*	pro·shɛ^n

¿De qué andén sale?
Il part de quel quai? — il par dœ kɛl kɛ

¿Qué autobús va a ...?
Quel bus va à ...? — kɛl büs va a ...

¿Está ocupado este sitio?
Est-ce que cette place est occupée? — ɛs·kœ sɛt plas ɛ o·kü·pe

Ése es mi sitio.
C'est ma place. — sɛ ma plas

¿Puedo llevar el automóvil en el barco?
Je peux transporter ma voiture sur ce bateau? — je pœ tra^{n}s·por·te ma vua·tür sür sœ ba·to

¿Puedo llevar la bici?
Je peux amener mon vélo? jœ pœ am·ne mon ve·lo

¿Me puede decir cuándo llegamos a ...?
Pouvez-vous me dire quand nous arrivons à ...? pu·ve-vu mœ dir ka^{n} nu·za·rri·vo^{n} a ...

Me quiero bajar ...	*Je veux descendre ...*	jœ vœ dɛ·sa^{n}dr ...
en (Nantes)	*à (Nantes)*	a (na^{n}t)
aquí	*ici*	i·si

Para más frases útiles relacionadas con la aduana, véase **cruce de fronteras**, en p. 47.

se podrá oír ...

a·nü·le
annulé **cancelado**

lɛ vua·ya·jœr duav sha^{n}·je dœ trɛ^{n} ...
Les voyageurs doivent changer de train ... **Los pasajeros tienen que cambiar de tren.**

nü·me·ro dü büs ...
numéro du bus ... **número de autobús ...**

a^{n} rœ·tar
en retard **con retraso**

par dœ ...
part de ... **sale de ...**

sœ·lüi-si
Celui-ci. **Éste.**

sœ·lüi-la ...
Celui-là. **Ése.**

billetes

achat des billets

¿Dónde se puede comprar un billete?
Où peut-on acheter un billet? — u pœ·to^n ash·te ɛ^n bi·yɛ

¿Hace falta reservar?
Est-ce qu'il faut réserver une place? — ɛs kil fo re·sɛr·ve ün plas

Quería ... mi billete, por favor.	*Je voudrais ... mon billet, s'il vous plaît.*	je vu·drɛ ... mo^n bi·yɛ sil vu plɛ
cancelar	*annuler*	a·nü·le
cambiar	*changer*	sha^n·je
confirmar	*confirmer*	ko^n·fir·me

¿Cuánto es?
C'est combien? — sɛ ko^n·byɛ^n

Está lleno.
C'est complet. — sɛ ko^n·plɛ

Un billete ... (a Roma), por favor	*Un billet ... (pour Rome), s'il vous plaît.*	ɛ^n bi·yɛ ... (pur rom) sil vu plɛ
en 1ª clase	*de première classe*	dœ prœ·miɛr klas
en 2ª clase	*de seconde classe*	dœ se·go^{n}d klas
de niño	*au tarif enfant*	o ta·rif a^n·fa^n
de ida	*simple*	sɛ^{n}pl
de ida y vuelta	*aller-retour*	a·le re·tur
de estudiante	*au tarif étudiant*	o ta·rif e·tü·dia^n
Quería un asiento ...	*Je voudrais une place ...*	jœ vu·drɛ ün plas ...
de pasillo	*côté couloir*	ko·te ku·luar
no fumador	*non-fumeur*	no^n fü·mœr
fumador	*fumeur*	fü·mœr
de ventana	*côté fenêtre*	ko·te fe·nɛtr

¿Hay aire acondicionado?
Est-qu'il y a la climatisation? — ɛs ki·li·ya la kli·ma·ti·za·sio^{n}

¿Hay un aseo?
Est-qu'il y a des toilettes? — ɛs ki·li·ya dɛ tua·lɛt

¿Cuánto dura el viaje?
Le trajet dure combien de temps? — le tra·jɛ dür ko^{n}·biɛ^{n} dœ ta^{n}

¿Es directo?
Est-ce que c'est direct? — ɛs kœ sɛ di·rɛkt

¿A qué hora hay que facturar?
Il faut se présenter à l'enregistrement à quelle heure? — il fo sœ pre·za^{n}·te a la^{n}·re·jis·tre·ma^{n} a kɛl œr

equipaje

les bagages

¿Dónde está ...?	*Où est ...?*	u ɛ ...
la recogida de equipaje	*la livraison des bagages*	la li·vrɛ·zo^{n} dɛ ba·gaj
la parada de taxi	*la station de taxis*	la sta·sio^{n} dœ tak·si

Mi equipaje ha sido ...	*Mes bagages ont été ...*	mɛ ba·gaj o^{n} te·te ...
dañado	*endommagés*	a^{n}·do·ma·je
perdido	*perdus*	per·dü
robado	*volés*	vo·le

Mi equipaje no ha llegado.
Mes bagages ne sont pas arrivés. — mɛ ba·gaj ne so^{n} pa·za·rri·ve

Quería una consigna de equipaje.
Je voudrais une consigne automatique. — jœ vu·drɛ ün ko^{n}·siñ o·to·ma·tik

¿Me puede dar monedas/fichas?

Je peux avoir des pièces/jetons?	jœ pœ a·vuar dɛ piɛs/je·to^{n}n

tren

train

¿Qué estación es ésta?

C'est quelle gare?	sɛ kɛl gar

¿Cuál es la siguiente estación?

Quelle est la prochaine gare?	kɛl ɛ la pro·shɛn gar

¿Este tren para en (Amboise)?

Est-ce que ce train s'arrête à (Amboise)?	ɛs ke sœ trɛ^{n} sa·rrɛt a (a^{n}·buas)

¿Tengo que cambiar de tren?

Est-ce qu'il faut changer de train?	ɛs kil fo sha^{n}·je dœ trɛ^{n}

¿Qué vagón va a (Bordeaux)?

C'est quelle voiture pour (Bordeaux)?	sɛ kɛl vua·tür pur (bor·do)

¿Cuál es el coche restaurante?

Où est le wagon-restaurant?	u ɛ lœ va·go^{n} res·to·ra^{n}

barco

bateau

¿Hay chalecos salvavidas?
Est-ce qu'il y a des gilets de sauvetage? — ɛs ki·li·ya dɛ ji·lɛ de sov·taj

¿Cómo está hoy el mar?
L'état de la mer est bon? — le·ta dœ la mɛr ɛ bo^{n}

Estoy mareado.
J'ai le mal de mer. — jɛ lœ mal dœ mɛr

taxi

taxi

Quería un taxi ...	*Je voudrais un taxi ...*	jœ vu·drɛ ɛ^{n} tak·si ...
a las (nueve)	*à (neuf heures)*	a (nœf œr)
ahora	*maintenant*	mɛ^{n}t·na^{n}
mañana	*demain*	dœ·mɛ^{n}

¿Está libre este taxi?
Vous êtes libre? — vu·zɛt libr

Por favor, ponga el taxímetro.
Mettez le compteur, s'il vous plaît. — me·te lœ ko^{n}·tœr sil vu plɛ

¿Cuánto cuesta ir a (la torre Eiffel)?
C'est combien pour aller à (la Tour Eiffel)? — sɛ ko^{n}·byɛ^{n} pur a·le a (la tur ɛ·fɛl)

Por favor, lléveme a (esta dirección).
Conduisez-moi à (cette adresse), s'il vous plaît. — ko^{n}·düi·se mua a (sɛt a·drɛs) sil vu plɛ

Llego realmente tarde.
Je suis vraiment en retard. — je süi vrɛ·ma^{n} a^{n} rœ·tar

¿Cuánto cuesta el trayecto?		
C'est combien en tout?		sɛ ko^n·byɛ^n an tu

Por favor ...	*..., s'il vous plaît.*	... sil vu plɛ
vaya más despacio	*Roulez plus lentement*	ru·le plü la^{n}t·ma^n
espere aquí	*Attendez ici*	a·ta^n·de i·si
pare ...	*Arrêtez-vous ...*	a·rrɛ·te vu ...
en la esquina	*au coin de la rue*	o kuɛ^n dœ la rü
aquí	*ici*	i·si

Para más información sobre billetes, véase **direcciones,** en p. 59.

automóvil y motocicleta

voiture et moto

> alquiler de automóvil y motocicleta

Quería alquilar un/una ...	*Je voudrais louer ...*	jœ vu·drɛ lu·e ...
4 x 4	*un quatre-quatre*	ɛ^n katr katr
coche automático	*une voiture automatique*	ün vua·tür o·to·ma·tik
automóvil (pequeño/grande)	*une (petite/grosse) voiture*	ün (pe·tit/gros) vua·tür
coche manual	*une voiture manuelle*	ün vua·tür ma·nü·ɛl
motocicleta	*une moto*	ün mo·to

con ...	*avec ...*	a·vɛk ...
aire acondicionado	*climatisation*	kli·ma·ti·za·sio^n
conductor	*un chauffeur*	ɛ^n sho·fœr

¿Cuánto es la tarifa por ...?	*Quel est le tarif par ...?*	kɛl ɛ lœ ta·rif par ...
día	*jour*	jur
hora	*heure*	œr
semana	*semaine*	sœ·mɛn

¿Esto incluye ...?	*Est-ce que ... est compris(e)?*	ɛs·kœ ... ɛ ko^{n}·pri
el kilometraje	*le kilométrage*	lœ ki·lo·me·traj
el seguro	*l'assurance*	la·sü·ra^{n}s

¿Puedo devolverlo en otra ciudad?
Je peux la rendre dans une autre ville? — jœ pœ la ra^{n}dr da^{n}·zün otr vil

señales

Cédez la priorité	se·de la pri·o·ri·te	**Ceda el paso**
Entrée	a^{n}·tre	**Entrada**
Péage	pɛ·aj	**Peaje**
Sens Interdit	sa^{n}·zɛ^{n}·ter·di	**Dirección prohibida**
Sens Unique	sa^{n}·zü·nik	**Sentido único**
Sortie	sor·ti	**Salida**
Stop	stop	**Stop**

> en la carretera

¿Cuál es el límite de velocidad?
Quelle est la vitesse maximale permise? — kɛl ɛ la vi·tɛs mak·si·mal per·miz

¿Es ésta la carretera a ...?
C'est la route pour ...? — sɛ la rut pur ...

¿(Cuánto tiempo) puedo aparcar aquí?
(Combien de temps) Est-ce que je peux stationner ici? — (kon·biɛ^{n} de ta^{n}) ɛs·kœ jœ pœ sta·sio·ne i·si

¿Dónde hay una gasolinera?
Où est-ce qu'il y a une station-service? — u ɛs ki·li·ya ün sta·sio^{n} sɛr·vis

Llénelo por favor.
Le plein, s'il vous plaît. — lœ plɛ^{n} sil vu plɛ

Quiero (20) litros.
Je voudrais (vingt) litres. — jœ vu·drɛ (vɛ^{n}) litr

¿Dónde se paga?
Où est-ce que je paie? — u ɛs kœ jœ pɛ

Por favor, compruebe ...	*Contrôlez ..., s'il vous plaît.*	ko^{n}·tro·le ... sil vu plɛ
el aceite	*l'huile*	lüil
la presión de las ruedas	*la pression des pneus*	la pre·sio^{n} dɛ pnœ
el agua	*l'eau*	lo

diésel	*diesel*	di·e·zɛl
con plomo	*au plomb*	o plon
gasolina	*essence*	le·sans
normal	*ordinaire*	or·di·nɛr
sin plomo	*sans plomb*	sa^{n} plo^{n}

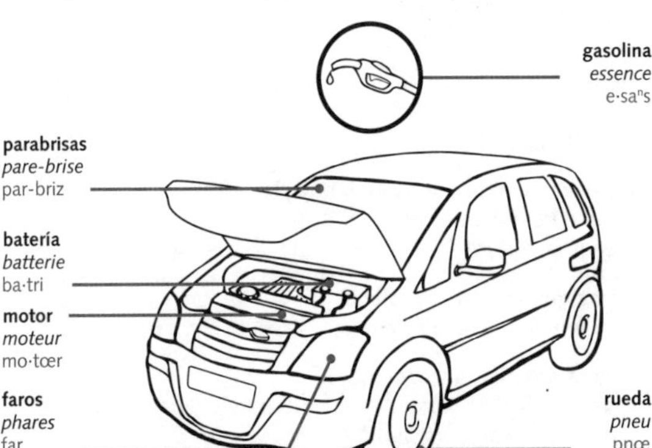

> problemas

Necesito un mecánico
J'ai besoin d'un mécanicien.
jε bœ·zoε^{n} dε^{n} me·ka·ni·siε^{n}

El automóvil/la moto se ha averiado (en ...).
La voiture/moto est tombée en panne (à ...).
la vua·tür/mo·to ε to^{n}·be a^{n} pan (a ...)

He tenido un accidente.
J'ai eu un accident.
jε ü ε^{n} ak·si·da^{n}

El automóvil/la moto no arranca.
La voiture/moto ne veut pas démarrer.
La vua·tür/mo·to nœ vœ pa de·ma·rre

¿Tiene cables para la batería?
Vous avez des câbles de démarrage?
vu·za·ve dε kabl dœ de·ma·rraj

Necesito que alguien me empuje.
J'ai besoin qu'on me pousse.
jε bœ·zoε^{n} ko^{n} mœ pus

Tengo una rueda pinchada.
Mon pneu est à plat.
mo^{n} pnœ ε a pla

He perdido las llaves de mi coche.
J'ai perdu les clés de ma voiture.
jε per·dü lε kle dœ ma vua·tür

Mis llaves se han quedado dentro del coche.
J'ai enfermé mes clés dans la voiture.
jε a^{n}·fer·me mε kle da^{n} la vua·tür

Me he quedado sin gasolina.
Je suis en panne d'essence.
je süi a^{n} pan dε·sa^{n}s

¿Puede arreglar mi coche hoy?
Vous pouvez réparer ma voiture aujourd'hui?
vu pu·ve re·pa·re ma vua·tür o·jur·düi

¿Cuánto tardará?
Ça va prendre combien de temps? — sa va pra^{n}dr ko^n·byɛ^n de ta^n

se podrá oír ...

de·po·tuar
dépotoir — **vertedero**

sɛt piɛs ɛ trɛ di·fi·sil a tru·ve
Cette pièce est très difficile à trouver. — **Esa pieza es muy difícil de conseguir.**

sɛ kɛl mark
C'est quelle marque? — **¿Qué marca es?**

bicicleta

vélo

¿Dónde puedo ...?	*Où est-ce que je peux ...?*	u ɛs ke jœ pœ ...
comprar una bici de segunda mano	*acheter un vélo d'occasion*	ash·te ɛ^n ve·lo do·ka·zio^n
reparar la bici	*faire réparer mon vélo*	fɛr re·pa·re mo^n ve·lo
alquilar una bici	*louer un vélo*	lu·e ɛ^n ve·lo
dejar mi bici	*laisser mon vélo*	lɛ·se mo^n ve·lo

¿Tienen caminos para bicicletas?
Est-ce qu'il y a des pistes cyclables? — ɛs ki·li·ya dɛ pist si·klabl

¿Tienen un mapa de caminos para bicicleta?
Est-ce qu'il y a une carte des pistes cyclables? — ɛs ki·li·ya ün kart dɛ pist si·klabl

¿Se puede ir en bicicleta?
On peut y aller à vélo? — on pœ i ya·le a ve·lo

¿Tengo que llevar casco?
Il faut porter un casque? il fo por·te ɛ^{n} kask

camino para bicicletas
piste cyclable pist si·klabl

bicicleta de montaña
vélo tout-terrain (VTT) ve·lo tu te·rrɛ^{n} (ve·te·te)

bicicleta de carreras
vélo de course ve·lo dœ kurs

bolsa para transportar la bicicleta

Viajar con una bicicleta por Francia puede resultar mucho más fácil si uno tiene *une housse* (ün us), una bolsa para transportar la bici en cualquier tren o vagón, incluido el TGV (tren de alta velocidad).

cruce de fronteras
la douane

control de pasaportes
le contrôle des passeports

Estoy aquí ...	*Je suis ici pour ...*	jœ süi i·si pur ...
por trabajo	*le travail*	lœ tra·vail
de vacaciones	*les vacances*	lɛ va·ka^{n}s
estudiando	*les études*	lɛ ze·tüd
Estaré aquí durante (dos) ...	*Je suis ici pour (deux) ...*	jœ süi i·si pur (dœ) ...
días	*jours*	jur
meses	*mois*	mua
semanas	*semaines*	sœ·mɛn

Estoy de paso.
Je suis ici de passage. — jœ süi i·si dœ pa·saj

Tenemos un pasaporte común.
Nous avons un passeport commun. — nu·za·vo^n ɛ^n pas·por ko·mɛ^n

se podrá oír ...

vo·tr ... sil vu plɛ	*Votre ..., s'il vous plaît*	**Su ..., por favor.**
pas·por	*passeport*	**pasaporte**
vi·za	*visa*	**visado**
vu vua·ya·je ...	*Vous voyagez ...?*	**¿Viaja ...?**
a^n fa·miy	*en famille*	**con la familia**
a^n grup	*en groupe*	**en grupo**
sœl	*seul*	**en solitario**

en la aduana

à la douane

No tengo nada que declarar.
Je n'ai rien à déclarer. — jœ nɛ ryɛ^n a de·kla·re

Tengo algo que declarar.
J'ai quelque chose à déclarer. — jɛ kɛlk sho·za de·kla·re

No sabía que había que declararlo.
Je ne savais pas que je devais déclarer cela. — jœ nœ sa·vɛ pa kœ jœ de·vɛ de·kla·re sœ·la

Necesito ...	*J'ai besoin ...*	jɛ bœ·zoɛ^n ...
un abogado	*d'un avocat*	di^n a·vo·ka
hacer una llamada	*de téléphoner*	dœ te·le·fo·ne

alojamiento
logement

buscar alojamiento
trouver un logement

¿Dónde hay ...?	*Où est-ce qu'on peut trouver ...?*	u ɛs ko^{n} pœ tru·ve
una pensión	*une pension*	ün pa^{n}·sio^{n}
una zona de cámping	*un terrain de camping*	i^{n} tɛ·rrɛ^{n} de ka^{n}·piñ
un hotel	*un hôtel*	ɛ^{n} o·tɛl
un albergue juvenil	*une auberge de jeunesse*	ün o·bɛrj dœ jœ·nɛs
¿Me puede recomendar algún sitio ...?	*Est-ce que vous pouvez recommander un logement ...?*	ɛs kœ vu pu·ve re·ko·ma^{n}·de ɛ^{n} loj·ma^{n} ...
barato	*pas cher*	pa shɛr
cercano	*près d'ici*	prɛ di·si
romántico	*romantique*	ro·ma^{n}·tik

¿Cuál es la dirección?
Quelle est l'adresse? kɛl ɛ la·drɛs

Para las respuestas, véase **direcciones**, en p. 59.

reservas y registros
réservation & enregistrement

Quería reservar una habitación por favor.
Je voudrais réserver une chambre, s'il vous plaît. jœ vu·drɛ re·ser·ve ün sha^{n}br sil vu plɛ

Tengo una reserva.
J'ai une réservation. jɛ ün re·zer·va·sion

Mi nombre es ...
Mon nom est ... mo^{n} no^{n} ɛ ...

Somos (tres).

Nous sommes (trois).	nu som (trua)

Quería quedarme (dos) noches.

Je voudrais rester pour (deux) nuits.	jœ vu·drɛ res·te pur (dœ) nüi

Del (2 de julio) al (6 de julio).

Du (deux juillet) au (six juillet).	dü (dœ jüi·yɛ) o (sis jui·yɛ)

¿Hay que pagar por adelantado?

Est-ce qu'il faut payer à l'avance?	ɛs kil fo pɛ·ye a la·va^{n}s

¿La puedo ver?

Est-ce que je peux la voir?	ɛs kœ jœ pœ la vuar

¿Cuánto cuesta por ...?	*Quel est le prix par ...?*	kɛl ɛ lœ pri par ...
noche	*nuit*	nüi
persona	*personne*	pɛr·son
semana	*semaine*	sœ·mɛn

¿Se puede pagar con ...?	*Est-ce qu'on peut payer avec ...?*	ɛs ko^n pœ pɛ·ye a·vɛk ...
tarjeta de crédito	*une carte de crédit*	ün kart dœ kre·di
cheques de viaje	*des chèques de voyage*	dɛ shɛk dœ vua·yaj

¿Tiene una habitación ...?	*Avez-vous une chambre ...?*	a·ve vu ün sha^{n}br ...
doble	*avec un grand lit*	a·vɛk ɛ^n gra^n li
individual	*à un lit*	a ɛ^n li
con dos camas	*avec des lits jumeaux*	a·vɛk dɛ li jü·mo

Para más información sobre otras formas de pago y temas relacionados con el trabajo, véase **de compras,** en p. 61, y **negocios,** en p. 75.

se podrá oír ...

e·zo·le sɛ ko^{n}·plɛ
Désolé, c'est complet. **Lo siento, está completo.**

ko^{n}·biɛ^{n} dœ nüi
Combien de nuits? **¿Para cuántas noches?**

votr pas·por sil vu plɛ
Votre passeport, s'il vous plaît. **Su pasaporte, por favor.**

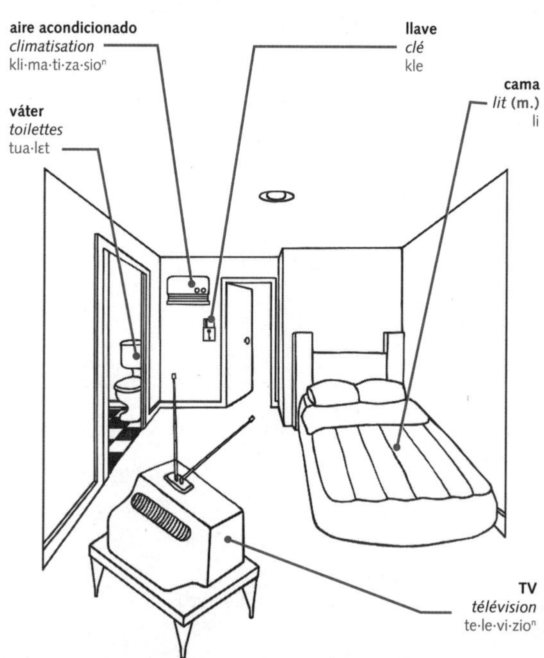

alojamiento

peticiones

requêtes et plaintes

¿Cuándo/Dónde se sirve el desayuno?
Quand/Où le petit déjeuner est-il servi? — ka^{n}/u lœ pœ·ti de·jœ·ne ɛ·til ser·vi

Por favor, despiérteme a las (siete).
Réveillez-moi à (sept) heures, s'il vous plaît. — re·vɛ·ye mua a (sɛt) œr sil vu plɛ

¿Puedo usar ...?	*Est-ce que je peux utiliser ...?*	ɛs kœ jœ pœ ü·ti·li·ze ...
la cocina	*la cuisine*	la küi·zin
la lavandería	*la blanchisserie*	la bla^{n}·shis·ri
el teléfono	*le téléphone*	lœ te·le·fon

¿Hay ...?	*Avez-vous ...?*	a·ve vu ...
un ascensor	*un ascenseur*	ɛ^{n} na·sa^{n}·sœr
servicio de lavandería	*un service de blanchisserie*	ɛ^{n} sɛr·vis dœ bla^{n}·shis·ri
un tablón de anuncios	*un panneau d'affichage*	ɛ^{n} pa·no da·fi·shaj
una caja fuerte	*un coffre-fort*	ɛ^{n} kofr for
una piscina	*une piscine*	ün pi·sin

¿Cambian dinero aquí?
Changez-vous de l'argent ici? — sha^{n}·je vu dœ lar·ja^{n} i·si

¿Organizan excursiones?
Organisez-vous des excursions ici? — or·ga·ni·ze vu dɛ zes·kür·sio^{n} i·si

¿Puedo dejar un recado para alguien?
Je peux laisser un message pour quelqu'un? — jœ pœ lɛ·se ɛ^{n} mɛ·saj pur kɛl·kœn

¿Hay algún mensaje para mí?
Vous avez un message pour moi? — vu·za·ve i^{n} me·saj pur mua

Me he dejado las llaves dentro de la habitación.

J'ai laissé mes clés à l'intérieur de la chambre	jε lε·se mε cle a lε^{n}·te·riœr dœ ma sha^{n}br

La puerta del (baño) está cerrada con llave.

La porte (de la salle de bain) est verrouillée.	la port (dœ la sal dœ bε^{n}) ε ve·ru·i·ye

Es demasiado ...	*C'est trop ...*	sε tro ...
oscura	*sombre*	so^{n}br
cara	*cher*	shεr
ruidosa	*bruyant*	brüi·ya^{n}
pequeña	*petit*	pœ·ti

... no funciona.	*... ne fonctionne pas.*	... nœ fo^{n}k·sion pa
El aire acondicionado	*La climatisation*	*la* kli·ma·ti·za·sio^{n}
El ventilador	*Le ventilateur*	lœ va^{n}·ti·la·tœr
El váter	*Les toilettes*	lε tua·lεt
La ventana	*La fenêtre*	la fe·nεtr

¿Me puede dar otra ...?

Est-ce que je peux avoir un/une autre ...?	εs kœ jœ pœ a·vuar ε^{n}/ün otr ...

Esta ... no está limpia.	*Ce/Cette ... n'est pas propre.*	sœ/sεt ... nε pa propr
manta	*couverture*	ku·vεr·tür
sábana	*drap* **(m.)**	dra
toalla	*serviette*	sεr·viεt

llaman a la puerta

¿Quién es?	*Qui est-ce?*	ki εs
Un momento.	*Un instant.*	ε^{n} ens·ta^{n}
Pase.	*Entrez.*	a^{n}·tre

Vuelva más tarde, por favor.

Veuillez repasser plus tard, s'il vous plaît.	vœ·ye re·pa·se plü tar sil vu plε

salida del hotel

régler la note

¿A qué hora hay que dejar la habitación?
Quand faut-il laisser la chambre ? — ka^{n} fo·til lɛ·se la shanbr

¿Puedo hacer el check-out más tarde?
Pourrais-je régler plus tard? — pu·rrɛj re·gle plü tar

Hay un error en la factura.
Il y a une erreur dans la note. — il·i·ya ün ɛ·rrœr da^{n} la not

Me voy ahora.
Je pars maintenant. — je par mi^{n}t·na^{n}

¿Me puede llamar un taxi (para las once)?
Pouvez-vous appeler un taxi pour moi (pour onze heures)? — pu·ve vu ap·le ɛ^{n} tak·si pur mua (pur o^{n}·zœr)

¿Puedo dejar mi equipaje aquí hasta ...?	*Puis-je laisser mes bagages jusqu'à ...?*	püij lɛ·se mɛ ba·gaj jüs·ka ...
la semana que viene	*la semaine prochaine*	la sœ·mɛn pro·shɛnn
esta noche	*ce soir*	sœ suar
el miércoles	*mercredi*	mɛr·krœ·di

¿Me puede dar mi ..., por favor?	*Est-ce que je pourrais avoir ..., s'il vous plaît?*	ɛs kœ jœ pu·rrɛ a·vuar ... sil vu plɛ
fianza	*ma caution*	ma ko·sio^{n}
pasaporte	*mon passeport*	mon pas·por
objetos de valor	*mes biens précieux*	mɛ bian pre·siœ

La estancia ha sido estupenda, gracias.
J'ai fait un séjour magnifique, merci. — jɛ fɛ ɛ^{n} se·jur ma·ñi·fik mɛr·si

Han estado sensacionales.
Vous avez été sensationnel. — vu·za·ve e·te san·sa·sio·nɛl

Se lo recomendaré a mis amigos.
Je le recommanderai à mes amis. — jœ lœ rœ·ko·man·drɛ a mɛ·za·mi

Volveré ...	*Je retournerai ...*	jœ re·tur·ne·rɛ ...
dentro de (tres) días	*dans (trois) jours*	da^n (trua) jur
el (martes)	*(mardi)*	(mar·di)

cámping

camping

¿Dónde está/n ... más cercano/a?	*Où est le ... le plus proche?*	u ɛ lœ ... lœ plü prosh
la zona de acampada	*terrain de camping*	te·rrɛ^n dœ kan·pin
la tienda	*magasin*	ma·ga·zɛ^n
la ducha	*bloc sanitaire*	blok sa·ni·tɛr
los baños	*bloc toilettes*	blok tua·lɛt

¿Cuánto cuesta por ...?	*C'est combien pour chaque ...?*	sɛ ko^n·byɛ^n pur shak ...
caravana	*caravane*	ka·ra·van
persona	*personne*	pɛr·son
tienda	*tente*	ta^{n}t
automóvil	*véhicule*	ve·i·kül

¿Tienen ...?	*Avez-vous ...?*	a·ve-vu ...
electricidad	*l'électricité*	le·lɛk·tri·si·te
duchas	*un bloc sanitaire*	ɛ^n blok sa·ni·tɛr
una parcela	*un emplacement*	ɛ^n na^n·plas·ma^n
tiendas de alquiler	*des tentes à louer*	dɛ ta^{n}t a lue

¿Funciona con monedas?
Est-ce que ça marche avec des jetons? — ɛs kœ sa marsh a·vɛk dɛ je·to^n

¿El agua es potable?
L'eau est-elle potable? — lo ɛ·tɛl po·tabl

¿Con quién hablo para quedarme aquí?

Je m'adresse où pour rester ici?	jœ ma·drɛs u pur res·te i·si

¿Puedo ...?	*Est-ce que je peux ...?*	ɛs kœ jœ pœ ...
acampar aquí	*camper ici*	ka^{n}·pe i·si
aparcar al lado de mi tienda	*garer ma voiture à côté de ma tente*	ga·re ma vua·tür a ko·te de ma ta^{n}t

¿Me puede dejar un/una ...?	*Est-ce que je pourrais emprunter ...?*	ɛs kœ jœ pu·rrɛ a^{n}·prɛ^{n}·te ...
mazo	*un maillet*	ɛ^{n} mai·yɛ
pala	*une pelle*	ün pɛl
linterna	*une lampe de poche*	ün la^{n}p dœ posh

alquilar

location

He venido para alquilar ...

Je suis venu pour louer ...	jœ süi vœnü pur lu·e ...

¿Tiene un/una ... para alquilar?	*Avez-vous un/une ... à louer?*	a·ve vu ɛ^{n}/ün ... a lu·e
apartamento	*appartement*	a·par·tœ·ma^{n}
casa	*maison*	mɛ·zo^{n}
habitación	*chambre*	sha^{n}br
villa	*villa*	vi·la

¿Cuánto cuesta ...?	*C'est combien pour ...?*	sɛ koⁿ·byɛⁿ pur ...
(una) semana	*(une) semaine*	(ün) sœ·mɛn
(dos) meses	*(deux) mois*	(dœ) mua

¿Hay que dejar una paga y señal?
Faut-il verser une caution? — fo·til vɛr·se ün ko·sioⁿ

alojamiento en casas particulares

sejourner chez les gens

¿Me puedo quedar en tu casa?
Est-ce que je peux rester chez vous? — ɛs kœ jœ pœ rɛs·te she vu

Tengo mi propio saco de dormir.
J'ai un sac de couchage. — jɛ ɛⁿ sak de ku·shaj

¿Puedo hacer algo para ayudar?
Y a-t-il quelque chose que je peux faire pour aider? — i·ya·til kɛlk shoz kœ jœ pœ fɛr pur ɛ·de

Gracias por tu hospitalidad.
Merci pour votre hospitalité. — mɛr·si pur votr os·pi·ta·li·te

¿Puedo ...?	*Puis-je ...?*	püij ...
traer algo para comer	*apporter quelque chose pour le repas*	a·por·te kɛl·kœ shoz pur lœ rœ·pa
lavar los platos	*faire la vaisselle*	fɛr la vɛ·sɛl
poner la mesa	*mettre la table*	mɛtr la tabl
sacar la basura	*sortir les poubelles*	sor·tir lɛ pu·bɛl

dejar huella

Mantener el contacto y expresar a las personas gratitud por su hospitalidad siempre se agradece y si uno además lo hace en francés, puede que resulte inolvidable. A continuación vienen una serie de expresiones habituales que pueden resultar útiles al escribir una carta:

> comenzar una carta

Cher/Chère ...	**Querido/a ...**
Comment allez-vous?	**¿Cómo está Ud.?**
Comment vas-tu?	**¿Cómo estás?**
Je suis désolé(e) de répondre si tard.	**Siento haber tardado tanto en constestar.**
Je vous/te remercie de ...	**Gracias por ...**

> finalizar una carta

informal

Grosses bises	**Besazos**
Je t'embrasse	**Un beso**
Bisous	**Besos**

formal

Cordialement	**Atentamente**
Amicalement	**Le deseo lo mejor**
Amitiés	**Saludos**

¿Dónde hay ...?	*Où est-ce qu'il y a ...?*	u ɛs ki·li·ya ...
Estoy buscando ...	*Je cherche ...*	jœ shɛrsh ...
un banco	*une banque*	ün ba^{n}k
un hotel	*un hôtel*	ɛ^{n} o·tɛl
una comisaría de policía	*le commissariat de police*	lœ ko·mi·sa·ria dœ po·lis

¿Me puede mostrar (en el mapa)?
Pouvez-vous m'indiquer (sur la carte)? pu·ve vu mi^{n}·di·ke sür la kart

¿Cuál es la dirección?
Quelle est l'adresse? kɛl ɛ la·drɛs

¿Cómo llego hasta allí?
Comment faire pour y aller? ko·man fɛr pur i a·le

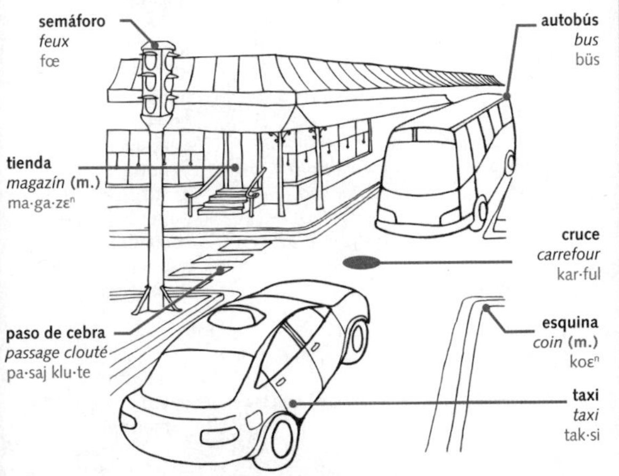

¿Está lejos?	*C'est loin?*	sɛ loɛ^n
en autobús	*en bus*	a^n büs
a pie	*à pied*	a pie
en taxi	*en taxi*	a^n tak·si
en tren	*en train*	a^n trɛ^n
Gire ...	*Tournez ...*	tur·ne ...
en la esquina	*au coin*	o koɛ^n
en el semáforo	*aux feux*	o fś

se podrá oír ...

sɛ ...	*C'est ...*	**Está ...**
a druat	*à droite*	**a la derecha**
a gosh	*à gauche*	**a la izquierda**
a ko·te dś ...	*à côté de ...*	**al lado ...**
a lɛst	*à l'est*	**al este**
a luɛst	*à l'ouest*	**al oeste**
dɛ·rriɛr...	*derrière ...*	**detrás ...**
dɛ·va^n...	*devant ...*	**delante de ...**
i·si	*ici*	**aquí**
la	*là*	**allí**
loi^n di·si	*loin d'ici*	**lejos**
o koɛ^n	*au coin*	**en la equina**
o nor	*au nord*	**al norte**
o süd	*au sud*	**al sur**
a^n fas dɛ ...	*en face de ...*	**enfrente de ...**
prɛ di·si	*près d'ici*	**cerca de aquí**
tu drua	*tout droit*	**todo recto**
sɛ ta ...	*C'est à ...*	**Está a ...**
(di) mi·nüt	*(dix) minutes*	**(diez) minutos**
(sa^n) mɛtr	*(cent) mètres*	**(cien) metros**

de compras
les courses

dónde ...
à la recherche de ...

¿Dónde hay ...?	*Où est-ce qu'il y a ...?*	u ɛs ki·li·ya ...
un banco	*une banque*	ün ba^{n}k
una pastelería	*une pâtisserie*	ün pa·tis·ri
un supermercado	*un supermarché*	ɛ^{n} sü·pɛr·mar·she
¿Dónde puedo comprar ...?	*Où puis-je acheter ...?*	u püij ash·te ...

Para más información sobre cómo desplazarse, véase **direcciones**, en p. 59. Para más información sobre tiendas y servicios, véase el **diccionario**.

hacer una compra
faire un achat

¿Cuánto cuesta?
C'est combien? — sɛ ko^{n}·biɛ^{n}

Quería comprar ...
Je voudrais acheter ... — jœ vu·drɛ ash·te ...

Estoy mirando.
Je regarde. — jœ rœ·gard

¿Me puede escribir el precio?
Pouvez-vous écrire le prix? — pu·ve vu e·krir le pri

¿Tiene algunos más?
Vous en avez d'autres? — vu·zan a·ve dotr

¿Lo puedo ver?
Est-ce que je peux le voir? — ɛs kœ jœ pœ lœ vuar

¿Puedo pagar con ...?	*Est-ce que je peux payer avec ...?*	ɛs kœ jœ pœ pɛ·ye a·vɛk ...
tarjeta de crédito	*une carte de crédit*	ün kart dœ kre·di
tarjeta de débito	*une carte de débit*	ün kart dœ de·bi
cheques de viaje	*des chèques de voyages*	dɛ shɛk dœ vua·yaj

se podrá oír ...

no^{n} nu·na^{n}·na·vo^{n} pa
Non, nous n'en avons pas. — **No, no tenemos.**

otr shoz
Autre chose? — **¿Algo más?**

vu de·zi·re
Vous désirez? — **¿Le puedo ayudar?**

vu·za^{n} de·si·re ko^{n}·biɛ^{n}
Vous en désirez combien? — **¿Cuántos quiere?**

jœ vu la^{n}·bal
Je vous l'emballe? — **¿Quiere que se lo envuelva?**

¿Me puede dar ..., por favor?	*Puis-je avoir ..., s'il vous plaît?*	püij a·vuar ... sil vu plε
una bolsa	*un sac*	ε^{n} sak
un recibo	*un reçu*	ε^{n} rœ·sü

¿Me lo puede envolver?
Pouvez-vous l'envelopper? pu·ve vu la^{n}·vœ·lo·pe

¿Tiene garantía?
Est-ce qu'il y a une garantie? εs ki·li·ya ün ga·ra^{n}·ti

¿Lo pueden mandar al extranjero?
Pouvez-vous me l'envoyer à l'étranger? pu·ve vu mœ la^{n}·vua·ye a le·tra^{n}·je

¿Lo puedo pasar a buscar más tarde?
Je peux passer le prendre plus tard? jœ pœ pa·se lœ pra^{n}dr plü tar

Está defectuoso/roto.
C'est défectueux/cassé. sε de·fεk·tü·œ/ka·se

Quisiera ..., por favor.	*Je voudrais ..., s'il vous plaît.*	jœ vu·drε ... sil vu plε
mi cambio	*ma monnaie*	ma mo·nε
que me devuelva el dinero	*un remboursement*	ε^{n} ra^{n}·bur·sœ·ma^{n}
devolver esto	*rapporter ceci*	ra·por·te sœ·si

de uso cotidiano

ganga	*occasion*	o·ka·zio^{n}
buscador/a de gangas	*chercheur/ chercheuse d'occasions*	shεr·shœr/ shεr·shœz do·ka·zio^{n}
timo	*arnaque* (f.)	ar·nak
rebajas	*soldes* (m.)	sold
ofertas	*promotions*	pro·mo·sio^{n}

regatear

marchander

Eso es muy caro.
C'est trop cher. — sɛ tro shɛr

¿Puede rabajar el precio?
Vous pouvez baisser le prix? — vu pu·ve bɛ·se lœ pri

Le daré ...
Je vous donnerai ... — jœ vu don·rɛ ...

¿Tiene algo más barato?
Avez-vous quelque chose de moins cher? — a·ve vu kɛl·ke shoz dœ moɛ^{n} shɛr

ropa

vêtements

Estoy buscando ...	*Je cherche ...*	jœ shɛrsh ...
vaqueros	*un jean*	ɛ^{n} djin
zapatos	*des chaussures*	dɛ sho·sür
ropa interior	*des sous-vêtements*	dɛ su-vɛt·ma^{n}

¿Me lo puedo probar?
Puis-je l'essayer? — püij lɛ·sɛ·ye

Mi talla es ...
Je fais du ... — jœ fɛ dü ...

No es la talla adecuada.
Ce n'est pas la bonne taille. — se nɛ pa la bon taiy

Es demasiado ...	*C'est trop ...*	sɛ tro ...
grande	*grand*	gra^{n}
pequeño	*petit*	pœ·ti
ajustado	*serré*	sɛ·rre

reparaciones

réparations

¿Me pueden arreglar aquí ... ?	*Puis-je faire réparer ... ici?*	püij fɛr re·pa·re ... i·si
mi cámara	*mon appareil photo*	moo^n na·pa·rey fo·to
mis zapatos	*mes chaussures*	mɛ sho·sür
mis gafas de (sol)	*mes lunettes (de soleil)*	mɛ lü·nɛt (dœ so·lɛy)

¿Cuándo estará/n listos?
Quand est-ce que ce sera prêt? ka^n ɛs ke sœ sœ·ra prɛ

costurero

botón	*bouton*	bu·to^n
aguja	*aiguille*	ɛ·güiy
tijeras	*ciseaux* (m.)	si·zo
hilo	*fil*	fil

peluquería

au coiffeur

Quería ...	*Je voudrais ...*	jœ vu·drɛ ...
lavar y marcar	*un brushing*	ɛ^n bro·shin
darme tinte	*un shampooing colorant*	ɛ^n sha^n·poɛ^n ko·lo·ra^n
un corte de pelo	*une coupe*	ün kup
recortar la barba	*me faire tailler la barbe*	mœ fɛr ta·ye la barb
afeitarme	*me faire raser*	mœ fɛr ra·ze
recortar	*une coupe d'entretien*	ün kup da^n·tre·tyɛ^n

Quiero un corte como éste.
Je voudrais une coupe comme cela. jœ vu·drɛ ün kup kom sœ·la

Lo quiero corto.
Je voudrais une coupe courte. jœ vu·drɛ ün kup kurt

No lo deje demasiado corto.
Ne coupez pas trop court. nœ ku·pe pa tro kur

Por favor, use una cuchilla nueva.
Utilisez une nouvelle lame, s'il vous plaît. ü·ti·li·ze ün nu·vɛl lam sil vu plɛ

¡Aféitelo todo!
Rasez tout! ra·ze tu

¡Nunca debí dejar que te acercaras!
Je n'aurais pas dû vous laisser me toucher! jœ no·rɛ pa dü vu lɛ·se mœ tu·she

Para más información sobre colores, véase el **diccionario.**

libros

livres et lecture

¿Hay una sección de libros en español?
Y a-t-il un rayon espagnol? i ya·til ε^{n} rɛ·yo^{n} ɛs·pa·ñol

¿Tiene ... en español?	*Avez-vous ... en espagnol?*	a·ve-vu ... a^{n} ɛs·pa·ñol
un libro de ...	*un roman de ...*	ε^{n} ro·ma^{n} dœ ...
una guía del ocio	*un guide des spectacles*	ε^{n} guid dɛs·pɛk·takl

Quería ...	*Je voudrais ...*	jœ vu·drɛ ...
un diccionario	*un dictionnaire*	ε^{n} dik·sio·nɛr
un mapa (de la ciudad)	*un plan de la ville*	ε^{n} pla^{n} dœ la vil
un mapa de (carreteras)	*une carte routière*	ün kart ru·tiɛr
un periódico (en español)	*un journal (en espagnol)*	ε^{n} jur·nal (a^{n} ɛs·pa·ñol)
papel	*du papier*	dü pa·pie
un lápiz	*un stylo*	ε^{n} sti·lo
una postal	*une carte postale*	ün kart pos·tal
un sello	*un timbre*	ε^{n} tε^{n}br

¿Me puede recomendar un libro?
Pouvez-vous me conseiller un roman? — pu·ve vu mœ ko^{n}·sɛ·ye ɛ^{n} ro·ma^{n}

¿Tienen guías de Lonely Planet?
Avez-vous des guides Lonely Planet? — a·ve vu dɛ guid lon·li pla·net

¿Tiene un libro de conversación mejor que éste?
Avez-vous un meilleur guide de conversation? — a·ve vu ɛ^{n} mɛ·yœr guid dœ kon·vɛr·sa·sio^{n}

practicar los sonidos

Hay que acordarse de practicar los clásicos sonidos franceses: ü y r. Para reproducir el sonido ü se colocan los labios como si se fuese a decir una u pero se dice en cambio una i. En cuanto a la r, es casi como hacer gárgaras. Una buena idea puede ser practicar en privado para empezar ...

música

musique

Quería ...	*Je voudrais ...*	jœ vu·drɛ ...
un CD virgen	*un CD vierge*	ɛ^{n} se·de viɛrj
una cinta de vídeo virgen	*une cassette audio vierge*	ün ka·sɛt o·dio viɛrj
un CD	*un CD*	ɛ^{n} se·de
unos cascos	*un casque*	ɛ^{n} kask

Estoy buscando un CD de ...
Je cherche un CD de ... — jœ shɛrsh ɛ^{n} se·de dœ ...

¿Cuál es su mejor grabación?
Quel est son meilleur enregistrement? — kɛl ɛ so^{n} mɛ·yœr a^{n}·re·jis·trœ·ma^{n}

¿Lo puedo escuchar aquí?
Je peux l'écouter ici? — jœ pœ le·ku·te i·si

fotografía

photographie

¿Puede ...?	*Pouvez-vous ...?*	pu·ve-vu ...
revelar este carrete	*développer cette pellicule*	de·vlo·pe sɛt pe·li·kül
cargar el carrete	*charger ma pellicule*	shar·je ma pe·li·kül

Necesito un carrete ... para esta cámara.	*J'ai besoin d'une pellicule ... pour cet appareil.*	jɛ bœ·zoɛ^n dün pe·li·kül ... pur sɛ·ta·pa·rɛy
APS	*APS*	a pe es
blanco y negro	*en noir et blanc*	a^n nuar e bla^n
color	*couleur*	ku·lœr
de velocidad (200)	*rapidité (deux cent)*	ra·pi·di·te (dœ sa^n)

¿Cuánto cuesta revelar este carrete?
C'est combien pour développer cette pellicule? — sɛ ko^n·byɛ^n pur dev·lo·pe sɛt pe·li·kül

¿Cuándo estará listo?
Quand est-ce que cela sera prêt? — ka^n ɛs kœ sœ·la sœ·ra prɛ

¿Tienen revelado en una hora?
Vous faites le développement en une heure? — vu fɛt lœ de·vlo·pma^n a^n ün œr

Necesito una foto de pasaporte.
J'ai besoin d'une photo d'identité. — jɛ bœ·zoɛ^n dün fo·to di·da^n·ti·te

No estoy contento con estas fotos.
Je ne suis pas content de ces photos. — jœ nœ süi pa ko^n·ta^n dœ sɛ fo·to

No quiero pagar el precio completo.
Je ne veux pas payer le prix fort. — jœ nœ vœ pa pɛ·ye lœ pri for

comunicaciones
les communications

correos

la poste

Español	Français	Pronunciación
Quería mandar ...	*Je voudrais envoyer ...*	jœ vu·drɛ a^{n}·vua·ye ...
un fax	*un fax*	ɛ^{n} faks
una carta	*une lettre*	ün lɛtr
un paquete	*un colis*	ɛ^{n} ko·li
Quería comprar ...	*Je voudrais acheter ...*	jœ vu·drɛ ash·te ...
un aerograma	*un aérogramme*	ɛ^{n} ae·ro·gram
un sobre	*une enveloppe*	ün a^{n}v·lop
un sello	*un timbre*	ɛ^{n} tɛ^{n}br
Por favor, envíelo (a Nantes) por ...	*Envoyez-le (à Nantes) ..., s'il vous plaît.*	a^{n}·vua·ye lœ (a na^{n}t) ... sil vu plɛ
avión	*par avion*	par a·vio^{n}
correo urgente	*en exprès*	a^{n} ɛks·prɛ
correo normal	*en courrier normal*	a^{n} ku·rrie nor·mal
vía terrestre	*par voie de terre*	par vua dœ tɛr

se podrá oír ...

u ɛs kœ vu la^{n}·vua·ye
Où est-ce que vous l'envoyez? — **¿Adónde lo envía?**

vu vu·le la^{n}·vua·ye a^{n} ɛks·prɛ u a^{n} ku·rrie nor·mal
Vous voulez l'envoyer en exprès ou en courrier normal? — **¿Lo quiere enviar por correo urgente o normal?**

Contiene ...	*Cela contient ...*	sœ·la ko^n·tyɛ^n ...

¿Dónde está la lista de correos?

Où est le service de poste restante?	u ɛ lœ sɛr·vis dœ post rɛs·ta^{n}t

¿Hay algo para mí?

Y a-t-il du courrier pour moi?	i ya til dü ku·rrie pur mua

teléfono

téléphone

¿Cuál es su número de teléfono?

Quel est votre numéro de téléphone?	kɛl ɛ votr nü·me·ro dœ te·le·fon

¿Dónde está el teléfono público más cercano?

Où est le téléphone public le plus proche?	u ɛ lœ te·le·fon pü·blik lœ plü prosh

Quiero hacer una ... (a Singapur).	*Je veux téléphoner ... (à Singapour).*	jœ vœ te·le·fo·ne ... (a si^n·ga·pur)
llamada	*avec préavis*	a·vɛk pre·a·vi
llamada a cobro revertido	*en PCV*	a^n pe se ve

Quería ...	*Je voudrais ...*	jœ vu·drɛ ...
comprar una tarjeta de teléfono	*acheter une carte téléphonique*	ash·te ün kart te·le·fo·nik
consultar una guía de teléfonos	*consulter un annuaire du téléphone*	ko^n·sül·te ɛ^n na·nü·ɛr dü te·le·fon
hablar durante (tres) minutos	*parler (trois) minutes*	par·le (trua) mi·nüt

¿Cuánto cuesta ...?	*Quel est le prix ...?*	kɛl ɛ lœ pri ...
una llamada	*d'une*	dün
de (tres)	*communication*	ko·mü·ni·ka·sio^n
minutos	*de (trois) minutes*	dœ (trua) mi·nüt
por minuto	*de chaque minute*	dœ shak mi·nüt
adicional	*supplémentaire*	sü·ple·ma^n·tɛr

El número es ...
Le numéro est ... — lœ nü·me·ro ɛ ...

¿Cuál es el prefijo de (Senegal)?
Quel est l'indicatif pour (le Sénégal)? — kɛl ɛ lɛ^n·di·ka·tif pur (lœ se·ne·gal)

Está comunicando.
La ligne est occupée. — la liñ ɛ o·kü·pe

Se ha cortado.
J'ai été coupé(e). — jɛ e·te ku·pe

La conexión es mala.
La ligne est mauvaise. — la liñ ɛ mo·vɛz

se podrá oír ...

a ki vu·le vu par·le
À qui voulez-vous parler? — **¿Con quién quiere hablar?**

de·zo·le vu vu tro^n·pe dœ nü·me·ro
Désolé, vous vous trompez de numéro. — **Lo siento, se ha equivocado de número.**

ki ɛs
Qui est-ce? — **¿Quién llama?**

non il/ɛl nɛ pa la
Non, il/elle n'est pas là. — **No, él/ella no está.**

ɛ^n nɛ^{n}s·ta^n
Un instant. — **Un momento.**

vu·le vu lɛ·se ɛ^n mɛ·saj?
Voulez-vous laisser un message? — **¿Quiere dejar un mensaje?**

Hola.	*Allô.*	a·lo
Soy ...	*C'est ...*	sɛ ...

¿Puedo dejar un mensaje?
Je peux laisser un message? — jœ pœ lɛ·se ɛ^{n} mɛ·saj

Dígale que he llamado.
Dites-lui que j'ai appelé. — dit-lüi kœ jɛ ap·le

Llamaré más tarde.
Je rappellerai plus tard. — jœ ra·pɛl·rɛ plü tar

Mi número es ...
Mon numéro est ... — mo^{n} nü·me·ro ɛ ...

Llamaré ...	*J'appellerai ...*	ja·pɛl·rɛ ...
más tarde	*plus tard*	plü tar
mañana	*demain*	dœ·mɛ^{n}

teléfono móvil

téléphone portable

Quería ...	*Je voudrais ...*	jœ vu·drɛ ...
un adaptador	*une prise multiple*	ün priz mül·tipl
un cargador para mi móvil	*un chargeur pour mon portable*	ɛ^{n} shar·jœr pur mo^{n} por·tabl
alquilar un móvil	*louer un portable*	lu·e ɛ^{n} por·tabl
un móvil de tarjeta	*un portable pré-payé*	ɛ^{n} por·tabl pre-pɛ·ye
una tarjeta SIM para la red	*une carte SIM pour le réseau*	ün kart sim pur lœ re·zo

¿Cuáles son las tarifas?
Quels sont les tarifs? — kɛl so^{n} lɛ ta·rif

(30 céntimos) por (30) segundos.
(30 cents) pour (30) secondes. — (tra^{n} sa^{n}·tim) pur (tra^{n}) se·go^{n}d

internet

internet

¿Dónde está el cibercafé más cercano?

	Où est le cybercafé du coin?	u ε lœ si·ber·ka·fe dü koε^n

Necesito ...	*J'ai besoin de ...*	jε bœ·zoε^n de ...
Quería ...	*Je voudrais ...*	jœ vu·drε ...
ver mi correo electrónico	*consulter mon courrier électronique*	ko^n·sül·te mo^n ku·rrie e·lεk·tro·nik
conectarme a Internet	*me connecter à l'internet*	mœ ko·nεk·te a lε^n·tεr·nεt
utilizar una impresora	*utiliser une imprimante*	ü·ti·li·ze ün nε^n·pri·ma^{n}t
usar un escáner	*utiliser un scanner*	ü·ti·li·ze ε^n ska·nεr

¿Cuánto cuesta por ...?	*C'est combien ...?*	sε ko^n·byε^n ...
hora	*l'heure*	lœr
página	*la page*	la paj

¿Tienen ...?	*Avez-vous ...?*	a·ve vu ...
ordenadores PC	*des PCs*	dε pe se
Macs	*des Macs*	dε mak
un lector de zips	*un lecteur Zip*	ε^n lεk·tœr zip

¿Me puede ayudar a poner el español como lengua de preferencia?

Pouvez-vous m'aider à choisir l'espagnol comme langue de préférence?	pu·ve vu mε·de a shua·zir les·pa·ñol kom la^{n}gu dœ pre·fe·ra^{n}s

¿Puedo copiar un CD?

Je peux copier un CD?	jœ pœ ko.pie ε^n se·de

Se ha estropeado.

C'est tombé en panne.	sε to^n·be an pan

buscar nuevas palabras

Los franceses son conocidos por el proteccionismo que ejercen hacia su lengua materna. En Francia existe, al igual que en España, una institución, *l'Académie Française*, cuyo principal objetivo es defender el idioma de la influencia de palabras extranjeras. En Internet, donde la lengua dominante es el inglés, la batalla es muy dura. Aunque los internautas franceses prefieran emplear los términos ingleses, uno puede mostrar su apoyo intentando utilizar algunos de los términos oficialmente autorizados.

favorito	*signet*	si·ñɛ
navegador	*logiciel de navigation*	lo·ji·siɛl dœ na·vi·ga·sio^n
chat	*causette*	ko·sɛt
correo electrónico	*mél*	mel
firewall (o dispositivo de seguridad)	*barrière de sécurité*	ba·rriɛr dœ se·kü·ri·te
pirata informático	*fouineur*	fui·nœr
página inicial	*page d'accueil*	paj da·kœy
Internet	*Toile*	tual
foro	*forum*	fo·rœm
smiley (o símbolos)	*frimousse*	fri·mus
hilo (de la discusión)	*fil (de la discussion)*	fil (de la dis·kü·sio^n)
webmaster	*administrateur de site*	ad·mi·nis·tra·tœr dœ sit
World Wide Web	*toile d'araignée-mondiale (TAM)*	tual da·rɛ·ñe-mo^n·dial (te a em)

negocios
les affaires

Aunque la manera de hacer negocios en Francia podría ser el tema de un libro entero, un buen punto de partida es tratar de usted a todos los clientes y colegas del trabajo (hasta que a uno le inviten a utilizar una forma más familiar, véase p. 88).

Asisto a un/una ...	*Je participe à un/une ...*	jœ par·ti·sip a ɛ^{n}/ün ...

¿Dónde es ...?	*Où est le/la ...?*	u ɛ lœ/la ...
la conferencia	*conférence*	ko^{n}·fe·ra^{n}s
el curso	*stage*	staj
la reunión	*réunion*	reü·nio^{n}
la feria	*foire commerciale*	fuar ko·mɛr·sial

Estoy con ...	*Je suis avec ...*	jœ süi a·vɛk ...
la ONU	*l'ONU*	lo·nü (o en ü)
mi(s) colega(s)	*mon/mes collègue(s)*	mon/mɛ ko·lɛg
otros (dos)	*(deux) autres*	(dœz) otr

Estoy solo/a.
Je suis seul(e). — jœ süi sœl

Necesito un intérprete.
J'ai besoin d'un interprète. — jɛ bœ·zoɛ^{n} dɛ^{n} nɛ^{n}·tɛr·prɛt

Me hospedo en el ..., habitación ...
Je loge à ..., chambre ... — jœ loj a ... sha^{n}br ...

Estaré aquí durante (dos) días/semanas.
Je suis ici pour (deux) jours/semaines. — jœ süi i·si pur (dœ) jur/sœ·mɛn

Ésta es mi tarjeta de visita.
Voici ma carte. — vua·si ma kart

Tengo una cita con ...
J'ai rendez-vous avec ... — jɛ ra^{n}·de-vu a·vɛk ...

Fue muy bien.
Ça s'est très bien passé. — sa sɛ trɛ byɛ^{n} pa·se

¿Vamos a tomar una copa?
On prend un verre? — o^{n} pra^{n} ɛ^{n} vɛr

¿Vamos a comer algo?
On va manger? — o^{n} va ma^{n}·je

Pago yo.
C'est moi qui offre. — sɛ mua ki ofr

Estoy esperando un fax/una llamada.
J'attends un fax/appel. — ja·ta^{n} ɛ^{n} fax/na·pɛl

Quería ...	*Je voudrais ...*	jœ vu·drɛ ...
(más) tarjetas de visita	*(encore) des cartes de visite*	(a^{n}·kor) dɛ kart dœ vi·zit
conectarme a Internet	*me connecter à l'internet*	mœ ko·nɛk·tɛ a li^{n}·tɛr·nɛt
un intérprete	*un interprète*	ɛ^{n} nɛ^{n}·tɛr·prɛt
usar un ordenador	*utiliser un ordinateur*	ü·ti·li·se ɛ^{n} nor·di·na·tœr

¿Hay algún ...?	*Y a-t-il ...?*	i ya til ...
proyector	*un projecteur data*	ɛ^{n} pro·jɛk·tœr da·ta
puntero láser	*un pointeur laser*	ɛ^{n} puɛ^{n}·tœr la·zer
un retroproyector	*un rétro-projecteur*	ɛ^{n} re·tro-pro·jɛk·tœr

Para conocer más términos, véase **comunicaciones,** en p. 69.

operaciones bancarias
les opérations bancaires

en el banco

à la banque

¿Dónde puedo ...?	*Où est-ce que je peux ...?*	u εs kœ jœ pœ ...
Quería ...	*Je voudrais ...*	jœ vu·drε ...
hacer una transferencia	*faire un virement*	fεr ε^n vir·ma^n
cobrar un cheque	*encaisser un chèque*	an·kε·se ε^n shεk
cambiar cheques de viaje	*changer des chèques de voyage*	sha^n·je dε shεk dœ vua·yaj
cambiar dinero	*changer de l'argent*	sha^n·je dœ lar·jan
obtener un adelanto de dinero	*une avance de crédit*	ün a·va^{n}s dœ kre·di
sacar dinero	*retirer de l'argent*	rœ·ti·re dœ lar·ja^n

¿Dónde está ... más cercano/a?	*Où est ... le plus proche?*	u ε... lœ plü prosh
el cajero automático	*le guichet automatique*	lœ gui·shε o·to·ma·tik
la oficina de cambio	*le bureau de change*	lœ bü·ro dœ sha^{n}j

¿A qué hora abre el banco?
À quelle heure ouvre la banque? — a kεl œr uvr la ba^{n}k

El cajero automático se tragó mi tarjeta.
Le guichet automatique a avalé ma carte de crédit. — lœ gui·shε o·to·ma·tik a a·va·le ma kart dœ kre·di

He olvidado mi contraseña.
J'ai oublié mon code confidentiel. — jε u·blie mon kod ko^n·fi·da^n·siεl

se podrá oír ...

da^n ...	*Dans ...*	**En ...**
katr jur	*quatre jours*	**cuatro días**
u·vrabl	*ouvrables*	**laborables**
ün sœ·mɛn	*une semaine*	**una semana**
il nœ vu rɛst plü dar·ja^n		
	Il ne vous reste plus d'argent.	**No le quedan más fondos.**
i li ya ɛ^n pro·blɛm a·vɛk votr ko^{n}pt		
	Il y a un problème avec votre compte.	**Hay un problema con su cuenta.**
no·te lœ		
	Notez-le.	**Escríbalo.**
pa·pie di·da^n·ti·te		
	Papiers d'identité	**Carné de identidad**
si·ñe i·si		
	Signez ici.	**Firme aquí.**

turismo
tourisme

Quería ...	*Je voudrais ...*	jœ vu·drɛ ...
una audioguía	*un écouteur*	ɛ^{n} ne·ku·tœr
un catálogo	*un catalogue*	ɛ^{n} ka·ta·log
un mapa de la ciudad	*un plan de la ville*	ɛ^{n} pla^{n} dœ la vil
un guía	*un guide*	ɛ^{n} guid
un mapa de la región	*une carte de la région*	ün kart dœ la re·jio^{n}
¿Tiene información sobre los sitios de interés turístico ...?	*Avez-vous des renseignements sur les endroits touristiques ... à visiter?*	a·ve vu dɛ ra^{n}·sɛ.ñœ·ma^{n} sür lɛ·za^{n}·drua tu·ris·tik ... a vi·zi·te
gratuitos	*gratuits*	gra·tüi
locales	*locaux*	lo·ko
extraordinarios	*exceptionnels*	ek·sep·sio·nɛl

Quería ver ...
J'aimerais voir ... — jɛm·rɛ vuar ...

¿Qué es eso?
Qu'est-ce que c'est? — kɛs kœ sɛ

¿Quién lo ha hecho?
Qui l'a fait? — ki la fɛ

¿De cuándo es?
Ça date de quand? — sa dat dœ ka^{n}

¿Me puede sacar una foto?
Pouvez-vous me prendre en photo? — pu·ve-vu mœ pra^{n}dr a^{n} fo·to

¿Puedo sacar una foto?
Je peux prendre des photos? — jœ pœ pra^{n}dr dɛ fo·to

Le mandaré la foto.

Je vous enverrai la photo.	jœ vu za^{n}·ve·rrɛ la fo·to

accesos

admissions

¿Cuánto cuesta la entrada?

Quel est le prix d'admission?	kɛl ɛ lœ pri dad·mi·sio^{n}

¿A qué hora ...?	*Quelle est l'heure ...?*	kɛl ɛ lœr ...
cierra	*de fermeture*	dœ fɛr·mœ·tür
abre	*d'ouverture*	du·vɛr·tür

¿Hacen descuento a ...?	*Il y a une réduction pour les ...?*	i·li·ya ün re·dük·sio^{n} pur lɛ ...
niños	*enfants*	za^{n}·fa^{n}
familias	*familles*	fa·miy
grupos	*groupes*	grup
jubilados	*personnes du troisième âge*	pɛr·son dü trua·ziɛm· aj
estudiantes	*étudiants*	ze·tü·dia^{n}

galerías y museos

galeries & musées

¿A qué hora abre ...?	*... ouvre à quelle heure?*	... uvr a kɛl œr
la galería	*La galerie*	la gal·ri
el museo	*Le musée*	lœ mü·ze

¿Qué hay en la colección?

Qu'est-ce qu'il y a dans la collection?	kɛs ki li ya da^{n} la ko·lɛk·sio^{n}

Es una exposición ...
C'est une exposition ... sɛ ün ex·po·zi·sio^n ...

Me gusta la obra de ...
J'aime l'œuvre de ... jɛm lœvr dœ ...

Me recuerda a ...	*Cela me rappelle ...*	se·la mœ ra·pɛl ...
Arte ...	*L'art ...*	lar ...
contemporáneo	*contemporain*	ko^n·ta^n·po·rɛ^n
impresionista	*impressionniste*	ɛ^n·pre·sio·nist
modernista	*moderniste*	mo·dɛr·nist
del Renacimiento	*de la Renaissance*	dœ la re·nɛ·sa^{n}s

de uso cotidiano

Hay ...	*Il y a ...*	i li ya ...
una vida nocturna sensacional	*une vie nocturne sensationnelle*	ün vi nok·türn sa^n·sa·sio·nɛl
un buen hotel ahí	*un super hôtel là·bas*	ɛ^n sü·pɛr o·tɛl la·ba
(no hay) mucho que ver	*(pas) beaucoup à voir*	(pa) bo·ku a vuar
mucha oferta cultural	*beaucoup de culture*	bo·ku dœ kül·tür
tiendas que son un timo	*des escrocs*	dɛ zɛs·krok
demasiados turistas	*trop de touristes*	tro dœ tu·rist

La mejor época para ir es en (diciembre).
Le meilleur moment pour partir c'est en (décembre). lœ mɛ·yœr mo·ma^n pur par·tir sɛ a^n (de·sa^{n}br)

circuitos

excursions

¿Me puede recomendar un/una ...?	*Pouvez-vous me recommander un/une ...?*	pu·ve-vu mœ rœ·ko·ma^n·de ɛ^n/ü^n ...
¿A qué hora es la siguiente ...?	*C'est quand la prochaine ...?*	sɛ ka^n la pro·shɛn ...
excursión en barco	*excursion en bateau*	eks·kür·sio^n a^n ba·to
excursión de un día	*excursion d'une journée*	eks·kür·sio^n dün jur·ne
excursión	*excursion*	eks·kür·sion
¿El/La ... está incluido/a?	*Est-ce que ... est inclus(e)?*	ɛs kœ ... ɛ ɛ^n·klü
alojamiento	*le logement*	lœ loj·ma^n
comida	*la nourriture*	la nu·rri·tür
transporte	*le transport*	lœ tra^{n}s·por

¿Necesito llevar ...?
Dois-je prendre ...? duaj pra^{n}dr ...

El guía pagará.
Le guide va payer. lœ guid va pɛ·ye

¿Cuánto dura la excursión?
L'excursion dure combien de temps? leks·kür·sio^n dür ko^n·byɛ^n dœ ta^n

¿A qué hora debemos estar de vuelta?
On doit rentrer à quelle heure? on dua ra^n·tre a kɛl œr

Estoy con ellos.
Je suis avec eux. jœ süi a·vɛk œ

He perdido a mi grupo.
J'ai perdu mon groupe. jɛ pɛr·dü mo^n grup

viajeros discapacitados
voyageurs handicapés

Soy discapacitado.
Je suis handicapé(e). — jœ süi a^n·di·ka·pe

Necesito ayuda.
J'ai besoin d'aide. — jɛ bœ·zoɛ^n dɛd

¿Qué servicios tienen para los discapacitados?
Quels services avez-vous pour les handicapés? — kɛl ser·vis a·ve-vu pur lɛ z a^n.di·ka·pe

¿Hay baños para discapacitados?
Est-ce qu'il y a des toilettes pour handicapés? — ɛs ki li a dɛ tua·lɛt pur a^n·di·ka·pe

¿Hay pasamanos en el cuarto de baño?
Est-ce qu'il y a des barres dans la salle de bain? — ɛs ki li ya dɛ barr da^n la sal de bɛ^n

¿Hay plazas de aparcamiento para discapacitados?
Est-ce qu'il y a des emplacements pour handicapés? — ɛs ki li ya dɛz a^n·plas·ma^n pur a^n·di·ka·pe

¿Hay acceso para silla de ruedas?
Y a-t-il un accès pour fauteuil roulant? — i ya til ɛ^n nak·sɛ pur le fo·tœil ru·la^n

¿Qué ancho tiene la entrada?
Quelle est la largeur de la porte d'entrée? — kɛl ɛ la lar·gœr dœ la port da^n·tre

¿Cuántos escalones hay?
Il y a combien de marches? — i li ya ko^n·byɛ^n dœ marsh

¿Hay ascensor?

Est-ce qu'il y a un ascenseur? — εs ki li ya ε^{n} na·sa^{n}·sœr

Estoy sordo.

Je suis sourd(e). — je süi surd

¿Están permitidos los perros guía?

Est-ce que les chiens d'aveugle sont permis? — εs kœ lε shyε^{n} da·vœgl so^{n} pεr·mi

¿Me puede llamar un taxi especial para discapacitados?

Pouvez-vous appeler un taxi pour personne handicapée? — pu·ve vu ap·le ε^{n} tak·si pur pεr·son a^{n}·di·ka·pe

¿Me puede ayudar a cruzar esta calle?

Pouvez-vous m'aider à traverser cette rue? — pu·ve vu mε·de a tra·vεr·se sεt rü

¿Me puedo sentar en algún sitio?

Est-ce qu'il y a un endroit où on peut s'asseoir? — εs ki li a ε^{n} na^{n}·drua u o^{n} pœ sa·suar

biblioteca de braille	*bibliothèque de braille*	bi·blio·tεk dœ bray
discapacitado	*handicapé(e)*	a^{n}·di·ka·pe
perro guía	*chien d'aveugle*	shyε^{n} da·vœgl
rampa	*rampe*	ra^{n}p
silla de ruedas	*fauteuil* (m.) *roulant*	fo·tœil ru·la^{n}

niños
les enfants

Necesito ...	*J'ai besoin ...*	jɛ bœ·zoɛ^n dœ ...
una canguro	*d'un siège-enfant*	dɛ^n siɛj-a^n·fa^n
un orinal	*d'un pot de chambre*	dɛ^n po dœ sha^{n}br
un carrito	*d'une poussette*	dün pu·sɛt

¿Hay ...?	*Y a-t-il ...?*	i ya til ...
un sitio para cambiar al bebé	*un endroit pour changer le bébé*	ɛ^n na^n·drua pur sha^n·je lœ be·be
una canguro (que hable español)	*une baby-sitter (qui parle Espagnol)*	ün bei·bi-si·tɛr (ki parl ɛs·pa·ñol)
un servicio de cuidado de niños	*une garderie*	ün gar·dœ·ri
un menú infantil	*un menu pour enfant*	ɛ^n mœ nü pur a^n·fa^n
una guardería	*une crèche*	ün krɛsh
un descuento familiar	*un tarif réduit pour les enfants*	ɛ^n ta·rif re·düi pur lɛ za^n·fa^n
una trona	*une chaise haute*	ün chɛz ot
un parque cerca de aquí	*un parc près d'ici*	ɛ^n park prɛ di·si

¿Le importa si doy el pecho aquí?
Je peux allaiter mon bébé ici? je pœ a·lɛ·te mo^n be·be i·si

Está permitida la entrada a los niños.
Les enfants sont permis lɛ za^n·fa^n zon pɛr·mi

¿Es adecuado para un niño de (seis) años?
Cela convient-il aux enfants de (six) ans? se·la ko^n·vyɛ^n-til o za^n·fa^n de (siz) a^n

de uso cotidiano

Hablar con niños puede resultar muy divertido, pues suelen estar más interesados en lo que uno dice que en cómo lo dice.

¿Cuándo es tu cumpleaños?

C'est quand ton anniversaire?	sɛ ka^n to^n na·ni·vɛr·sɛr

¿Vas al cole o a la guardería?

Tu vas à l'école ou au jardin d'enfants?	tü va a le·kol u o jar·dɛ^n da^n·fa^n

¿En qué curso estás?

Tu es dans quelle classe?	tü ɛ da^n kɛl klas

¿Te gusta el deporte?

Tu aimes le sport?	tu ɛm lœ spor

¿Te gusta el colegio?

L'école te plaît?	le·kol tœ plɛ

¿Aprendes español?

Tu apprends l'espagnol?	tü a·pra^n lɛs·pa·ñol

RELACIONARSE > conocer gente
à la rencontre des autres

lo básico

vocabulaire de base

Sí.	*Oui.*	ui
No.	*Non.*	no^n
Por favor.	*S'il vous plaît.*	sil vu plɛ
Gracias (muchas).	*Merci (beaucoup).*	mɛr·si (bo·ku)
De nada.	*Je vous en prie.*	jœ vu·za^n pri
Disculpe.	*Excusez-moi.*	eks·kü·ze mua
Perdón.	*Pardon.*	par·do^n

saludos

salutations

La forma más habitual de saludarse es con un beso en cada mejilla, aunque los franceses se dan tres o cuatro besos, dependiendo de la región. Entre dos hombres y cuando se conoce a un hombre o a una mujer por primera vez, lo más habitual es darse la mano.

Hola. (informal)	*Salut.*	sa·lü
Buenos días/tardes.	*Bonjour.*	bo^n·jur
Buenas noches.	*Bonsoir.*	bo^n·suar
Hasta luego.	*À bientôt.*	a byɛ^n·to
Adiós.	*Au revoir.*	or·vuar

¿Cómo está?
Comment allez-vous? — ko·ma^{n}n ta·le vu

¿Qué tal?
Ça va? — sa va

Bien. ¿Y usted/tú?
Bien, merci. Et vous/toi? — byɛ^n mɛr·si e vu/tua

¿Cómo se llama?
Comment vous appelez-vous? — ko·ma^n vu·za·pœ·le vu

¿Cómo te llamas?
Comment tu t'appelles? — ko·ma^n tü ta·pɛl

Me llamo ...
Je m'appelle ... — jœ ma·pɛl ...

Me gustaría presentarle a ...
Je vous présente ... — jœ vu pre·za^{n}t ...

Encantado/a de conocerte.
Enchanté(e). — a^n·sha^n·te

Los franceses pueden parecer muy formales al dirigirse a la gente que no conocen. Utilizan *Monsieur*, *Madame* o *Mademoiselle* en ocasiones en las que los españoles no utilizarían ningún término de este tipo.

Sr.	*Monsieur (M)*	mœ·siœ
Sra.	*Madame (Mme)*	ma·dam
Srta.	*Mademoiselle (Mlle)*	mad·mua·zɛl
Doctor	*Docteur*	dok·tœr

haciendo amigos

Al hablar con personas conocidas o con niños, lo normal es utilizar *tu* (tü), en vez de la forma más cortés *vous* (vu). En función de la que se utilice cambiarán las terminaciones verbales, tal y como sucede en castellano entre tú y usted. Las frases de este libro suelen venir en la forma más cortés, aunque se ofrece también una opción más informal que se puede emplear cuando sea oportuno. Si uno no está seguro de tener la confianza suficiente con alguien para empezar a hablarle de una manera más informal, se puede preguntar de este modo:

¿Podría tutearle?
Est-ce que je peux vous tutoyer? — ɛs ke je pœ vu tü·tua·ye

entablar conversación

conversations

Los deportes o la cultura son temas de conversación seguros y si se saca el tema de la comida, es probable que se consiga que los franceses participen, sin embargo, es preferible evitar abordar temas relacionados con el dinero (precios, impuestos, etc.).

¿Habla español?
Parlez-vous espagnol? par·le vu ɛs·pa·ñol

¿Vive usted aquí?
Vous habitez ici? vu·za·bi·te i·si

¿Le gusta vivir aquí?
Ça vous plaît ici? sa vu plɛ i·si

Me encanta esto.
Ça me plaît beaucoup ici. sa mœ plɛ bo·ku i·si

¿Adónde va?
Où allez-vous? u a·le vu

¿Qué hace?
Que faites-vous? kœ fɛt vu

¿Está esperando (un autobús)?
Attendez-vous (un bus)? a·ta^{n}·de vu (ɛ^{n} büs)

¿Tiene fuego?
Vous avez du feu? vu·za·ve dü fœ

de uso cotidiano

¡Eh!	*Hé!*	e
¡Fenomenal!	*Formidable!*	for·mi·dabl
No hay problema.	*Pas de problème.*	pa de pro·blɛm
De acuerdo.	*D'accord.*	da·kor
Puede ser.	*Peut-être.*	pœ·tɛtr
¡Ni hablar!	*Pas quéstion!*	pa kes·tion
Está bien.	*C'est bien.*	sɛ byɛ^{n}
Vale.	*Bien.*	byɛ^{n}

¿Qué piensas (de ...)?
Que pensez-vous (de ...)? — kœ pa^n·se vu (dœ ...)

¿Cómo se llama esto?
Comment ça s'appelle? — ko·ma^n sa sa·pɛl

¿Le puedo sacar una foto (a usted)?
Je peux (vous) prendre en photo? — jœ pœ (vu) pra^{n}dr a^n fo·to

Es (precioso), ¿verdad?
C'est (beau), non? — sɛ (bo) no^n

¿Está aquí de vacaciones?
Vous êtes ici pour les vacances? — vu·zɛt i·si pur lɛ va·ka^{n}s

Estoy aquí ...	*Je suis ici ...*	jœ süi i·si ...
de vacaciones	*pour les vacances*	pur lɛ va·ka^{n}s
por trabajo	*pour le travail*	pur lœ tra·vay
estudiando	*pour les études*	pur lɛ·ze·tüd
con mi familia	*avec ma famille*	a·vɛk ma fa·miy
con mi pareja	*avec mon/ma partenaire*	a·vɛk mo^n/ma par·tœ·nɛr

Es la primera vez que vengo (a Francia).
C'est la première fois que je viens (en France). — sɛ la pre·miɛr fua kœ jœ vyɛ^n (a^n fra^{n}s)

¿Cuánto tiempo hace que está aquí?
Vous êtes ici depuis quand? — vu·zɛt i·si dœ·püi ka^n

Me quedo ... días/semanas.
Je reste ici ... jours/semaines. — jœ rɛst i·si ... jur/sœ·mɛn

¿Ha estado alguna vez (en España)?
Est-ce-que vous êtes déjà allé (en Espagne)? — ɛs kœ vu·zɛt de·ja a·le (a^n nes·pañ)

¿Quieres salir conmigo?
Voulez-vous sortir avec moi? — vu·le vu sor·tir a·vɛk mua

Éste/Ésta es mi ...	*Voici mon/ma ...*	vua·si mo^n/ma ...
hijo	*enfant*	a^n·fa^n
colega	*collègue*	ko·lɛg
amigo/a	*ami(e)*	a·mi
marido	*mari*	ma·ri
pareja	*partenaire*	par·tœ·nɛr
mujer	*femme*	fam

de uso cotidiano

¡Mira!	*Regardez!*	rœ·gar·de
¡Escucha (esto)!	*Écoutez (ceci)!*	e·ku·te (sœ·si)
Estoy listo.	*Je suis prêt(e).*	jœ süi prɛ(t)
¿Está listo/a?	*Vous êtes prêt(e)?*	vu·zɛt prɛ(t)
¿Estás listo/a?	*Tu es prêt(e)?*	tü ɛ prɛ(t)
Un minuto.	*Une minute.*	ün mi·nüt
¡Bromeaba!	*Je blaguais!*	jœ bla·gɛ

¡Te estoy tomando el pelo!
Je te fais marcher! — je te fɛ mar·she

nacionalidades

nationalités

¿De dónde es?
Vous venez d'où? — vu vœ·ne du

¿De dónde eres?
Tu viens d'où? — tü vyɛ^n du

¿De qué parte (de África) es?
D'où est-ce qué vous venez (en Afriqué)? — du ɛs kœ vu vœ·ne (a^n a·frik)

¿De qué parte (de África) eres?
D'où est-ce qué tu viens (en Afriqué)? — du ɛs ke tü vyɛ^n (a^n a·frik)

Yo soy de ...	*Je viens ...*	jœ vyɛ^n ...
España	*de l'Espagne*	dœ les·pañ
Barcelona	*de Barcelona*	dœ bar·se·lon
Perú	*du Pérou*	dü pe·ru

edades

quel âge

¿Cuántos años ...?	*Quel âge ...?*	kɛl aj ...
tiene usted	*avez-vous*	a·ve vu
tienes tú	*as-tu*	a·tü
tiene su hijo/hija	*a votre fils/fille*	a votr fis/fiy

Tengo ... años.
J'ai ... ans. jɛ ... a^{n}

¡Demasiado viejo/a!
Trop vieux/vieille! tro viœ/viɛy

Soy más joven de lo que parezco.
Je ne fais pas mon âge. jœ nœ fɛ pa mo^{n} naj

Él/Ella tiene ... años.
Il/Elle a ... ans. il/ɛl a ... a^{n}

Para más información sobre edades, véase **números y cantidades,** en p. 27.

trabajos y estudios

métiers et études

¿En qué trabaja?
Vous faites quoi comme métier? vu fɛt kua kom me·tie

¿A qué te dedicas?
Tu fais quoi comme métier? tü fɛ kua kom me·tie

Soy ...	*Je suis ...*	jœ süi ...
empresario/a	*homme/femme d'affaires*	om/fam da·fɛr
chef	*cuisinier/ cuisinière*	küi·zi·niɛ/ küi·zi·niɛr

Trabajo en ...	*Je travaille dans ...*	jœ tra·vay da^{n} ...
educación	*l'enseignement*	la^{n}·sɛñ·ma^{n}
sanidad	*la santé*	la sa^{n}·te
ventas y marketing	*la vente et le marketing*	la va^{n}t e lœ mar·ke·tin

Estoy/Soy ...	*Je suis ...*	jœ süi ...
jubilado	*retraité(e)*	rœ·trɛ·te
autónomo	*indépendant(e)*	ɛ^n·de·pa^n·da^n(t)
en paro	*chômeur/ chômeuse*	sho·mœr/ sho·mœz

¿Qué estudia?
Qué faites-vous comme études? kœ fɛt vu kom e·tüd

¿Qué estudias?
Qué fais-tu comme études? kœ fɛ tü kom e·tüd

Estudio ...	*Je fais des études ...*	jœ fɛ dɛ·ze·tüd ...
ingeniería	*d'ingénieur*	dɛ^n·je·niœr
francés	*de français*	dœ fran·sɛ
comunicación	*des médias*	dœ me·dia

familia

la famille

¿Tiene un/una ...?	*Vous avez ...?*	vu·za·ve ...
¿Tienes un/una ...?	*Tu as ...?*	tü a ...
Yo tengo un/una ...	*J'ai ...*	jɛ ...
Yo no tengo ningún/ninguna ...	*Je n'ai pas ...*	jœ nɛ pa ...
familia	*une famille*	ün fa·miy
hermana	*une sœur*	ün sœr
hermano	*un frère*	ɛ^n frɛr
hijo	*un/une enfant*	ɛ^n/ün na^n·fa^n
madre	*une mère*	ün mɛr
marido	*un mari*	i^n ma·ri
mujer	*une femme*	ün fam
novia	*une petite amie*	ün pœ·ti·ta·mi
novio	*un petit ami*	ɛ^n pœ·ti ta·mi
padre	*un père*	ɛ^n pɛr
pareja	*un/une partenaire*	ɛ^n/ün par·tœ·nɛr

Éste/Ésta es mi ...
Voici mon/ma ... vua·si mo^n/ma ...

¿Está casado/a?
Est-ce qué vous êtes marié(e)? ɛs kœ vu·zɛt ma·rie

¿Estás casado/a?
Est-ce qué tu es marié(e)? ɛs kœ tü ɛ ma·rie

¿Vive con sus padres?
Vous habitez chez vos parents? vu·za·bi·te she vo pa·ra^{n}

¿Vives con tus padres?
Tu habites chez tes parents? tü a·bit she tɛ pa·ra^{n}

Yo vivo con alguien.
Je vis avec quelqu'un. jœ vi a·vɛk kɛl·kɛ^{n}

Yo vivo con mi ...
J'habite avec mon/ma/mes ... ja·bit a·vɛk mo^{n}/ma/mɛ ...

Estoy ...	*Je suis ...*	jœ süi ...
soltero/a	*célibataire*	se·li·ba·tɛr
casado/a	*marié(e)*	ma·rie
separado/a	*séparé(e)*	se·pa·re

orígenes

la généalogie

(Creo que) Mis antepasados eran de esta zona.
(Je crois que) Mes ancêtres venaient de cette région. (jœ krua kœ) mɛ·za^{n}·sɛtr ve·nɛ dœ sɛt re·jio^{n}

Estoy buscando a mis parientes.
Je cherche des personnes de ma famille. jœ shɛrsh dɛ pɛr·son dœ ma fa·miy

Tengo/Tenía un pariente que vivía por aquí.
J'ai/J'avais un parent qui habitait par ici. jɛ/ja·vɛ ɛ^{n} pa·ra^{n} ki a·bi·tɛ par i·si

¿Dónde está el cementerio?
Où est le cimetière? u ɛ lœ sim·tiɛr

Él/Ella trabajó por aquí cerca.
Il/Elle a servi près d'ici. il/ɛl a sɛr·vi prɛ di·si

despedidas

les adieux

Mañana es mi último día aquí.

Demain je passe ma dernière journée ici.	dœ·mɛ^{n} jœ pas ma dɛr·niɛr jur·ne i·si

Vamos a intercambiar direcciones.

Échangeons nos adresses.	e·sha^{n}·jo^{n} no za·drɛs

Éste es mi ...	*Voici mon ...*	vua·si mo^{n} ...
¿Cúal es su ...?	*Quel est votre ...?*	kɛl ɛ votr ...
¿Cuál es tu ...?	*Quel est ton ...?*	kɛl ɛ to^{n} ...
dirección de correo electrónico	*adresse e-mail*	a·drɛs i mɛl
número de fax	*numéro de fax*	nü·me·ro dœ faks
número de móvil	*numéro de portable*	nü·me·ro dœ por·tabl
número de teléfono	*numéro de téléphone*	nü·me·ro dœ te·le·fon
número del trabajo	*numéro au travail*	nü·me·ro o tra·vay

Si alguna vez va a (Laos) ...	*Si vous voyagez au (Laos), il faut ...*	si vu vua·ya·je o (laos) il fo ...
Si alguna vez vas a (Laos) ...	*Si tu voyages au (Laos), il faut ...*	si tü vua·yaj o (laos) il fo ...
ven a hacernos una visita	*nous rendre visite*	nu ra^{n}dr vi·zit
te puedes quedar en mi casa	*séjourner chez moi*	se·jur·ne she mua

¡Mantén el contacto!

Reste en contact!	rɛst a^{n} ko^{n}·takt

¡Me ha encantado conocerte!

Ravi d'avoir fait ta connaissance!	ra·vi da·vuar fɛ ta ko·nɛ·sa^{n}s

'chateadores'

Puede que uno mantenga el contacto con amigos a través de los *chats* de Internet. Dado que se utilizan muchas abreviaturas, a continuación se dan algunas para poder empezar:

bcp	*beaucoup*	mucho
c	*c'est*	es
g	*j'ai*	yo tengo
j	*je*	yo
jta	*je t'aime*	te quiero
k	*quoi*	que
m	*moi*	yo
mdr	*mort de rire*	muerto de risa
pq	*pourquoi*	¿por qué?
pcq	*parce que*	porque
stp	*s'il te plait*	por favor
t	*tu*	tú
tlm	*tout le monde*	todo el mundo

intereses
centres d'intérêt

En esta sección, gran parte de las frases han sido construidas utilizando un registro informal. Para más información sobre este tema, véase el recuadro 'haciendo amigos', en p. 88.

intereses comunes
intérêts en commun

¿Qué haces en tu tiempo libre?

Qué fais-tu pendant tes loisirs?	kœ fɛ tü pa^n·da^n tɛ lua·zir

¿Te gusta ...?	*Aimes-tu ...?*	ɛm tü ...
Me gusta ...	*J'aime ...*	jɛm ...
No me gusta ...	*Je n'aime pas ...*	jœ nɛm pa ...
cocinar	*cuisiner*	küi·zi·ne
el excursionismo	*la randonnée*	la ra^n·do·ne
la fotografía	*la photographie*	la fo·to·gra·fi

Para más información sobre actividades deportivas, véase **deporte,** en p. 121.

música
musique

¿Te gusta ...?	*Aimes-tu ...?*	ɛm tü ...
escuchar música	*écouter de la musiqué*	e·ku·te dœ la mü·zik
ir a conciertos	*aller aux concerts*	a·le o ko^n·sɛr
tocar algún instrumento	*jouer d'un instrument*	ju·e dɛ^n nɛ^{n}s·trü·ma^n

¿Has escuchado el último disco de ...?

As- tu entendu le dernier album de ...?	a tü a^n·ta^n·dü lœ dɛr·niɛ al·bœm de ...

¿Qué ...	*Quels ...*	kɛl ...
te gusta/n?	*aimes-tu?*	ɛm tü
grupos	*groupes*	grup
tipo de música	*genres de musique*	ja^{n}r dœ mü·zik

¿En qué emisora	*Quelle station*	kɛl sta·sio^{n}
de radio ponen ...?	*de radio passe de ...?*	dœ ra·dio pas dœ ...
música clásica	*la musiqué classiqué*	la mü·zik kla·sik
música electrónica	*la musiqué électroniqué*	la mü·zik e·lek·tro·nik

¿Dónde puedo comprar esta música?

Où puis-je trouver ce type de musiqué?	u püij tru·ve sœ tip dœ mü·zik

Para información sobre conciertos, véase **billetes,** en p. 37 y **ocio,** en p.107.

cine y teatro

cinéma et théâtre

Me encantaría	*J'aimerais*	jɛm·rɛ
ir a/al ...	*bien voir ...*	byi^{n} vuar ...
un ballet	*un ballet*	ɛ^{n} ba·lɛ
una comedia	*une comédie*	ün ko·me·di
cine	*un film*	ɛ^{n} film
teatro	*une pièce de théâtre*	ün piɛs dœ te·atr

¿Qué ponen esta noche en el cine?

Qu'est-ce qui passe au cinéma ce soir?	kɛs ki pas o si·ne·ma sœ suar

¿Está en español?

C'est en espagnol?	sɛ ta^{n} nɛs·pa·ñol

¿Está subtitulada?

C'est sous-titré?	sɛ su ti·tre

¿Hay un ...?	*Y a-t-il un ...?*	i ya til ɛ^n ...
guardarropa	*vestiaire*	ves·tiɛr
intermedio	*entracte*	a^n·trakt
programa	*programme*	pro·gram

¿Dónde puedo conseguir la programación de cine/teatro?
Où pourrais-je trouver un programme de cinéma/théâtre? — u pu·rrɛj tru·ve ɛ^n pro·gram dœ si·ne·ma/te·atr

¿Estos asientos están ocupados?
Est-ce qué ces places sont prises? — ɛs kœ sɛ plas so^n priz

¿Has visto ...?
As-tu vu ...? — a tü vü ...

¿Quién actúa?
Qui joue dans ce film? — ki ju da^n sœ film

¿Quién es el director?
Qui a réalisé ce film? — ki a re·a·li·ze sœ film

La protagonista es ...
... est la vedette du film. — ... ɛ la vœ·dɛt dü film

¿Te gustó ...?	*As-tu aimé ...?*	a tü ɛ·me ...
la película	*le film*	lœ film
la representación	*la représentation*	la rœ·pre·za^n·ta·sio^n
la obra de teatro	*la pièce*	la piɛs

Me pareció ...	*Je l'ai trouvé ...*	jœ lɛ tru·ve ...
excelente	*excellent(e)*	ek·sɛ·la^n(t)
larga	*long*	lo^{n}g
buena	*bien*	byɛ^n

Me gusta/n ...	*J'aime les ...*	jɛm lɛ ...
No me gusta/n ...	*Je n'aime pas les ...*	je nɛm pa lɛ ...
las películas de acción	*films d'action*	film dak·sio^n
el cine francés	*films français*	film fra^n·sɛ
las películas de ciencia ficción	*films de science fiction*	film dœ si·a^{n}s fik·sio^n

lectura

la lecture

¿Qué tipo de libros te gusta leer?
Quel genre de livres lis-tu? kɛl ja^{n}r dœ livr li·tü

¿Cuál es tu autor favorito?
Quel est ton auteur préféré? kɛl ɛ to^{n} no·tœr pre·fe·re

¿Qué autor (francés) me recomiendas?
Quel auteur (français) peux-tu recommander? kɛl o·tœr (fra^{n}·sɛ) pœ tü rœ·ko·ma^{n}·de

¿Has leído ...?
As-tu lu ...? a tü lü ...

He leído ...
Je lis ... jœ li ...

Te recomiendo ...
Je peux recommander ... jœ pœ rœ·ko·ma^{n}·de ...

¿Dónde puedo intercambiar libros?
Où puis-je échanger des livres? u püij e·sha^{n}·je dɛ livr

fechas especiales

¡Felicidades!
Félicitations! fe·li·si·ta·sio^{n}

¡Feliz cumpleaños!
Joyeux anniversaire! jua·yœ a·ni·vɛr·sɛr

¡Feliz Navidad!
Joyeux Nöel! jua·yœ no·ɛl

¡Feliz Pascua!
Joyeuses Pâques! jua·yœz pak

sentimientos y opiniones

sentiments et opinions

sentimientos

sentiments

Los sentimientos se pueden describir con sustantivos o con adjetivos: los sustantivos suelen ir acompañados del verbo 'tener' mientras que los adjetivos lo hacen de los verbos 'ser o estar'.

Tengo ...	*J'ai ...*	jɛ ...
No tengo ...	*Je n'ai pas ...*	jœ nɛ pa ...
¿Tiene ...?	*Avez-vous ...?*	a·ve vu ...
¿Tienes ...?	*As-tu ...?*	a tü ...
calor	*chaud*	sho
hambre	*faim*	fɛ^{n}
sueño	*sommeil*	so·mey

Estoy ...	*Je suis ...*	jœ süi ...
No estoy ...	*Je ne suis pas ...*	jœ nœ süi pa ...
¿Está ...?	*Êtes-vous ...?*	ɛt vu ...
¿Estás?	*Es-tu ...?*	ɛ tü ...
desilusionado/a	*déçu(e)*	de·sü
triste	*triste*	trist
satisfecho/a	*satisfait(e)*	sa·tis·fɛ (t)

de uso cotidiano

Irá mejor la próxima vez.	*Ça ira mieux la prochaine fois.*	sa i·ra miœ la pro·shɛnn fua
¡Qué suerte!	*Quelle chance!*	kɛl sha^{n}s
Es divertido.	*C'est marrant.*	sɛ ma·rra^{n}
Ningún problema.	*Pas de problème.*	Pa dpro·blɛm
Qué lástima.	*Tant pis.*	ta^{n} pi
Qué pena.	*Quel dommage.*	kɛl do·maj
¿Qué pasa?	*Qu'est-ce qu'il y a?*	kɛs ki·li·ya

opiniones

opinions

¿Te gusta?
Cela vous a plu? — sœ·la vu·za plü

¿Qué piensas de esto?
Qu'est-ce que vous en avez pensé? — kɛs kœ vu·za^{n} a·ve pa^{n}·se

Pienso que era ...	*Je l'ai trouvé ...*	jœ lɛ tru·ve ...
Es/Está ...	*C'est ...*	sɛ ...
precioso	*beau*	bo
mejor	*mieux*	miœ
raro	*bizarre*	bi·zar
formidable	*formidable*	for·mi·dabl
horrible	*horrible*	o·rribl
bien	*bien*	byɛ^{n}
extraño	*étrange*	e·tra^{n}j
peor	*pire*	pir

poco a poco

un poco
un peu — ɛ^{n} pœ

Estoy un poco triste.
Je suis un peu triste. — jœ süi ɛ^{n} pœ trist

realmente
vraiment — vrɛ·ma^{n}

Lo siento realmente.
Je suis vraiment navré. — jœ süi vrɛ·ma^{n} na·vre

muy
très — trɛ

Me siento muy vulnerable.
Je me sens très vulnérable. — jœ mœ sa^{n} trɛ vül·ne·rabl

política y temas sociales

politique et questions sociales

La política es un tema de conversación popular. Si se menciona el tópico de *la globalisation*, desde su impacto en la economía francesa, a los efectos que tiene en *l'identité nationale* y en la cultura tradicional, seguro que se conseguirá iniciar una animada conversación.

¿A quién votas?
Pour qui votez-vous? pur ki vo·te vu

Yo voto al partido ...	*Je soutien le parti ...*	jœ su·tyi^n lœ par·ti ...
Estoy afiliado al partido ...	*Je suis membre du parti ...*	jœ süi ma^{n}br dü par·ti ...
comunista	*communiste*	ko·mü·nist
conservador	*conservateur*	ko^n·sɛr·va·tœr
democrático	*démocrate*	de·mo·krat
de los verdes	*écologiste*	e·ko·lo·jist
de los trabajadores	*travailliste*	tra·va·yist
republicano	*républicain*	re·pü·bli·kɛ^n
social demócrata	*social démocrate*	so·sial de·mo·krat
socialista	*socialiste*	so·sia·list

¿Has oído hablar de ...?
Vous avez entendu parler de ...? vu·za·ve a^n·ta^n·dü par·le dœ ...

¿Estás de acuerdo con eso?
Êtes-vous d'accord avec cela? ɛt vu da·kor a·vɛk sœ·la

variedad de quesos

'Comment est-il possible de gouverner un pays qui produit plus de trois cent soixante-dix fromages différents?'

Charles de Gaulle

'¿Cómo se puede gobernar un país que produce más de trescientos setenta quesos diferentes?'

Estoy de acuerdo con ...

Je suis pour ...		jœ süi pur ...

No estoy de acuerdo con ...

Je ne suis pas pour		jœ nœ süi pa pur ...

Yo soy ...	*Je suis ...*	jœ süi ...
¿Estás ...?	*Êtes-vous ...?*	ɛt vu ...
en contra (de esto)	*contre (cela)*	ko^{n}tr (sœ·la)
a favor (de esto)	*pour (cela)*	pur (sœ·la)

¿Qué piensa la gente sobre ...?	*Qu'est-ce qu'on pense ...?*	kɛs ko^n pa^{n}s ...
el aborto	*de l'avortement*	dœ la·vor·tœ·ma^n
los derechos de los animales	*des droits des animaux*	dɛ drua dɛ·za·ni·mo
la delincuencia	*de la criminalité*	dœ la kri·mi·na·li·te
la economía	*de l'économie*	dœ le·ko·no·mi
la educación	*de l'éducation*	dœ le·dü·ka·sio^n
el medio ambiente	*de l'environnement*	dœ la^n·vi·ron·ma^n
la igualdad de oportunidades	*de l'égalité des chances*	dœ le·ga·li·te dɛ sha^{n}s
la eutanasia	*de l'euthanasie*	dœ lœ·ta·na·zi
la globalización	*de la globalisation*	dœ la glo·ba·li·za·sio^n
los derechos humanos	*des droits de l'homme*	dɛ drua dœ lom
la inmigración	*de l'immigration*	dœ li·mi·gra·sio^n
la política de partidos	*de la politiqué de partis*	dœ la po·li·tik dœ par·ti
el racismo	*du racisme*	dü ra·sism
el sexismo	*du sexisme*	dü sek·sism
el terrorismo	*du terrorisme*	dü te·rro·rism
el desempleo	*du chômage*	dü sho·maj

medio ambiente

l'environnement

¿Aquí hay un problema medioambiental?

Y a-t-il un problème d'environnement ici?	i ya til ɛ^n pro·blɛm da^n·vi·ron·ma^n i·si

biodegradable	*biodégradable*	bio·de·gra·dabl
protección	*conservation*	ko^n·sɛr·va·sio^n
deforestación	*déforestation*	de·fo·res·ta·sio^n
desechable	*jetable*	jœ·tabl
sequía	*sécheresse*	sesh·rɛs
ecosistema	*écosystème*	e·ko·sis·tɛm
especies en peligro de extinción	*espèces en voie de disparition*	es·pɛs a^n vua dœ dis·pa·ri·sio^n
caza	*chasse*	shas
hidroelectricidad	*hydroélectricité*	i·dro·e·lek·tri·si·te
irrigación	*irrigation*	i·rri·ga·sio^n
energía nuclear	*énergi nucléaire*	e·nɛr·ji nü·kle·ɛr
pruebas nucleares	*essai nucléaires*	ɛ·sɛ nü·kle·ɛr
capa de ozono	*couche d'ozone*	kush do·zon
pesticidas	*pesticides*	pɛs·ti·sid
contaminación	*pollution*	po·lü·sio^n
reciclable	*recyclable*	rœ·si·klabl
programa de reciclaje	*programme de recyclage*	pro·gram dü rœ·si·klaj
residuos tóxicos	*déchets toxiqués*	de·shɛ tok·sik
suministro de agua	*approvisionnement en eau*	a·pro·vi·sion·ma^n a^n no

¿Es un/una ... protegido/a?	*C'est ... protégée?*	sɛ ... pro·te·je
bosque	*une forêt*	ün fo·re
especie	*une espèce*	ün nɛs·pɛs

expresarse

He aquí una serie de frases hechas con un toque de ironía que bien se pueden utilizar para dar al discurso un toque desenfadado y colorista:

N'y vas pas par quatre chemins!
ni va pa par katr shœ·mɛ^{n} **¡Ve al grano!**
(lit.: no te vayas por cuatro caminos)

Quelle salade!
kɛl sa·lad **¡Qué sarta de mentiras!**
(lit.: qué ensalada)

En esta sección, gran parte de las frases presentan un registro informal. Para más información sobre el uso del lenguaje formal e informal en la lengua francesa, véase el recuadro 'haciendo amigos', en p. 88.

adónde ir

où aller

¿Qué ponen ...?	*Qu'est-ce qu'on joue ...?*	kɛs ko^n ju ...
por la zona	*dans le coin*	da^n lœ koɛ^n
este fin de semana	*ce week-end*	sœ uik end
hoy	*aujourd'hui*	o·jur·düi
esta noche	*ce soir*	sœ suar

¿Dónde están los/las ...?	*Où sont les ...?*	u so^n lɛ ...
clubes	*clubs*	klab
discotecas	*discothèques*	dis·ko·tɛk
locales gay	*boîtes gaies*	buat gɛ
restaurantes	*restaurants*	res·to·ra^n
pubs	*pubs*	pab

¿Hay una guía local de ...?	*Y a-t-il un programme ...?*	i ya til ɛ^n pro·gram ...
espectáculos	*des spectacles*	dɛs·pɛk·takl
cines	*des films*	dɛ film

¿Qué se puede hacer por la noche?
Qu'est-ce qu'on peut faire le soir? — kɛs ko^n pœ fɛr lœ suar

¿Hay una guía de locales gay?
Y a-t-il un guide des endroits gais? — I ya til ɛ^n gid dɛ·za^n·drua gɛ

Me gustaría ir a/al ...	*Je voudrais aller ...*	jœ vu·drɛ a·le ...
ballet	*au ballet*	o ba·lɛ
un bar	*au bar*	o bar
un café	*au café*	o ka·fe
cine	*au cinéma*	o si·ne·ma
un concierto	*à un concert*	a ɛ^{n} ko^{n}·sɛr
un karaoke	*au karaoké*	o ka·ra·o·ke
un club nocturno	*en boîte*	a^{n} buat
una ópera	*à l'opéra*	a lo·pe·ra
un pub	*au pub*	o pab
un restaurante	*au restaurant*	o res·to·ra^{n}
un teatro	*au théâtre*	o te·atr

invitaciones

invitations

¿Qué vas a hacer ...?	*Que fais-tu ...?*	kœ fɛ tü ...
ahora mismo	*maintenant*	mɛ^{n}t·na^{n}
esta noche	*ce soir*	sœ suar
este fin de semana	*ce week-end*	sœ uik end

¿Te gustaría ir a ...?	*Tu voudrais aller ...?*	tü vu·drɛ a·le ...
Me apetece salir a ...	*J'ai envie d'aller ...*	jɛ a^{n}·vi da·le ...
tomar un café	*boire un café*	buar ɛ^{n} ka·fe
bailar	*danser*	da^{n}·se
beber algo	*prendre un verre*	pra^{n}dr ɛ^{n} vɛr
comer	*manger*	ma^{n}·je
dar una vuelta	*sortir*	sor·tir
dar un paseo	*faire une promenade*	fɛr ün prom·nad

Pago esta ronda.	*C'est ma tournée.*	sɛ ma tur·ne

¿Conoces un buen restaurante?
Tu connais un bon restaurant? — tü ko·nɛ ɛ^{n} bo^{n} res·to·ra^{n}

¿Quieres venir al concierto conmigo?
Tu veux aller au concert avec moi? — tü vœ a·le o ko^{n}·sɛr a·vɛk mua

Damos una fiesta.
Nous allons faire une fête. — nu·za·lo^{n} fɛr ün fɛt

Deberías venir.
Tu dois venir. — tü dua vœ·nir

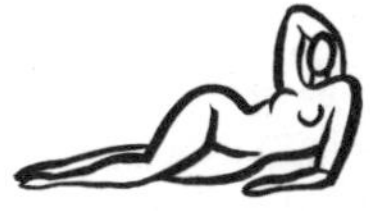

responder a invitaciones

répondre aux invitations

¡Vale!
D'accord! — da·kor

Sí, me encantaría.
Je viendrai avec plaisir. — jœ vyɛ^{n}·drɛ a·vɛk plɛ·zir

¿Adónde vamos a ir?
Où aller? — u a·le

No, lo siento, no puedo.
Non, désolé, je ne peux pas. — non de·zo·le jœ nœ pœ pa

¿Qué tal mañana?
Et demain? — e dœ·mɛ^{n}

Lo lamento, no ...	*Désolé, je ne ... pas.*	de·zo·le jœ nœ ... pa
bailo	*danse*	da^{n}s
canto	*chante*	sha^{n}t

organizar encuentros

rendez-vous

¿A qué hora nos vemos?
On se retrouve à quelle heure? o^n sœ rœ·truv a kɛl œr

¿Dónde nos vemos?
On se retrouve où? o^n sœ rœ·truv u

Te paso a buscar (a las siete).
Je viendrai te chercher (à sept heures). jœ vyɛ^n·drɛ tœ shɛr·she (a sɛt œr)

Yo llegaré más tarde. ¿Dónde estarás tú?
J'arriverai plus tard. Où seras-tu? ja·rriv·rɛ plü tar u sœ·ra tü

Si no estoy antes de (las nueve), no me esperes.
Si je ne suis pas là avant (neuf heures), ne m'attends pas. si jœe nœ süi pa la a·va^n (nœf œr) nœ ma·ta^n pa

Estoy deseando que nos veamos.
J'attends notre rendez-vous avec impatience. ja·ta^{n}n notr ra^n·de vu a·vɛk ɛ^n·pa·sia^{n}s

Lo siento, llego tarde.
Désolé d'être en retard. de·zo·le dɛtr a^n rœ·tar

No importa.
Ce n'est pas grave. sœ nɛ pa grav

Podemos quedar ...	*On peut se retrouver ...*	on pœ sœ rœ·tru·ve ...
a las (ocho)	*à (huit heures)*	a (üi·tœr)
delante de la (entrada)	*devant (l'entrée)*	dœ·va^n (la^n·tre)

¡De acuerdo!	*D'accord!*	da·kor
Te veo entonces.	*Allez, salut!*	a·le sa·lü
Hasta luego.	*À plus tard.*	a plü tar
Hasta mañana.	*À demain.*	a dœ·mɛ^n

bares y discotecas

boîtes de nuit et bars

¿Hay alguna discoteca aquí?
Est-ce qu'il y a des boîtes de nuit ici? — ɛs ki·li ya dɛ buat dœ nüi i·si

¿Dónde podemos ir a bailar (salsa)?
Où est-ce qu'on peut danser (la salsa)? — u ɛs ko^n pœ da^n·se (la sal·sa)

¿A qué hora empieza el espectáculo?
Le spectacle commence à quelle heure? — lœ spɛk·takl ko·ma^{n}s a kɛl œr

¿Cómo llego hasta allí?
Comment y aller? — ko·ma^n i ya·le

¿Cuánto cuesta el cubierto?
C'est combien le couvert? — sɛ ko^n·byɛ^n lœ ku·vɛr

¡Vamos!
Allez! — a·le

¿Qué tipo de música te gusta?
Quel genre de musique aimes-tu? — kɛl ja^{n}r dœ mü·zik ɛm tü

Me gusta (el reggae).
J'aime (le reggae). — jɛm (lœ re·ge)

¡Este sitio está fenomenal!
C'est formidable ici! — sɛ for·mi·dabl i·si

¡Me lo estoy pasando muy bien!
Je m'amuse bien! — jœe ma·muz byɛ^n

No me gusta la música que ponen aquí.
Je n'aime pa la musique ici. — jœ nɛm pa la mü·zik i·si

Vámonos a otro sitio.
Allons ailleurs. — a·lo^n·za·yœr

¿Quieres ...?	*Tu veux bien ...?*	tü vœ byε^{n}...
acercarte al escenario	*t'approcher de la scène*	ta·pro·she dœ la sεn.
sentarte en primera/ última fila	*t'asseoir au premier/ dernier rang*	ta·suar o pre·miε/ dεr·nie ra^{n}

¡Qué ... tan fantástico!	*Quel ... fantastique!*	kεl ... fa^{n}·tas·tik
concierto	*concert*	ko^{n}·sεr
grupo	*groupe*	grup

¡Qué cantante tan bueno!
Quel(le) chanteur/chanteuse formidable! — kεl sha^{n}·tœr/sha^{n}·tœz for·mi·dabl

drogas

la drogue

No consumo drogas.
Je ne touche pas à la drogue. — jœ nœ tush pa a la drog

A veces tomo ...
Je prends du ... occasionnellement. — jœ pra^{n} dü ... o·ka·sio·nεl·ma^{n}

¿Quieres fumar?
Tu veux fumer? — tü vœ fü·me

Estoy colocado/a.
Je suis défoncé(e). — jœ süi de·fo^{n}·se

Esta droga es para consumo personal.
C'est uniquement pour mon usage personnel. — sε ü·nik·ma^{n} pur mo^{n} nü·saj per·so·nεl

salir con alguien

inviter quelqu'un à sortir

¿Te gustaría que hiciéramos algo?
Est-ce que tu aimerais faire quelque chose? — ɛs kœ tü ɛm·rɛ fɛr kɛl·kœ shoz

Sí, me encantaría.
Oui, j'aimerais bien. — ui jɛm·rɛ byɛⁿ

Lo siento, no puedo.
Non, je suis désolé(e), je ne peux pas. — noⁿ je süi de·zo·le jœ nœ pœ pa

¡Ni de broma!
Jamais de la vie! — ja·mɛ dœ la vi

de uso cotidiano

Él/Ella es ...	*C'est ...*	sɛ ...
una puta	*une garce*	ün gars
una tía caliente	*une fille chaude*	ün fiy shod
un tío caliente	*un type chaud*	ɛⁿ tip sho
un cabrón	*un con*	ɛⁿ koⁿ
Él/Ella se va a la cama con cualquiera.	*Il/Elle a roulé sa bosse.*	il/ɛl a ru·le sa bos

preliminares

la drague

Te pareces a alguien que conozco.
Tu me fais penser à quelqu'un que je connais. — tü mœ fɛ pa^n·se a kɛl·kɛ^n kœ jœ ko·nɛ

¿Tomamos una copa?
Si on buvait quelque chose? — si o^n bü·vɛ kɛlk shoz

¿De qué signo eres?
Tu es de quel signe? — tü ɛ dœ kɛl siñ

¿Vamos a tomar un poco el aire?
Nous allons prendre l'air? — nu·za·lo^n pra^{n}dr lɛr

Bailas fenomenal.
Tu danses vraiment bien. — tü da^{n}s vrɛ·ma^n byɛ^n

¿Vienes por aquí a menudo?
Tu viens ici souvent? — tü vyɛ^n i·si su·va^n

¿Puedo ...?	*Puis-je ...?*	püij ...
subir a tomar un café	*entrer prendre un café*	a^n·tre pra^{n}dr ɛ^n ka·fe
bailar contigo	*danser avec toi*	da^n·se a·vɛk tua
verte otra vez	*te revoir*	tœ rœ·vuar
sentarme aquí	*m'asseoir ici*	ma·suar i·si
llevarte a casa	*te raccompagner*	tœ ra·ko^n·pa·ñe

¿Tienes ...?	*Est-ce que tu as ...?*	ɛs kœ tü a ...
novio	*un petit ami*	ɛ^n pœ·ti·ta·mi
un fetiche	*un fétiche*	ɛ^n fe·tish
novia	*une petite amie*	ün pœ·ti·ta·mi
fuego	*du feu*	dü fœ

bésame tonto

En francés 'un beso' se dice *un baiser*, pero *un* es la palabra clave, ya que sin ella, la palabra se convierte en el verbo ¡'follar'! El verbo 'besar' es *embrasser*.

Tienes ...	*Tu as ...*	tü a ...
un cuerpo bonito	*un beau corps*	ɛⁿ bo kor
unos ojos bonitos	*de beaux yeux*	dœ bo ziœ
unas manos bonitas	*de belles mains*	dœ bɛl mɛⁿ
una sonrisa bonita	*un beau sourire*	ɛⁿ bo su·rir
una bella personalidad	*une belle personnalité*	ün bɛl pɛr·so·na·li·te

¿Me puedes llevar a casa?
Tu veux bien me ramener à la maison? — tü vœ byɛⁿ mœ ram·ne a la mɛ·zoⁿ

¿Quieres pasar un rato?
Tu veux entrer un instant? — tü vœ aⁿ·tre ɛⁿ niⁿs·taⁿ

negativas

refus

Perdona, me tengo que ir ahora.
Excusez-moi, je dois partir maintenant. — eks·kü·ze mua jœ dua par·tir mɛⁿt·naⁿ

No, gracias.
Non, merci. — noⁿ mɛr·si

No me apetece mucho.
Je n'ai pas très envie. — jœ nɛ pa trɛ·zaⁿ·vi

¡Eres un/una creído/a!
Tu es complètement imbu(e) de toi-même! — tü ɛ koⁿ·plɛt·maⁿ ɛⁿ·bü dœ tua mɛm

acercamiento

devenir intimes

Te quiero mucho.
Je t'aime beaucoup. jœ tεm bo·ku

¿Tú también me quieres?
Tu m'aimes aussi? tü mεm o·si

Eres muy atractivo/a.
Tu es très beau/belle. tü ε trε bo/bεl

Me gustas mucho.
Je m'intéresse vraiment à toi. je mε^{n}·te·rεs vrε·ma^{n} a tua

Eres genial.
Tu es formidable. tü ε for·mi·dabl

¿Te puedo dar un beso?
Je peux t'embrasser? jœ pœ ta^{n}·bra·se

expresiones subidas de tono

¡Déjame en paz!
Laissez-moi tranquille! lε·se mua tra^{n}·kil

¡No me toques!
Ne me touchez pas! nœ mœ tu·she pa

No me interesa.
Ça ne m'intéresse pas. sa nœ mε^{n}·te·rεs pa

¡Vete!
Va-t'en! va ta^{n}

Me estás molestando.
Tu me gênes. tü mœ jεn

sexo

sexe

Quiero que hagamos el amor.
Je veux faire l'amour avec toi. — jœ vœ fɛr la·mur a·vɛk tua

Vamos a usar (un preservativo).
On va utiliser (un préservatif). — o^n va ü·ti·li·ze (ɛ^n pre·sɛr·va·tif)

Tenemos que parar ahora.
Il faut arrêter maintenant. — il fo a·rrɛ·te mɛ^{n}t·na^n

¡Vámonos a la cama!
On va se coucher. — on va sœ ku·she

Dame un beso.	*Embrasse-moi.*	a^n·bras mua
Te deseo.	*Je te veux.*	jœ tœ vœ
¿Te gusta esto?	*Ça te plaît?*	sa tœ plɛ
Me gusta eso.	*J'aime ça.*	jɛm sa
No me gusta eso.	*Je n'aime pas ça.*	jœ nɛm pa sa
¡Para!	*Arrête!*	a·rrɛt
¡No pares!	*N'arrête pas!*	na·rrɛt pa

más rápido	*plus vite*	plü vit
más fuerte	*plus fort*	plü for
más despacio	*plus doucement*	plü dus·ma^n
más suave	*moins fort*	moɛ^n for

¡Oh sí!	*Chouette alors!*	shu·ɛt a·lor
Es sensacional.	*C'est sensationnel.*	sɛ sa^n·sa·sio·nɛl
Me corro.	*Je viens.*	jœ vyɛ^n

No te preocupes, ya lo hago solo/a.
T'inquiète pas, je fais ça tout seul. — tɛ^n·kiɛt pa jœ fɛ sa tu sœl

Ha sido ...	*C'était ...*	se·tɛ ...
increíble	*excellent*	ek·se·la^n
fenomenal	*super*	sü·per
raro	*bizarre*	bi·zar

amor

l'amour

Te quiero.
Je t'aime. — jœ tɛm

¿Me quieres?
Tu m'aimes? — tü mɛm

¿Quieres salir conmigo?
Veux-tu sortir avec moi? — vœ tü sor·tir a·vɛk mua

¡Vivamos juntos!
Vivons ensemble! — vi·vo^n za^n·sa^{n}bl

¿Te quieres casar conmigo?
Veux-tu m'épouser? — vœ tü me·pu·ze

problemas

les problèmes

¿Estás viendo a otra persona?
Il y a quelqu'un d'autre ? — i li ya kɛl·kɛ^n dotr

No soy más que un objeto sexual para ti.
Je ne suis qu'un objet sexuel pour toi. — jœ nœ süi kɛ^n ob·jɛ sek·süɛl pur tua

No creo que lo nuestro esté funcionando.
Je ne pense pas que ça marche. — jœ nœ pa^{n}s pa kœ sa marsh

Lo solucionaremos.
Les choses finiront par s'arranger. — lɛ shoz fi·ni·ro^n par sa·rra^n·je

No quiero volver a verte.
Je ne veux plus te revoir. — je ne vœ plü tœ rœ·vuar

religión

la religion

¿De qué religión es usted?
Quelle est votre religion? kεl ε votr rœ·li·jio^{n}

¿De qué religión eres?
Quelle est ta religion? kεl ε ta rœ·li·jio^{n}

Soy ...	*Je suis ...*	jœ süi ...
No soy ...	*Je ne suis pas ...*	jœ nœ süi pa ...
agnóstico/a	*agnostique*	ag·nos·tik
ateo/a	*athée*	a·te
budista	*bouddhiste*	bu·dist
católico/a	*catholique*	ka·to·lik
cristiano/a	*chrétien(ne)*	kre·tyε^{n}/kre·tiε^{n}
hindú	*hindou(e)*	ε^{n}·du
judío/a	*juif/juive*	jüif/jüiv
musulmán/ana	*musulman(e)*	mü·zül·ma^{n}
practicante	*pratiquant(e)*	pra·ti·ka^{n}(t)
protestante	*protestant(e*	pro·tεs·ta^{n}(t)
creyente	*croyant(e)*	krua·ya^{n}(t)
Yo (no) creo en ...	*Je (ne) crois (pas) ...*	jœ (nœ) krua (pa) ...
el destino	*au destin*	o dεs·tε^{n}
en Dios	*en Dieu*	a^{n} diœ
¿Puedo ... aquí?	*Puis-je ... ici?*	püij ... i·si
¿Dónde puedo ...?	*Où est-ce qu'on peut ...?*	u εs ko^{n} pœ ...
ir a misa	*aller à la messe*	a·le a la mεs
asistir a un oficio	*aller à l'office*	a·le a lo·fis
rezar	*faire mes/ses dévotions*	fεr mε/sε de·vo·sio^{n}

diferencias culturales

les différences culturelles

Para ver frases relacionadas con las diferencias culturales y la comida, véase la sección **comida vegetariana y de dieta,** en p.149.

¿Cómo se hace esto en tu país?

Comment fait-on cela dans votre pays?	ko·ma^n fɛ·to^n sœ·la da^n votr pɛi

Esta costumbre ¿es local o nacional?

Est-ce que c'est une coutume locale ou nationale?	ɛs kœ sɛ ün ku·tüm lo·kal u na·sio·nal

Yo no estoy acostumbrado/a a esto.

Je ne suis pas habitué(e) à cela.	jœ nœ süi pa a·bi·tüe a sœ·la

No me importa mirar, pero preferiría no participar.

Je veux bien regarder mais je ne veux pas participer.	jœ vœ byɛ^n rœ·gar·de mɛ jœ nœ vœ pa par·ti·si·pe

Lo quiero intentar.

Je vais essayer ça.	jœ vɛ e·sɛ·ye sa

Lo siento, va contra mi ...	*Je m'excuse, c'est contraire à ma ...*	jœ meks·küs sɛ ko^n·trɛr a ma ...
cultura	*culture*	kül·tür
religión	*religion*	rœ·li·jio^n

Esto es muy ...	*Ceci est très ...*	sœ·si ɛ trɛ ...
diferente	*différent*	di·fe·ra^n
divertido	*amusant*	a·mü·za^n
interesante	*intéressant*	ɛ^n·te·re·sa^n

intereses deportivos

sports favoris

¿Te gusta el deporte?
Vous aimez le sport? vu·zɛ·me lœ spor

Sí, mucho.
Oui, beaucoup. ui bo·ku

No mucho.
Pas vraiment. pa vrɛ·ma[n]

El deporte prefiero verlo.
Je préfère regarder le sport. jœ pre·fɛr re·gar·de lœ spor

¿Qué deporte practicas?
Quel sport faites-vous? kɛl spor fɛt vu

¿Qué deportes te gustan?
Quels sports aimez-vous? kɛl spor ɛ·me vu

Me gusta ...	*J'aime ...*	jɛm ...
el baloncesto	*le basketball*	lœ bas·kɛt·bol
el rugby	*le rugby*	lœ rüg·bi
correr	*la course*	la kurs
el fútbol	*le football*	lœ fut·bol
el squash	*le squash*	lœ skuash
el surf	*le surf*	lœ sürf
¿Quién/Cuál es tu ... favorito/a?	*Quel(le) est votre ... favori(te)?*	kɛl ɛ votr ... fa·vo·ri(t)
deportista	*sportif/sportive*	spor·tif/spor·tiv
equipo	*équipe* **(f.)**	e·kip

ir a un partido

aller au match

¿Quieres ir a un partido?

Vous voulez aller voir un match?	vu vu·le a·le vuar ε^{n} mach

¿Quién juega?

Qui joue?	ki ju

¿Quién va ganando?

Qui est en train de gagner?	ki ε an trε^{n} dœ ga·ñe

¿Cómo quedó el resultado?

Quel est le score final?	kεl ε lœ skor fi·nal

Empataron.

Ils ont fait match nul.	il·zo^{n} fε mach nül

Realmente fue un partido ...	*C'était vraiment un ... match.*	se·tε vrε·ma^{n} ε^{n} ... mach
malo	*mauvais*	mo·vε
bueno	*bon*	bo^{n}
magnífico	*beau*	bo

lenguaje deportivo

¡Menudo ...!	*Quel(le) ...!*	kεl ...
gol	*but*	büt
golpe	*coup*	ku
tiro	*tir*	tir
pase	*passe* (f.)	pas
juego	*performance* (f.)	p
¿Cómo van?	*Quel est le score?*	kεl ε lœ skor
empate	*match nul*	mach nül
iguales	*égalité*	e·ga·li·te
bola de juego	*balle de match*	bal dœ mach
cero	*zéro*	ze·ro

practicar deporte

faire du sport

¿Quieres jugar?
Vous voulez jouer? — vu vu·le ju·e

¿Puedo jugar?
Je peux participer? — jœ pœ par·ti·si·pe

Sí, sería fenomenal.
Oui, ça serait excellent. — ui sa sœ·rɛ ek·se·la^{n}

Estoy lesionado.
Je suis blessé. — jœ süi ble·se

Tu/Mi punto.
Un point pour vous/moi. — ɛ^{n} poɛ^{n} pur vu/mua

¡Tira/Pásamela!
Passez-le-moi! — pa·se lœ mua

Eres un buen jugador.
Vous jouez bien. — vu ju·e byɛ^{n}

Gracias por haber jugado conmigo.
Merci d'avoir joué avec moi. — mɛr·si da·vuar ju·e a·vɛk mua

¿Cuál es el mejor sitio para correr por aquí?
Où peut-on faire du jogging? — u pœ·ton fɛr dü jo·gin

¿Dónde hay ... cerca?	*Où y a t-il ... par ici?*	u i ya til ɛ^{n}/ün ... par i·si
un gimnasio	*un gymnase*	ɛ^{n} jim·naz
una piscina	*une piscine*	ün pi·sin
una pista de tenis	*un terrain de tennis*	ɛ^{n} te·rrɛ^{n} dœ te·nis

¿Puedo/Me puede ... por favor?	*Puis-je ..., s'il vous plaît?*	püij ... sil vu plɛ
dar una lista de las clases de aerobic	*avoir une liste des cours d'aérobic*	a·vuar ün list dɛ kur dae·ro·bik
alquilar una taquilla	*louer un casier*	lu·e ɛ^{n} ka·zie
ver el gimnsaio	*voir le gymnase*	vuar lœ jim·naz

¿Cuánto cuesta por ...?	*Quel est le prix ...?*	kɛl ɛ lœ pri ...
día	*par jour*	par jur
partido	*de la séance*	dœ la se·a^{n}s
hora	*de l'heure*	dœ lœr
visita	*de la visite*	dœ la vi·zit

reglas de género

Hay que recordar que:

> cuando un sustantivo es masculino, se utilizarán los artículos *un* o *le*.

> cuando un sustantivo es femenino, se utilizarán los artículos *une* o *la*. Sólo aparecerá especificado el género de un sustantivo si éste es diferente del género español. Del mismo modo, en la pronunciación sólo se añadirá la forma femenina si ésta es diferente de la masculina, puesto que hay veces que, a pesar de añadir una e o una consonante, éstas no suenan.

¿Puedo alquilar ...?	*Puis-je louer ...?*	püij lu·e ...
una bicicleta	*un vélo* **(m.)**	ɛ^{n} ve·lo
una pista de tenis	*un terrain* **(m.)** *de tennis*	i^{n} te·rrɛ^{n} dœ te·nis
una raqueta	*une raquette*	ün ra·kɛt

¿Hace falta ser miembro?
Faut-il être membre? — fo·til ɛtr ma^{n}br

¿Hay una sesión/piscina sólo para mujeres?
Y a-t-il une séance/piscine pour les femmes? — i ya til ün se·a^{n}s/pi·sin pur lɛ fam

¿Dónde están los vestuarios?
Où sont les vestiaires? — u so^n lɛ ves·tiɛr

ciclismo

le cyclisme

Para más información sobre ciclismo, véase **bicicletas,** en p. 45.

¿Dónde acaba la carrera?
Où finit la course? — u fi·ni la kurs

¿Por dónde pasa?
Ça passe par où? — sa pas par u

¿Quién va ganando?
Qui est en train de gagner? — ki ɛ an trɛ^n dœ ga·ñe

¿La etapa de hoy es muy dura?
Est-ce que l'étape d'aujourd'hui est très difficile? — ɛs kœ le·tap do·jur·düi ɛ trɛ di·fi·sil

Mi ciclista favorito es ...
Mon coureur cycliste favori, c'est ... — mo^n ku·rœr si·klist fa·vo·ri sɛ ...

ciclista	*cycliste*	si·klist
etapa de montaña	*fortes côtes*	fort kot
etapa (en una carrera)	*étape*	e·tap
contrarreloj	*course contre la montre*	kurs ko^{n}tr la mo^{n}tr
ganador/a	*gagnant(e)*	ga·ña^n(t)
el mallot amarillo	*le maillot jaune*	lœ ma·yo jon

deportes de riesgo

les sports extrêmes

¿Estás seguro de que esto no es peligroso?
Êtes-vous sûr que c'est sans danger? — ɛt vu sür kœ sɛ sa^n da^n·je

¿El equipo es seguro?
Est-ce que l'équipement est solide? — ɛs kœ le·kip·ma^n ɛ so·lid

¡Esto es una locura!
C'est fou, ça! — sɛ fu sa

hacer rappel	*rappel*	ra·pel
puenting	*saut à l'élastique*	so a le·las·tik
espeleología	*spéléologie*	spe·leo·lo·ji
bicicleta de montaña	*vélo* **(m.)** *tout-terrain*	ve·lo tu te·rrɛn
paracaidismo	*parachutisme ascensionnel*	pa·ra·shü·tism a·sa^n·sio·nɛl
escalada en roca	*varappe*	va·rap
paracaidismo en caída libre	*parachutisme en chute libre*	pa·ra·shü·tism an shüt libr
rafting de aguas bravas	*rafting*	raf·tin

fútbol

le football

Es un (jugador) estupendo.
C'est un (joueur) formidable. — sε tε^{n} (ju·œr) for·mi·dabl

¿Qué equipo encabeza la liga?
Quelle équipe est en tête du championnat? — kεl e·kip ε a^{n} tεt dü sha^{n}·pio·na

¡Qué equipo más malo!
Quelle équipe lamentable! — kεl e·kip la·ma^{n}·tabl

córner	*corner*	kor·nεr
falta	*faute*	fot
tiro libre	*coup franc*	ku fra^{n}
guardameta	*gardien de but*	gar·dyε^{n} dœ büt
fuera de juego	*hors jeu*	or jœ
penalti	*penalty*	pe·nal·ti
tiro de penalti	*tir de penalty*	tir dœ pe·nal·ti

esquí

le ski

¿Cuánto cuesta el forfait?
C'est combien le forfait-skieurs? — sε ko^{n}·byε^{n} lœ for·fε skiœr

Quería alquilar ...	*J'aimerais louer ...*	jεm·rε lu·e ...
botas (de nieve)	*des après-skis*	dε za·prε ski
gafas de esquiar	*des lunettes de protection*	dε lü·nεt dœ pro·tek·sio^{n}
bastones	*des bâtons de ski*	dε ba·to^{n} dœ ski
esquís	*des skis*	dε ski
un traje de esquí	*une combinaison de ski*	ün ko^{n}·bi·nε·zo^{n} dœ ski

¿Se puede hacer ... aquí?	*C'est possible de faire ... ici?*	sɛ po·sibl dœ fɛr ... i·si
esquí alpino	*du ski alpin*	dü ski al·pɛ^n
esquí de fondo	*du ski de fond*	dü ski dœ fo^n
snowboard	*le surf des neiges*	lœ sœrf dɛ nɛj
trineo	*du toboggan*	dü to·bo·ga^n

¿Puedo tomar clases?
Est-ce que je peux prendre des leçons? — ɛs kœ jœ pœ pra^{n}dr dɛ lœ·so^n

¿De qué color es esa pista?
Quelle est la difficulté de cette piste? — kɛl ɛ la di·fi·kül·te dœ sɛt pist

¿Cuál es el estado de las pistas ...?	*Quel est l'état des pistes ...?*	kɛl ɛ le·ta dɛ pist ...
en el (Mont Blanc)	*au (Mont Blanc)*	o (mo^n bla^n)
más abajo	*plus bas*	plü ba
más arriba	*plus haut*	plü o

¿Cuáles son las pistas ...?	*Quelles sont les pistes ...?*	kɛl so^n lɛ pist ...
para esquiadores avanzados	*pour skieurs de niveau avancé*	pur ski·œr dœ ni·vo a·va^n·se
para principiantes	*pour débutants*	pur de·bü·ta^n
para esquiadores de nivel intermedio	*pour skieurs de niveau moyen*	pur ski·œr de ni·vo mua·yɛ^n

teleférico	*téléphériqué*	te·le·fe·rik
telesilla	*télésiège*	te·le·siɛj
monitor	*moniteur*	mo·ni·tœr
estación de esquí	*station* **(m.)** *de ski*	sta·sio^n dœ ski
remonte	*remonte-pente*	rœ·mo^{n}t pa^{n}t
trineo	*luge* **(f.)**	lüj

al aire libre
les grands espaces naturels

excursiones

les randonnées

¿Dónde puedo ...?	*Où est-ce que je peux ...?*	u ɛs kœ jœ pœ ...
comprar provisiones	*acheter des provisions*	ash·te dɛ pro·vi·zio^n
informarme sobre los caminos existentes	*me renseigner sur les sentiers à suivre*	mœ ra^n·sɛ·ñe sür lɛ sa^n·tiɛ a süivr
conseguir un mapa	*trouver une carte*	tru·ve ün kart
alquilar equipo para la excursión	*louer du matériel de randonnée*	lu·e dü ma·te·riɛl dœ ra^{n}do·ne
encontrar a alguien que conozca esta zona	*trouver quelqu'un qui connaît la région*	tru·ve kɛl·ki^n ki ko·nɛ la re·jio^n
¿Necesito llevar ...?	*Est-ce qu'il faut apporter ...?*	ɛs kil fo a·por·te ...
saco de dormir	*du matériel de couchage*	dü ma·te·riɛl dœ ku·shaj
comida	*des vivres*	dɛ vivr
agua	*de l'eau*	dœ lo

¿Cuántos kilómetros tiene el camino?
Le chemin fait combien de kilomètres? — Lœ shœ·mɛ^n fɛ ko^n·byɛ^n dœ ki·lo·mɛtr

¿Necesitamos un guía?
A-t-on besoin d'un guide? — a to^n bœ·zoɛ^n dɛ^n gid

¿Hay excursiones guiadas?
Est-ce qu'il y a des marches organisées? — ɛs ki li ya dɛ marsh or·ga·ni·ze

¿Es seguro?
C'est sans danger? — sɛ sa^{n} da^{n}·je

¿Allí hay un refugio?
Y a-t-il une cabane là-bas? — i ya til ün ka·ban la ba

¿A qué hora oscurece?
À quelle heure fait-il nuit? — a kɛl œr fɛ·til nüi

¿Dónde está el pueblo más cercano?
Où est le village le plus proche? — u ɛ lœ vi·laj lœ plü prosh

¿Cuál es el camino ...?	*Quel est l'itinéraire ...?*	kɛl ɛ li·ti·ne·rɛr ...
más fácil	*le plus facile à suivre*	lœ plü fa·sil a süivr
más corto	*le plus court*	lœ plü kur

¿De dónde habéis venido?
Vous êtes parti d'où? — vu·zɛt par·ti du

¿Cuánto tiempo os ha llevado?
Ça a pris combien de temps? — sa a pri ko^{n}·byɛ^{n} dœ ta^{n}

¿Este camino lleva a ...?
Est-ce que ce sentier mène à ...? — ɛs kœ sœ sa^{n}·tiɛ mɛn a ...

¿Podemos ir por aquí?
On peut passer par ici? — on pœ pa·se par i·si

¿Se puede beber esta agua?
Est-ce que l'eau est potable? — ɛs kœ lo ɛ po·tabl

Estoy perdido/a.
Je suis perdu(e). — jœ süi pɛr·dü

en la playa

à la plage

¿Dónde está la playa ...?	*Où est la plage ...?*	u ɛ la plan ...
más cercana	*la plus proche*	la plü prosh
nudista	*nudiste*	nü·dist
pública	*publique*	pü·blik
¿Se puede ... aquí?	*On peut ... sans danger*	on pœ ... sa^{n}n da^n·je
zambullir	*plonger*	plo^n·je
nadar	*nager*	na·je

señales

Baignade Interdite!	**¡Prohibido bañarse!**

¿A qué hora está la marea ...?	*À quelle heure est la marée ...?*	a kɛl œr ɛ la ma·re ...
alta	*haute*	ot
baja	*basse*	bas
¿Cuánto cuesta ...?	*Combien coûte ...?*	ko^n·by ɛ^n kut ...
una tumbona	*une chaise longue*	ün shɛs lo^n
una caseta	*une cabine de bain*	ün ka·bin dœ bɛ^n
una sombrilla	*un parasol*	ɛ^n pa·ra·sol

se podrá oír ...

a·ta^n·sio^n o ku·ra^n su ma·rɛ^n
Attention au courant sous-marin. — **Hay que tener cuidado con la resaca.**

sɛ da^{n}j·rœ
C'est dangereux. — **Es peligroso.**

el tiempo

le temps

¿Qué tiempo hace?
Quel temps fait-il? kɛl ta^{n} fɛ·til

¿Dónde puedo ver la previsión del tiempo?
Où est-ce que je peux trouver les prévisions météo? u ɛs kœ jœ pœ tru·ve lɛ pre·vi·zio^{n} me·teo

(Hoy) Hace ...	*(Aujourd'hui) Il fait ...*	(o·jur·düi) il fɛ ...
¿Mañana hará ...?	*Est-ce qu'il fera ... demain?*	ɛs·kil fe·ra ... dœ·mɛ^{n}
frío	*froid*	frua
(mucho) calor	*(très) chaud*	(trɛ) sho
viento	*du vent*	dü va^{n}
Está lloviendo.	*Il pleut.*	il plœ
Está nevando.	*Il neige.*	il nɛj
Está nublado.	*Le temps est couvert.*	lœ ta^{n} ɛ ku·vɛr

flora y fauna

flore et faune

¿Qué ... es ése?	*Quel(le) est ...?*	kɛl ɛ ...
animal	*cet animal*	sɛ ta·ni·mal
flor	*cette fleur*	sɛt flœr
árbol	*cet arbre*	sɛ·tarbr
¿Para qué se usa?	*Ça sert à quoi?*	sa sɛr a kua
¿Es/Está ...?	*C'est ...?*	sɛ ...
común	*commun*	ko·mɛ^{n}
peligroso	*dangereux*	da^{n}j·rœ
en peligro de extinción	*menacé de disparition*	mœ·na·se dœ dis·pa·ri·sio^{n}
protegido	*protégé*	pro·te·je

Para más información sobre nombres de animales y plantas o términos relacionados con la geografía o la agricultura, véase el **diccionario**.

COMIDA > comer fuera
sortir déjeuner ou dîner

El desayuno o *petit déjeuner* suele incluir tostadas con mermelada y un café o chocolate caliente. También se puede tomar un cruasán, un bollo de leche, yogur y cereales. El almuerzo o *déjeuner* es la comida principal del día y normalmente se compone de varios platos. La cena o *dîner* suele tomarse hacia las 20.00 y es una versión ligera del almuerzo. Es habitual comer y cenar con pan y vino.

lo básico

vocabulaire de base

desayuno	*petit déjeuner*	pœ·ti de·jœ·ne
almuerzo	*déjeuner*	de·jœ·ne
cena	*dîner* **(m.)**	di·ne
aperitivo	*casse-croûte*	kas krut
comer	*manger*	ma^{n}·je
beber	*boire*	buar
Quería ...	*Je voudrais ...*	jœ vu·drɛ ...
¡Me muero de hambre!	*Je meurs de faim!*	jœ mœr dœ fɛ^{n}

encontrar un lugar para comer

où manger?

¿Me puede recomendar ...?	*Est-ce que vous pouvez me conseiller ...?*	ɛs kœ vu pu·ve mœ ko^{n}·sɛ·ye ...
un bar	*un bar*	ɛ^{n} bar
un café	*un café*	ɛ^{n} ka·fe
un restaurante	*un restaurant*	ɛ^{n} res·to·ra^{n}

¿Adónde podemos ir para celebrarlo?

On va où pour faire la fête?	o^{n} va u pur fɛr la fɛt	

¿Dónde podemos encontrar ...?	*Où est-ce qu'on trouve ...?*	u ɛs ko^{n} truv ...
restaurantes que estén bien de precio	*les restaurants bon marché*	lɛ res·to·ra^{n} bo^{n} mar·she
especialidades locales	*les spécialités locales*	lɛ spe·sia·li·te lo·kal
Quería reservar una mesa para ...	*Je voudrais réserver une table pour ...*	jœ vu·drɛ re·sɛr·ve ün tabl pur ...
las (ocho)	*(vingt) heures*	(vɛ^{n}t) œr
(dos) personas	*(deux) personnes*	(dœ) pɛr·son
Quería ..., por favor.	*Je voudrais ..., s'il vous plaît.*	jœ vu·drɛ ... sil vu plɛ
una mesa para (cinco)	*une table pour (cinq) personnes*	ün tabl pur (sɛ^{n}k) pɛr·son
una mesa en la zona de fumadores/ no fumadores	*une table dans un endroit pour fumeurs/ non-fumeurs*	ün tabl da^{n} zɛ^{n} na^{n}·drua pur fü·mœr/ no^{n} fü·mœr
la carta de vinos	*la carte des vins*	la kart dɛ vɛ^{n}
¿Tiene ...?	*Est-ce que vous avez ...?*	ɛs kœ vu·za·ve ...
un menú infantil	*des repas enfants*	dɛ rœ·pa a^{n}·fa^{n}
un menú en español	*une carte en espagnol*	ün kart a^{n} nɛs·pa·ñol

¿Todavía se puede comer?

On peut toujours passer des commandes?	o^{n} pœ tu·jur pa·se dɛ ko·ma^{n}d

¿Cuánto hay que esperar?

Il faut attendre combien de temps?	il fo a·ta^{n}dr ko^{n}·byɛ^{n} dœ ta^{n}

en el restaurante

au restaurant

¿Puedo ver el menú, por favor?
Est-ce que je peux voir la carte, s'il vous plaît? — ɛs kœ jœ pœ a·vuar la kart sil vu plɛ

¿Qué me recomienda?
Qu'est-ce que vous conseillez? — kɛs kœ vu ko^{n}·sɛ·ye

Voy a tomar lo mismo que ellos.
Je prendrai la même chose qu'eux. — jœ pra^{n}·drɛ la mɛm shoz kœ

¿Qué lleva ese plato?
Quels sont les ingrédients? — kɛl so^{n} lɛ zɛ^{n}·gre·dia^{n}

se podrá oír ...

nu som ko^{n}·plɛ *Nous sommes complets.*	**Está lleno.**
nu na·vo^{n} plü dœ tabl *Nous n'avons plus de tables.*	**No tenemos más mesas.**
u vu·lœ vu vu·za·suar *Où voulez-vous vous asseoir?*	**¿Dónde les gustaría sentarse?**
sɛ fɛr·me *C'est fermé.*	**Está cerrado.**
ɛ^{n} mo·ma^{n} *Un moment.*	**Un momento.**
vu de·zi·re *Vous désirez?*	**¿Qué les apetece?**
vu vu·le buar kɛlk shoz a^{n} na·ta^{n}·da^{n} *Vous voulez boire quelque chose en attendant?*	**¿Quieren beber algo mientras esperan?**
vua·la *Voilà!*	**¡Aquí está!**

¿Se tarda mucho en preparar?
Est-ce que la préparation va prendre beaucoup de temps? — ɛs kœ la pre·pa·ra·sio^n va pra^{n}dr bo·ku dœ ta^n

¿Es autoservicio?
C'est self-service? — sɛ sellf sɛr·vis

¿La propina está incluida en la cuenta?
Le service est compris? — lœ sɛr·vis ɛ ko^n·pri

¿Esto es gratuito?
C'est gratuit ça? — sɛ gra·tüi sa

Sólo vamos a beber algo.
C'est juste pour des boissons. — sɛ jüst pur dɛ bua·so^n

Me gustaría ...	*Je voudrais ...*	jœ vu·drɛ ...
una especialidad local	*une spécialité locale*	ün spe·sia·li·te lo·kal
una comida digna de un rey	*un repas digne d'un roi*	ün rœ·pa diñ dɛ^n rua

en la mesa

à table

Por favor, tráigame ...	*Apportez-moi ..., s'il vous plaît.*	a·por·te mua ... sil vu plɛ
la cuenta	*l'addition*	la·di·sio^n
una copa de (vino)	*un verre (de vin)*	ɛ^n vɛrr (dœ vɛ^n)
palillos	*des cure-dents*	dɛ kür da^n

se podrá oír ...

ɛ·me vu ...
Aimez-vous ...? — **¿Le gusta ...?**

kɛl küi·so^n
Quelle cuisson? — **¿Qué punto de cocción le gusta?**

jœ vu ko^n·sɛy
Je vous conseille ... — **Le sugiero ...**

sobre la comida

parler cuisine

Me encanta este plato.
J'adore ce plat. ja·dor sœ pla

Nos encanta la comida local.
Nous adorons la cuisine locale. nu za·do·ro^n la küi·zin lo·kal

¡Estaba delicioso!
C'était délicieux! se·tɛ de·li·siœ

Felicite al chef de mi parte.
Mes compliments au chef. mɛ ko^n·pli·ma^n o shɛf

Estoy lleno.
Je n'ai plus faim. jœ nɛ plü fɛ^n

¿Está usted seguro de que eso no era cerdo?
Vous êtes certain que ce n'était pas du porc? vu·zɛt sɛr·tɛ^n kœ sœ ne·tɛ pa dü por

Esto está ...	*C'est ...*	sɛ ...
quemado	*brûlé*	brü·le
(demasiado) frío	*(trop) froid*	(tro) frua
magnífico	*superbe*	sü·pɛrb

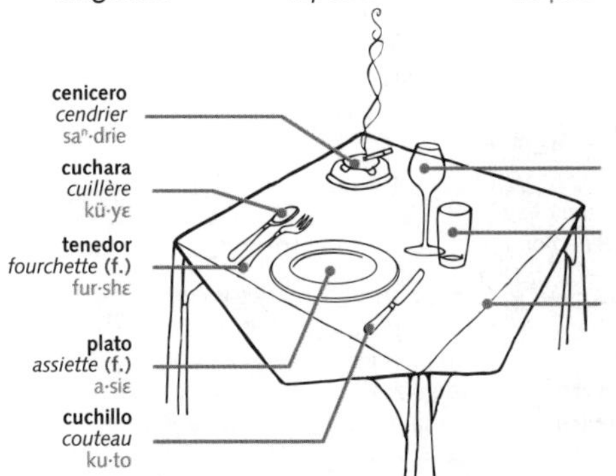

comidas

les repas

> desayuno

beicon	*bacon*	bɛ·kon
pan	*pain*	pɛ^{n}
mantequilla	*beurre* **(m.)**	bœr
cereales	*céréales*	se·re·al
queso	*fromage*	fro·maj
copos de maíz	*cornflakes*	korn·flɛks
huevo	*œuf*	œf
mermelada	*confiture*	ko^{n}·fi·tür
margarina	*margarine*	mar·ga·rin
leche	*lait*	lɛ
muesli	*muesli*	müz·li
tortilla (de queso)	*omelette (au fromage)*	om·lɛt (o fro·maj)
tostada	*pain* **(m.)** *grillé*	pɛ^{n} gri·ye

> comidas ligeras

¿Cómo se llama eso?
Ça s'appelle comment? sa sa·pɛl ko·ma^{n}

Querría ..., por favor.	*Je voudrais ..., s'il vous plaît.*	jœ vu·drɛ ... sil vu plɛ
un trozo (de pizza)	*un morceau (de pizza)*	ɛ^{n} mor·so (dœ pid·za)
un sándwich	*un sandwich*	ɛ^{n} sa^{n}·düich
eso	*ça*	sa

COMIDA

métodos de cocción

méthodes de cuisson

Me gusta ...	*J'aime ça ...*	jɛm sa ...
No me gusta ...	*Je ne veux pas ça ...*	jœ nœ vœ pa sa ...
cocido	*bouilli*	bui·yi
a la parrilla	*grillé*	gri·ye
frito	*frit*	fri
en puré	*en purée*	a^n pü·re
en su punto	*à point*	a poɛ^n
poco hecho	*saignant*	sɛ·ña^n
recalentado	*réchauffé*	re·sho·fe
al vapor	*à la vapeur*	a la va·pœr
muy hecho	*bien cuit*	byɛ^n küi
en salsa	*avec la sauce*	a·vɛk la sos
a un lado	*à côté*	a ko·te
sin salsa	*sans sauce*	sa^n sos

se podrá leer ...

amuse-gueule	a·müz guœl	**tapas**
soupes	sup	**sopas**
entrées	a^n·tre	**entrantes**
salades	sa·lad	**ensaladas**
plat principal	pla prɛ^n·si·pal	**plato principal**
desserts	de·sɛr	**postres**
apéritifs	a·pe·ri·tif	**aperitivos**
spiritueux	spi·ri·tüœ	**licores**
bières	biɛr	**cervezas**
vins mousseux	vɛ^n mu·sœ	**vinos espumosos**
vins blancs	vɛ^n bla^n	**vinos blancos**
vins rouges	vɛ^n ruj	**vinos tintos**
vins de dessert	vɛ^n dœ de·sɛr	**vinos de postre**

Si necesita ayuda en la comprensión del menú, puede consultar el **glosario gastronómico,** en p. 153.

condimentos

condiments

Querría ..., por favor.	*Je voudrais ..., s'il vous plaît.*	jœ vu·drɛ ... sil vu plɛ
ketchup	*le ketchup*	lœ ket·shap
pimienta	*le poivre*	lœ puavr
sal	*le sel*	lœ sɛl
salsa de tomate	*la sauce tomate*	la sos to·mat
vinagre	*le vinaigre*	lœ vi·nɛgr

Véase el **diccionario** para otros condimentos.

en el bar

au bar

Discúlpeme.	*Excusez-moi.*	eks·kü·ze mua
Me toca a mí.	*C'est mon tour.*	sɛ mo^n tur
Me tomaré (una ginebra).	*Je prends (un gin).*	jœ pra^n (ɛ^n djin)

Otra igual, por favor.
La même chose, s'il vous plaît. la mɛm shoz sil vu plɛ

Sin hielo, gracias.
Pas de glaçons, merci. pa dœ gla·so^n mɛr·si

Te invito a una copa.
Je vous offre un verre. jœ vu·zofr ɛ^n vɛrr

¿Qué os apetece?
Qu'est-ce que vous voulez? kɛs kœ vu vu·le

Yo pago esta ronda.
C'est ma tournée. sɛ ma tur·ne

Tú puedes pagar la siguiente ronda.
La prochaine fois c'est vous qui payerez la tournée. la pro·shɛnn fua sɛ vu ki pɛy·re la tur·ne

¿Cuánto cuesta?
Ça fait combien? sa fɛ ko^{n}·byɛ^{n}

¿Sirven comidas aquí?
Faites-vous les repas ici? fɛt vu lɛ rœ·pa i·si

bebidas no alcohólicas

boissons non alcoolisées

agua mineral ...	*eau minérale*	o mi·ne·ral
con gas	*... gazeuse*	... ga·zœz
sin gas	*... non-gazeuse*	... no^{n} ga·zœz
zumo de naranja	*jus d'orange*	jü do·ra^{n}j
refresco	*boisson non-alcoolisée*	bua·so^{n} non al·ko·li·ze
agua (caliente)	*eau (chaude)*	o (shod)
(un) té	*(un) thé*	(ɛ^{n}) te
(un) café	*(un) café*	(ɛ^{n}) ka·fe
... solo	*... noir*	... nuar
... con leche	*... au lait*	... o lɛ
... sin/con azúcar	*... sans/avec sucre*	... sa^{n}/a·vɛk sükr

bebidas alcohólicas

boissons alcoolisées

cerveza	*bière*	biɛr
coñac	*cognac*	ko·ñak
champán	*champagne*	sha^{n}·pañ
cóctel	*cocktail*	kok·tɛl
un chupito de ...	*un petit verre de ...*	ɛ^{n} pœ·ti vɛrr dœ ...
ginebra	*gin*	djin
ron	*rhum*	rom
tequila	*tequila*	te·ki·la
vodka	*vodka*	vod·ka
whisky	*whisky*	üis·ki
una botella de vino ...	*une bouteille de vin ...*	ün bu·tɛy dœ vɛ^{n} ...

una copa de vino ...	*un verre de vin ...*	ɛ^{n} vɛrr dœ vɛ^{n} ...
de postre	*de dessert*	dœ dɛ·sɛr
tinto	*rouge*	ruj
rosado	*rosé*	ro·ze
espumoso	*mousseux*	mu·sœ
de mesa	*de table*	dœ tabl
blanco	*blanc*	bla^{n}
... de cerveza	*... de bière*	... dœ biɛr
un vaso	*un verre*	ɛ^{n} vɛrr
una botella grande	*une grande bouteille*	ün gra^{n}d bu·tɛy
una caña	*un demi*	ɛ^{n} dœ·mi
una botella pequeña	*une petite bouteille*	ün pœ·tit bu·tɛy

una copa de más

un coup de trop?

Gracias, pero no me gusta.
Je n'en ai pas envie, merci. — jœ na^n nɛ pa a^n·vi mɛr·si

No bebo alcohol.
Je ne bois pas d'alcool. — jœ nœ bua pa dal·kol

Esto es justo lo que necesitaba.
C'est justement ce qu'il me faut. — sɛ jüst·ma^n sœ kil mœ fo

¡Espabílate!
Tire sur mon doigt! — tir sür mo^n dua

Estoy cansado, me voy a casa.
Je suis fatigué, je dois rentrer. — jœ süi fa·ti·ge jœ dua ra^n·tre

¿Dónde está el baño?
Où sont les toilettes? — u so^n lɛ tua·lɛt

Estoy borracho/a.
Je suis ivre. — jœ süi ivr

¡Me siento genial!
Je me sens vachement bien! — jœ mœ sa^n vash·ma^n byɛ^n

¡salud!

Uno se puede mezclar con la gente utilizando estas frases típicas de las celebraciones:

¡Salud!	*Santé!*	sa^n·te
¡Viva el chef!	*Au chef!*	o shɛf
¡Brindo por todos!	*À tout le monde!*	a tu lœ mo^{n}d
¡Brindo por Francia!	*À la France!*	a la fra^{n}s
¡Otra copa!	*Encore un coup!*	an·kor ɛ^n ku
¡De un trago!	*Cul sec!*	kül sɛk

Te quiero muchísimo.
Je t'aime vraiment beaucoup. — jœ tɛm vrɛ·ma^n bo·ku

No, no estoy borracho, sé lo que digo.
Non, c'est moi qui dis ça, ce n'est pas l'alcool qui parle. — No^n sɛ mua ki di sa sœ nɛ pa lal·kol ki parl

Creo que he bebido demasiado.
Je pense que j'ai bu un coup de trop. — jœ pa^{n}s kœ jɛ bü ɛ^n ku dœ tro

¿Me puede llamar un taxi?
Pouvez-vous appeler un taxi pour moi? — pu·ve vu ap·le ɛ^n tak·si pur mua

No deberías conducir.
Vous n'êtes pas en état de conduire. — vu nɛt pa a^n e·ta dœ ko^n·düir

Estoy borracho.
Je suis bourré. — jœ süi bu·rre

Me encuentro mal.
Je me sens malade. — jœ mœ sa^n ma·lad

Tal vez con un Bloody Mary me sienta mejor.
Peut-être qu'un Bloody Mary me fera du bien. — pœ·tɛtr kɛ^n blo·di me·ri mœ fœ·ra dü byɛ^n

se podrá oír ...

kɛs kœ vu de·si·re pra^{n}dr
Qu'est-ce que vous désirez prendre? — **¿Qué quieren tomar?**

jœ pa^{n}s kœ sa sü·fi
Je pense que ça suffit. — **Creo que ya has bebido suficiente.**

comprar y cocinar
faire la cuisine

lo básico

vocabulaire de base

cocido/a	*cuit(e)*	küi(t)
seco/a	*sec/sèche*	sɛk/sɛsh
fresco/a	*frais/fraîche*	frɛ/frɛsh
congelado/a	*surgelé(e)*	sür·jœ·le
pasado/a	*vieux/vieille*	viœ/viɛy
crudo/a	*cru(e)*	krü
rancio/a	*rassis(e)*	ra·si(z)

comprar comida

acheter de la nourriture

¿Cuánto cuesta (un kilo de queso)?
C'est combien (le kilo de fromage)? — sɛ ko^{n}·byɛ^{n} (lœ ki·lo dœ fro·maj)

¿Cuál es la especialidad local?
Quelle est la spécialité locale? — kɛl ɛ la spe·sia·li·te lo·kal

¿Qué es eso?
Qu'est-ce que c'est, ça? — kɛs kœ sɛ sa

¿Lo puedo probar?
Je peux goûter? — jœ pœ gu·te

bolas de panadero

La palabra 'panadero', *boulanger*, viene de *boule*, 'bola', que es la forma que tenían los primeros panes. En el presente, el pan se sigue haciendo en forma de *boule*.

¿Cuánto?	*Combien?*	ko^{n}·byɛ^{n}
Quiero ...	*Je voudrais ...*	jœ vu·drɛ ...
(200) gramos	*(deux cents) grammes*	(dœ sa^{n}) gram
(dos) kilos	*(deux) kilos*	(dœ) ki·lo
(tres) trozos	*(trois) morceaux*	(trua) mor·so
(seis) lonchas	*(six) tranches*	(si) tra^{n}sh
un poco de eso	*de ça*	dœ sa
¿Tiene ...?	*Est-ce que vous avez ...?*	ɛs kœ vu za·ve ...
algo más barato	*quelque chose de moins cher*	kɛlk shoz dœ moɛ^{n} shɛr
otra cosa	*autre chose*	otr shoz

se podrá oír ...

Il na^{n} rɛst plü
Il n'en reste plus. — **No queda más.**

kœ püij fɛr pur vu
Que puis-je faire pour vous? — **¿Le puedo ayudar?**

an·kor kɛlk shoz
Encore quelque chose? — **¿Quiere algo más?**

sa fɛ (sɛ^{n}k œ·ro)
Ça fait (cinq euros). — **Son (cinco euros).**

sa sɛ (ɛ^{n} ka·ma^{n}·bɛr)
Ça, c'est (un camembert). — **Eso es (un Camembert).**

vu de·si·re
Vous désirez? — **¿Qué quiere?**

jœ na^{n} ɛ plü
Je n'en ai plus. — **No tengo más.**

¿Dónde se encuentran ...?	*Où est-ce qu'on trouve le rayon ...?*	u ɛs ko^n truv lœ ra·yo^n ...
los productos lácteos	*des produits laitiers*	dɛ pro·düi lɛ·tiɛ
los congelados	*des surgelés*	dɛ sür·jœ·le
las frutas y verduras	*des fruits et légumes*	dɛ früi e le·güm
la carne	*viande*	via^{n}d
la carne de ave	*volaille*	vo·lay

¿Me puede dar una bolsa, por favor?

Puis-je avoir un sac, s'il vous plaît?	püij a·vuar ɛ^n sak sil vu plɛ

utensilios de cocina

ustensiles de cuisine

abrebotellas	*ouvre-bouteilles*	uvr bu·tɛy
cuenco	*bol*	bol
abrelatas	*ouvre-boîtes*	uvr buat
tabla de picar	*planche à découper*	pla^{n}sh a de·ku·pe
sacacorchos	*tire-bouchon*	tir bu·sho^n
tenedor	*fourchette* **(f.)**	fur·shɛt
nevera	*réfrigérateur* **(m.)**	re·fri·je·ra·tœr
sartén	*poêle à frire*	pual a frir
cuchillo	*couteau*	ku·to
horno	*four*	fur
plato	*assiette* **(f.)**	a·siɛt
cacerola	*casserole*	kas·rol
cuchara	*cuillère*	kü·yɛr
tostador	*grille-pain*	griy pɛ^n

¡viva el queso!

En Francia hay más de cuatrocientos tipos de quesos, desde los ligeramente cremosos a los malolientes, incluido el queso recubierto de moho. Al igual que los vinos, hay quesos específicos de ciertas regiones a los cuales se les ha otorgado una *appellation d'origine*, para garantizar su autenticidad. En líneas generales, los quesos se pueden dividir en los siguientes tipos:

Queso ...	*Fromage ...*	fro·maj ...
duro	*à pâte dure*	a pat dür
de leche de cabra	*de chèvre*	dœ shɛvr
de leche de oveja	*de brebis*	dœ brœ·bi
suave	*à pâte molle*	a pat mol

Se puede consultar el libro *World Food France* de Lonely Planet, para conocer y entender mejor los tipos de quesos y las variedades que existen. A continuación se dan tres ejemplos:

> **Brebis des Pyrénées** brœ·bi dɛ pi·re·ne queso hecho con leche de cabra de los Pirineos.

> **Coulommiers** ku·lo·mie queso suave y cremoso, de la familia del Brie.

> **Pont l'Evêque** po^{n} le·vɛk queso de leche de vaca, que se derrite con facilidad, con un sabor intenso y un fuerte olor.

comida vegetariana y de dieta

les repas végétariens et les régimes

pedir la comida

passer une commande

¿Hay algún restaurante ... por aquí?

Y a-t-il un restaurant ... par ici?	i ya til ɛ^{n} res·to·ra^{n} ... par i·si

¿Tienen comida ...?	*Vous faites les repas ...?*	vu fɛt lɛ rœ·pa ...
halal	*halal*	a·lal
kosher	*casher*	ka·shɛr
vegetariana	*végétarien(ne)*	ve·je·ta·ryɛ^{n}/ ve·je·ta·riɛn

¿Puedo pedir esto sin ...?	*Je peux commander ça sans ...?*	jœ pœ ko·ma^{n}·de sa sa^{n} ...
¿Me puede preparar una comida sin ...?	*Pouvez-vous préparer un repas sans ...?*	pu·ve vu pre·pa·re ɛ^{n} rœ·pa sa^{n} ...
mantequilla	*beurre*	bœr
huevos	*œufs*	zœf
caldo de carne	*bouillon gras*	bu·yo^{n} gra

se podrá oír ...

sɛ küi·zi·ne a·vɛk dœ la via^{n}d

C'est cuisiné avec de la viande.	**Está cocinado con carne.**

vu pu·ve ma^{n}·je ...

Vous pouvez manger ...?	**¿Puede comer ...?**

jœ vɛ dœ·ma^{n}·de o küi·si·niɛ/shɛf

Je vais demander au cuisinier/chef.	**Voy a preguntar al cocinero/chef.**

¿Es un producto ...?	*C'est un produit ...?*	sɛ tɛ^n pro·düi ...
que no es de origen animal	*qui n'est pas d'origine animale*	ki nɛ pa do·ri·jin a·ni·mal
de granja	*de ferme*	dœ fɛrm
modificado genéticamente	*qui contient des organismes génétiquement modifiés*	ki ko^n·tyɛ^n dɛ zor·ga·nism je·ne·tik·ma^n mo·di·fie
sin gluten	*sans gluten*	sa^n glü·tɛn
halal	*halal*	a·lal
kosher	*casher*	ka·shɛr
bajo en azúcar	*à faible teneur en sucre*	a fɛbl te·nœr a^n sükr
bajo en grasa	*allégé*	a·le·je
orgánico	*biologique*	bio·lo·jik
sin sal	*sans sel*	sa^n sɛl

dietas especiales y alergias

régimes et allergies alimentaires

Soy ...	*Je suis ...*	jœ süi ...
budista	*bouddhiste*	bu·dist
hindú	*hindou(e)*	ɛ^n·du
judío/a	*juif/juive*	jüif/jüiv
musulmán/ana	*musulman(e)*	mü·zül·ma^n
vegetariano/a	*végétarien(ne)*	ve·je·ta·ryɛ^n/ ve·je·ta·riɛn

Soy alérgico ...	*Je suis allergique ...*	jœ süi a·lɛr·jik ...
a los productos de origen animal	*aux aliments d'origine animale*	o za·li·ma^{n} do·ri·jin a·ni·mal
a la cafeína	*à la caféine*	a la ka·feïn
a los productos lácteos	*aux produits laitiers*	o pro·düi lɛ·tie
a los huevos	*aux œufs*	o zœ
al pescado	*au poisson*	o pua·so^{n}
a la gelatina	*à la gélatine*	a la je·la·tin
a la comida modificada genéticamente	*à la nourriture contenant des organismes génétiquement modifiés*	a la nu·rri·tür ko^{n}·tœ·na^{n} dɛ zor·ga·nism je·ne·tik·ma^{n} modi·fie
al gluten	*au gluten*	o glü·tɛn
a la miel	*au miel*	o miɛl
al glutamato monosódico	*au glutamate de sodium*	o glü·ta·mat de so·diœm
al cerdo	*au porc*	o por
a las aves	*à la volaille*	a la vo·lay
a la carne roja	*à la viande rouge*	a la via^{n}d ruj
al pescado	*aux fruits de mer*	o früi dœ mɛr
al marisco	*aux crustacés*	o krus·ta·se
a la harina de trigo	*à la farine de blé*	a la fa·rin dœ ble

Yo no como/bebo ...
Je ne mange/ bois pas ... jœ nœ ma^{n}j/ bua pa ...

Sigo un régimen especial.
Je suis un régime. jœ süi ɛ^{n} re·jim

Yo no como eso ...	*Je ne mange pas ça ...*	jœ nœ ma^{n}j pa sa ...
por motivos de salud	*pour des raisons de santé*	pur dɛ rɛ·zo^{n} dœ sa^{n}·te
por razones filosóficas	*pour des raisons philosophiques*	pur dɛ rɛ·zo^{n} fi·lo·zo·fik
por motivos religiosos	*à cause de ma religion*	a koz dœ ma rœ·li·jio^{n}

glosario gastronómico
le glossaire gastronomique

A

abats ⓜ a·ba *menudillo de ave*
 — de boucherie dœ bush·ri *asaduras*
abricot ⓜ a·bri·ko *albaricoque*
addition ⓕ a·di·sio^n *cuenta*
agneau ⓜ a·ño *cordero*
 — de lait ⓜ dœ lɛ *cordero lechal*
aiguillette ⓕ ɛ·gui·yɛt *rodaja larga y fina de carne, normalmente pechuga de ave, sobre todo de pato*
ail ⓜ ai *ajo*
aile ⓕ ɛl *ala (de ave)*
aïoli a·io·li *alioli*
à la a la *servido con • al estilo de*
alcool ⓜ al·kol *alcohol*
aligot ⓜ a·li·go *puré de patatas, ajos y queso derretido (Auvergne)*
alouette ⓕ a·lu·ɛt *alondra*
alsacienne al·za·siɛn *'al estilo alsaciano', un plato acompañado normalmente de sauerkraut, cerdo, salchichas o hervido a fuego lento con vino y champiñones*
amande ⓕ a·ma^{n}d *almendra*
 — de mer dœ mɛr *concha tipo vieira*
américaine a·me·ri·kɛn *'al estilo americano', un plato de pescado o marisco, sobre todo langosta, flambeado en coñac y hervido en vino blanco y tomates*
amuse-gueule ⓜ a·müz gœl *aperitivos/tapas*
ananas ⓜ a·na·nas *piña*
anchoïade ⓕ a^n·sho·iad *pasta de anchoas mezclada con ajo y aceite de oliva (Provenza)*
anchois ⓜ a^n·shua *anchoa*
ancienne a^n·siɛn *'al estilo antiguo' – en función de la carne que se utilice, se puede servir en una crema con setas, verduras, cebollas o chalotas y/o con hierbas y vino*
andouille ⓕ a^n·duy *salchicha ahumada, hecha de tripa de cerdo que se come normalmente fría*
andouillette ⓕ a^n·du·yɛt *una versión más pequeña de la* **andouille**
aneth ⓜ a·net *eneldo*
anglaise a^n·glɛz *'al estilo inglés' – suele ser carne o verduras cocidas • pescado, carne o aves, empanadas y fritas*
anguille ⓕ a^n·guiy *anguila*
anis ⓜ a·nis *anís*
appellation d'origine contrôlée (AOC) ⓕ a·pe·la·sio^n do·ri·jin ko^n·tro·le(a o se) *productos reconocidos oficialmente con denominación de origen*
artichaut ⓜ ar·ti·sho *alcachofas*
asperge as·pɛrj *espárragos*
assiette ⓕ a·siɛt *plato*
 — anglaise a^n·glɛz *surtido de carne fría y pepinillos*
 — de charcuterie dœ shar·kü·tri *surtido de cerdo y otros productos de carne, incluidas salchichas, jamón, patés y* **rillettes**
 — variée va·rie *surtido de verduras y/o carne o pescados*
assorti(e) ⓕ a·sor·ti *surtido*
au o *servido como • al estilo de*
aubergine o·bɛr·jin *berenjena*
avocat ⓜ a·vo·ka *aguacate*

B

baba au rhum ⓜ ba·ba o rom *bizcocho pequeño con pasas que una vez cocido se moja en sirope con sabor a ron*

bacon ⓜ bɛ·kon *bacón*
— **fumé** fü·me *bacón ahumado*
— **maigre** mɛgr *bacón sin grasa*
baguette ba·guɛt *barra de pan larga y crujiente*
ballottine ba·lo·tin *carne con hueso, rellena y hecha a fuego lento*
— **de volaille** dœ vo·lay *ave* **ballottine** *con relleno de carne*
banane ba·nan *plátano*
barbue bar·bü *rodaballo o barbo*
barquette bar·kɛt *pequeña concha con forma de barco hecha de pasta quebrada (o también de hojaldre) con un relleno dulce*
basilic ⓜ ba·zi·lik *albahaca*
basquaise bas·kɛz *'al estilo vasco', normalmente preparado con tomates y pimientos rojos*
bavarois ⓜ ba·va·rua *un postre de tipo mousse de crema y/o puré de fruta*
bavaroise ba·va·ruaz *líquido con sabor que se puede poner en el helado*
bavette ba·vɛt *filete de ijada*
béarnaise be·ar·nɛz *salsa de color blanca hecha de vino o vinagre batida con yema de huevo y con especias*
bécasse be·kas *becada, ave de caza*
béchamel be·sha·mɛl *salsa bechamel*
belon ⓜ bœ·lo^n *ostra redonda de color rosáceo*
Bercy bɛr·si *'al estilo Bercy', salsa de mantequilla, vino blanco y chalotas*
betterave bɛ·trav *remolacha*
beurre ⓜ bœr *mantequilla*
— **blanc** bla^n *salsa de color blanca elaborada con vinagre y vino blanco mezclado con mantequilla derretida y chalotas*
— **noir** nuar *'mantequilla negra', mantequilla que se oscurece hasta que casi se quema, a veces se adereza con alcaparras y perejil*
— **ravigote** ra·vi·got *mantequilla con hierbas*
bien cuit(e) ⓜ byi^n küi(t) *muy hecho*
bière biɛr *cerveza*
— **blonde** blo^{n}d *cerveza rubia*
— **en bouteille** a^n bu·tɛy *cerveza de botella*
— **brune** brün *cerveza negra*
— **lager** la·guer *cerveza (rubia)*
— **pression** prɛ·sio^n *cerveza de barril*
bifteck ⓜ bif·tek *bistec*
bio(logique) bio(·lo·jik) *orgánico/a*
biscuit ⓜ bis·küi *galleta*
bisque bisk *sopa o guiso de pescado, muy condimentado, con crema y coñac*
blanc de blanc bla^n dœ bla ^{n} *vino blanco hecho de uvas verdes*
blanc de volaille ⓜ bla^n dœ vo·lay *pechuga de ave de corral asada sin salsa*
blanquette de veau bla^n·kɛt dœ vo *guiso de ternera con salsa blanca enriquecida con crema*
blé ⓜ ble *trigo*
bleu ⓜ blœ *queso azul, se utiliza a menudo para dar sabor a los platos o las salsas • carne de ternera casi cruda • pescado cocido en caldo de vinagre*
bœuf ⓜ bœf *ternera*
— **bourguignon** bur·gui·ño^n *trozos de ternera marinados en vino tinto, hierbas y especias, guisados con champiñones, cebollas y bacón*
— **en daube** a^n dob *trozos de ternera y jamón flambeados en Armagnac y guisados en vino tinto, cebollas, ajos, hierbas y verduras*
— **miroton** mi·ro·to^n *lonchas de ternera, normalmente restos de un* **pot-au-feu**, *ligeramente salteadas con cebollas*
— **à la mode** a la mod *ternera mechada estofada en vino que se puede*

servir caliente con zanahorias y cebollas o fría en gelatina
boisson bua·son *bebida*
— **non alcoolisée** non al·ko·li·ze *sin alcohol*
bombe glacée bonb gla·se *postre de dos sabores de helado mezclados en forma de cono, decorado con frutas caramelizadas, castañas glaseadas y nata montada*
bonbon ⓜ bon·bon *dulces/caramelos*
bordelaise bor·dœ·lɛz *salsa de vino tinto con chalotas, jugo de ternera, tomillo y a veces con boletus*
bouchée bu·she *distintos tipos de aperitivos o pastelitos de hojaldre con rellenos variados que se sirven calientes o fríos*
boucherie bush·ri *carnicería*
boudin ⓜ bu·dɛn *salchicha suave que se puede freír o hacer a la plancha*
— **blanc** blan *salchicha de ternera blanca, cerdo o pollo*
— **noir** nuar *morcilla de cerdo (véase también* **sanguette***)*
bouillabaisse bu·ya·bɛs *sopa elaborada con varios pescados estofados con ajo, cáscara de naranja, hinojo, tomates y azafrán. La versión más moderna incluye langosta y gambas. El caldo y el pescado se pueden servir separados con picatostes y* **rouille** *(Marsella)*
bouillon ⓜ bu·yon *caldo*
boulangerie bu·lanj·ri *panadería*
boulette bu·lɛt *pequeñas albóndigas o croquetas (normalmente hechas con restos) salteadas, doradas o hervidas en un caldo*
boulghour ⓜ bul·gur *trigo bulgur*
bouquet garni ⓜ bu·kɛ gar·ni *mezcla de hierbas atadas para sazonar, normalmente perejil, laurel y tomillo*
bourguignonne bur·gi·ñon *'al estilo de Borgoña', los platos incluyen champiñones, bacón y cebolla blanca o chalotas, estofados en vino tinto*
bourride bu·rrid *sopa o guiso de pescado elaborado con pescado blanco como el rape*
bouteille bu·tɛy *botella*
brandade de morue bran·dad dœ mo·rü *brandada de bacalao, con leche, aceite de oliva y a veces con puré de patatas*
brebis brœ·bi *oveja*
brème brɛm *brema*
brioche bri·osh *pequeño bizcocho hecho con levadura, harina, huevos y mantequilla. Se le añade sabor con frutos secos, pasas o frutas caramelizadas*
broche brosh *espeto*
brochet ⓜ bro·shɛ *brocheta*
brochette bro·shɛt *brocheta de carne, pescado o verduras hecha a la parrilla*
brocoli ⓜ bro·ko·li *brócoli*
brouillé(e) ⓜ bru·ye *revuelto*
brûlot ⓜ brü·lo *azúcar flambeada en coñac que se añade al café*
brut ⓜ brüt *(champán) seco*
bûche de Noël büsh dœ no·ɛl *bizcocho con forma de tronco relleno y cubierto con una crema de mantequilla (normalmente con sabor a chocolate, vainilla o café) o helado, que se sirve tradicionalmente en Navidades*

C

cabillaud ⓜ ka·bi·yo *bacalao*
cacahuète ⓜ ka·ka·uɛt *cacahuete*
cacao ⓜ ka·ka·o *cacao*
café ⓜ ka·fe *café*
caille kay *codorniz*
caillette ka·yɛt *croqueta o albóndiga*
calmar ⓜ kal·mar *calamar*
canard ⓜ ka·nar *pato*

— **à l'orange** a lo·ra^{n}j *pato estofado con coñac y cointreau, servido con naranjas y una salsa a base de naranjas*

— **à la rouennaise** a la rua·nɛz *'al estilo de Ruen', pato relleno con salsa de vino tinto*

cannelé ⓜ kan·le *repostería de estilo brioche hecha con harina de maíz. Se suele escribir* **canallé** *(Burdeos)*

cannelle ka·nɛl *canela*

câpre kapr *alcaparra*

carbonnade kar·bo·nad *surtido de carnes hechas a la parrilla con carbón (la carne suele ser de cerdo)*

— **de bœuf** dœ bœf *guiso de ternera en trozos, hierbas y cebollas hervidas a fuego lento con cerveza (del norte de Francia)*

carotte ka·rot *zanahoria*

carpe karp *carpa*

carré ⓜ ka·rre *lomo o costillar*

— **d'agneau** da·ño *costillar de cordero*

— **de porc (au chou)** dœ por (o shu) *lomo de cerdo (con repollo)*

carte kart *carta*

— **des vins** dɛ vɛ^n *carta de vinos*

cassate ka·sat *helados de varios sabores, por encima se le suele poner frutas caramelizadas*

casse-croûte ⓜ kas krut *aperitivos*

cassis ⓜ ka·sis *(licor) de cassis*

cassoulet ⓜ ka·su·lɛ *cazuela o guiso con judías y carne (del sudoeste de Francia)*

céleri ⓜ se·le·ri *apio*

cendre sa^{n}dr *hecho a las brasas*

cépage ⓜ se·paj *variedad de uva o vid*

cèpe sɛp *seta salvaje de la familia del boletus conocido por su fuerte sabor y textura carnosa*

céréale se·re·al *cereal o grano*

cerf ⓜ sɛr *carne de venado*

cerise sœ·riz *cereza*

cervelas ⓜ sɛr·vœ·la *salchicha de cerdo curada con ajo; se toma caliente*

cervelle sɛr·vɛl *sesos*

champignon ⓜ sha^n·pi·ño^n *champiñón*

— **de Paris** dœ pa·ri *champiñón*

chanterelle sha^n·trɛl *seta boletus – igual que* **girolle**

Chantilly sha^n·ti·yi *nata montada con sabor a vainilla*

chapon ⓜ sha·po^n *capón*

charbonnade shar·bo·nad *carne hecha a la brasa con carbón*

charcuterie shar·kü·tri *surtido de productos elaborados del cerdo que se curan, ahuman o se procesan como salchichas, jamones, patés y* **rillettes** • *la tienda donde se venden estos productos*

charlotte shar·lot *postre de rebanadas de pan, bizcocho o soletillas, que se ponen como base en un molde redondo, relleno de frutas, nata montada o de una mousse de frutas*

chasselas ⓜ shas·la *un tipo de uva verde*

chasseur sha·sœr *'cazador', salsa de vino blanco con setas, chalotas y trocitos de bacón*

châtaigne sha·tɛñ *castaña*

chateaubriand sha·to·bria^n *filete grueso o filete de churrasco*

chaud(e) ⓜ sho(d) *caliente • templado*

chaud-froid ⓜ sho frua *'caliente-frío', un trozo de carne, ave o pescado asado, que mientras se enfría se recubre de una salsa blanca cremosa que se solidifica*

chaudrée sho·dre *guiso de pescado del Atlántico*

chef de cuisine ⓜ shɛf dœ küi·zin *chef*

cheval ⓜ shœ·val *caballo • carne de caballo*

chèvre shɛvr *cabra • queso de leche de cabra*

chevreuil ⓜ shœ·vrœy *venado*
chicorée shi·ko·re *achicoria*
chipolata shi·po·la·ta *salchicha pequeña*
chocolat ⓜ sho·ko·la *chocolate*
 — **chaud** sho *chocolate caliente*
chou ⓜ shu *repollo*
 — **de Bruxelles** dœ brük·sɛl *coles de Bruselas*
 — **rouge** ruj *repollo rojo*
chou-fleur ⓜ shu flœr *coliflor*
choucroute shu·krut *choucroute*
ciboule si·bul *cebolleta • chalota*
cidre ⓜ sidr *sidra*
citron ⓜ si·tro^{n} *limón*
citron pressé ⓜ si·tro^{n} pre·se *zumo de limón recién exprimido*
citronnade si·tro·nad *limonada*
citrouille si·truy *calabaza*
civelle si·vɛl *anguila pequeña que normalmente se sirve frita*
civet ⓜ si·vɛ *guiso hecho con carne de caza marinada en vino tinto*
clam ⓜ klam *almeja*
cochon ⓜ ko·sho^{n} *cerdo*
 — **de latí** de lɛ *cochinillo*
cocktail ⓜ kok·tɛl *primer plato frío de marisco o verduras crudas o frutas*
cœur ⓜ kœr *corazón*
 — **de filet** dœ fi·lɛ *solomillo*
coing ⓜ koɛ^{n} *membrillo*
commande ko·ma^{n}d *pedido*
compote ko^{n}·pot *compota*
compris(e) ko^{n}·pri(z) *incluido*
concombre ⓜ ko^{n}·ko^{n}br *pepino*
confiserie ko^{n}·fiz·ri *productos de confitería • tienda de dulces o caramelos*
confit ⓜ ko^{n}·fi *carne en conserva, normalmente de pato, oca o cerdo. La carne se cocina en su grasa hasta que está tierna, luego se envasa y se conserva con grasa.*
confiture ko^{n}·fi·tür *mermelada*
congolais ⓜ ko^{n}·go·lɛ *bizcocho de merengue de coco*
consommation ko^{n}·so·ma·sio^{n} *consumición • término general para el pedido de comida y bebida en un restaurante*
consommé ⓜ ko^{n}·so·me *caldo de carne, ave o pescado, un poco aclarado que sirve de base para salsas o sopas*
 — **à la printanière** a la prɛ^{n}·ta·niɛr **consommé** *con verduras de primavera*
contre-filet ⓜ ko^{n}tr fi·lɛ *solomillo de ternera asado*
coq ⓜ kok *gallo*
 — **de bruyère** dœ brüi·yɛr *urogallo*
coque kok *berberecho*
coquelet ⓜ kok·lɛ *gallito joven*
coquillage ⓜ ko·ki·yaj *marisco*
coquille Saint-Jacques ko·kiy sɛ^{n} jak *vieira*
corbeille de fruits kor·bɛy dœ früi *cesta de frutas variadas*
cornichon ⓜ kor·ni·sho^{n} *pepinillo*
côte kot *chuleta que tiene parte del solomillo*
côtelette kot·lɛt *chuleta • morro*
coulis ⓜ ku·li *salsa de frutas o verduras*
courge kurj *tuétano*
courgette kur·jɛt *calabacín*
couvert ⓜ ku·vɛr *número de personas en un grupo en un restaurante • coste por cubierto*
 — **gratuit** gra·tüi *no hay coste por cubierto*
 — **vin et service compris** vɛ^{n} e sɛr·vis ko^{n}·pri *el precio incluye vino y servicio*
crabe ⓜ krab *cangrejo*
crème ⓜ krɛm *crema • postre con crema • sopa a base de crema*
 — **anglaise** a^{n}·glɛz *natillas*
 — **crue** krü *crema de leche cruda*
 — **fouettée** fuɛ·te *nata montada*

— **fraîche** frɛsh *crema con mucha nata son un sabor algo amargo*
— **glacée** gla·se *helado*
crêpe krɛp *crepes, tortitas muy finas que se sirven con distintos rellenos*
— **flambée** fla^{n}·be *crepe flambeada con coñac u otros licores*
— **Suzette** sü·zɛt *crepe con salsa de mandarina o de naranja y coñac*
cresson ⓜ kre·so^{n} *berro*
crevette grise krœ·vɛt griz *gamba gris*
— **rose** kre·vɛt roz *gamba roja*
croissant ⓜ krua·sa^{n} *cruasán, masa tipo hojaldre en forma de media luna que se suele tomar para desayunar*
croquant ⓜ kro·ka^{n} *galleta de mantequilla*
croque-madame ⓜ krok ma·dam *sándwich de jamón y queso con un huevo frito encima*
croquembouche ⓜ kro·ka^{n}·bush *postre de pastelitos mojados en caramelo y presentados en forma de pirámide*
croque-monsieur ⓜ krok mœ·siœ *sándwich de jamón y queso*
croustade krus·tad *hojaldre relleno de guiso de pescado, carne, ave, setas o verduras*
croûte krut *corteza o masa • hojaldre con distintos tipos de relleno*
croûte (en —) krut (a^{n} —) *'en masa', comida recubierta de masa, tipo empanada*
croûton ⓜ kru·to^{n} *picatostes utilizados en ensaladas o sopas*
cru ⓜ krü *hace referencia a un viñedo en particular y a sus vinos*
cru(e) krü *crudo*
crudités krü·di·te *surtido de verduras crudas servidas como entrante y preparadas en rodajas gratinadas o en trocitos con una vinagreta*
crustacé ⓜ krüs·ta·se *crustáceos*
cuire küir *para cocinar*
cuisine küi·zin *cocina*
— **bourgeoise** bur·juaz *cocina casera francesa de primera calidad*
— **campagnarde** ka^{n}·pa·ñard *cocina provincial, elaborada con los mejores ingredientes y técnicas más refinadas para preparar platos tradicionales de zonas rurales*
cuisse küis *muslo • pierna*
cuit(e) ⓜ küi(t) *cocinado*
— **au tour** o tur *al horno*
cul de veau ⓜ kü de vo *filete de ternera o filete de cadera*
cuvée kü·ve *mezcla de vino de distintos viñedos que se hace al elaborar el champán, también hace referencia a la cosecha*

D

darne ⓜ darn *rodaja de pescado crudo, como merluza, salmón o atún*
datte dat *dátil*
daube dob *guiso de carne, ave o caza cocinado en un caldo a base de vino*
déjeuner ⓜ de·jœ·ne *almuerzo*
demi dœ·mi *media • tamaño de un vaso de cerveza, alrededor de 0,33 l*
— **-glace** ·glas *salsa hecha con el jugo de la carne asada*
— **-sel** ⓜ ·sɛl *ligeramente salada*
— **-sec** ⓜ ·sɛk *ligeramente dulce (de vino)*
dieppoise die·puaz *'al estilo de Dieppe', sopa compuesta normalmente de pescado, gamba, mejillón, verduras, hierbas y crema, cocinada en sidra*
digestif ⓜ di·jes·tif *licor • bebida servida después de una comida*
dijonnaise di·jo·nɛz *'al estilo de Dijon', platos con mostaza o presentados con una salsa a base de mostaza (Burgundy)*

dinde/dindon dɛ^{n}d/dɛ^{n}·don *pavo*
diplomate ⓜ di·plo·mat *postre de bizcocho bañado en leche o licor, relleno de natillas y fruta caramelizada*
dodine de canard do·din dœ ka·nar *pato relleno cocinado y servido con una salsa picante*
domaine ⓜ do·mɛn *viñedo • utilizado como etiqueta del vino, indica un vino de calidad excepcional*
dos ⓜ do *espalda • la parte más carnosa del pescado*
doux/douce du(s) *suave • dulce • blando • sin sal (mantequilla)*
duxelles dük·sɛl *champiñones cortados muy finos salteados en mantequilla con chalotas o cebollas, que se emplean como condimento o salsa*

E

eau o *agua*
— **minérale** mi·ne·ral *agua mineral*
— **du robinet** dü ro·bi·ne *agua del grifo*
— **de source** dœ surs *agua de manantial*
eau-de-vie o dœ vi *'agua de vida', aguardiente de frutas o de frutos secos*
écrevisse e·krœ·vis *cigala*
— **à la nage** a la naj *cigala hervida a fuego lento en vino blanco. Se suele servir con pan y mantequilla como entrante*
émincé ⓜ e·mɛ^{n}·se *carne en lonchas muy finas*
endive a^{n}·div *endivia*
— **à la bruxelloise** a la brük·se·luaz *hojas de endivias envueltas en una loncha de jamón y cubiertas de salsa de queso*
entrecôte a^{n}·trœ·kot *entrecot*
— **chasseur** sha·sœr *carne hecha en salsa de vino blanco, champiñones y tomates*
— **marchand de vin** mar·sha^{n} dœ vɛ^{n} *filete hecho a fuego lento en vino tinto chalotas y cebollas*
entrée a^{n}·tre *entrante servido antes del* **plat principal** *(plato principal)*
entremets ⓜ a^{n}·trœ·mɛ *dulces o postre a base de crema*
épaule e·pol *hombro*
épinard ⓜ e·pi·nar *espinaca*
escabèche ɛs·ka·bɛsh *aliño para marinar con muchas especies que se utiliza para dar sabor y conservar pescado*
escalope ɛs·ka·lop *loncha fina de carne sin hueso*
— **viennoise** vi·ɛ·nuaz *filete de escalope o chuleta empanado*
escargot ⓜ ɛs·kar·go *caracoles*
espadon ⓜ ɛs·pa·do^{n} *pez espada*
espagnole ɛs·pa·ñol *'al estilo español', suele incluir tomates, pimientos, pimentón, cebollas, ajo y arroz*
estomac ⓜ ɛs·to·ma *estómago*
estouffade ɛs·tu·fad *carne de ternera o de cerdo, guisada en vino con zanahorias y hierbas (del sur de Francia)*
estragon ⓜ ɛs·tra·go^{n} *estragón*
étouffé(e) ⓜ e·tu·fe *estofado, comida al vapor o estofada en un recipiente bien cerrado con muy poco líquido*
extra-sec ⓜ eks·tra sɛk *muy seco (dicho del vino)*

F

faisan ⓜ fœ·za^{n} *faisán*
fait(e) maison fɛ(t) mɛ·zon *casero, de la casa*
farce fars *relleno*
farci(e) far·si *relleno*
faux-filet ⓜ fo fi·lɛ *solomillo de ternera*
fenouil ⓜ fœ·nuy *hinojo*

feuilletage ⓜ fœ·yœ·taj *milhojas, hojaldre*

feuilleté ⓜ fœ·yœ·te *hojaldre relleno de fruta, queso, champiñones, carne, pescado o aves*

fève fɛv *judía blanca*

ficelle fi·sɛl *larga y fina* **baguette** • *carne tierna, normalmente ternera o pato hecha en un sabroso caldo*

figue fig *higo*

filet ⓜ fi·lɛ *filete de carne o pescado*

financière fi·na^{n}·siɛr *comida servida con un aliño de trufas, setas y vino de Madeira*

fines herbes fin zɛrb *mezcla de hierbas troceadas, estragón, perejil, perifollo y cebolleta*

flageolet ⓜ fla·jo·lɛ *judía*

flamande fla·ma^{n}d *'al estilo flamenco', comida estofada con zanahorias, repollo, nabos, y a veces con bacón, patatas o salchicha y estofada con cerveza*

flameé(e) fla·me *plato flambeado con licor por encima*

flamiche fla·mish *tartaleta rellena de puerros, huevos y crema. A veces se le añade calabaza y queso Maroilles (Picardy)*

flan ⓜ fla^{n} *tarta abierta por arriba con distintos rellenos* • *postre de leche con caramelo*

— **parisien** pa·ri·zyɛn *tartaleta rellena de crema de vainilla*

florentine flo·ra^{n}·tin *'al estilo florentino', suelen ser platos a base de espinacas y a veces con una salsa cremosa*

flûte flüt *trozos largos de pan parecidos a la baguette*

foie ⓜ fua *hígado*

— **gras** gra *hígado de oca o de pato. A los animales les engordan a la fuerza para acelerar el proceso.*

fondue fo^{n}·dü *cazuela de queso fundido, o de aceite hirviendo o de caldo caliente para mojar carne o pan dentro*

— **bourguignonne** bur·gi·ñon *pequeños trozos de ternera hechos en aceite hirviendo y mojados en distintas salsas*

— **chocolat** sho·ko·la *trozos de fruta o de bizcocho insertados en una fondue con chocolate derretido*

— **savoyarde** sa·vua·yard *pan metido en queso fundido al que se ha añadido vino blanco, ajo y brandy de cerezas (Saboya)*

forestière fo·rɛs·tiɛr *generalmente comida salteada con setas y bacón, o acompañada de una salsa a base de coñac*

four ⓜ fur *horno*

fourchette fur·shɛt *tenedor*

frais/fraîche ⓜ frɛ/frɛsh *fresco*

fraise frɛz *fresa*

framboise fra^{n}·buaz *frambuesa* • *licor de frambuesa*

frappé ⓜ fra·pe *sirope/líquido que se echa sobre hielo machacado*

frappé(e) fra·pe *fresco* • *helado*

friand ⓜ fria^{n} *masa rellena de carne de salchicha picada, jamón y queso o crema de almendra*

friandise fria^{n}·diz *exquisitez* • *manjar* • *dulces*

fricadelle fri·ka·dɛl *pequeñas empanadillas de picadillo o albóndigas fritas*

fricandeau ⓜ fri·ka^{n}·do *filete de ternera hecho a fuego lento en vino blanco, verduras, hierbas y especias* • *paté de cerdo*

fricassée fri·ka·se *carne de cordero, ternera o ave servida en una salsa cremosa, habitualmente con champiñones y cebollas* • *comida frita con rapidez, a veces con setas salvajes*

frit(e) ⓜ fri(t) *frito*
frites frit *patatas fritas*
friture fri·tür *fritura, normalmente de pescado como el chanquete*
froid(e) frua(d) *frío/a*
fromage ⓜ fro·maj *queso*
— **blanc** blaⁿ *crema de queso*
— **frais** frɛ *productos lácteos fermentados parecidos a la cuajada o a un tipo de requesón*
— **de tête** dœ tɛt *queso de cerdo*
fromagerie fro·maj·ri *quesería*
fruit ⓜ früi *fruta*
— **confit** koⁿ·fi *fruta caramelizada o glaseada*
— **glacé** gla·se *fruta caramelizada o glaseada*
— **de mer** dœ mɛr *marisco*
fumé(e) fü·me *ahumado*
fumet ⓜ fü·mɛ *caldo aromático utilizado en sopas y salsas*

G

galantine ga·laⁿ·tin *carne fría prensada, normalmente de ave, rellena y servida como entrante*
galette ga·lɛt *crepe hecha de harina de trigo sarraceno • bizcocho sencillo o masa tipo brioche o milhojas con distintos rellenos • pequeñas galletas de mantequilla*
— **sarrasin** sa·ra·zɛn *crepe de harina de trigo sarraceno*
gamba gam·ba *langostino*
garbure gar·bür *sopa espesa de repollo con cerdo, patatas, verduras, especias y a veces con* **confit d'oie.** *Se puede cubrir de lonchas de pan y queso y gratinar al horno*
garni(e) gar·ni *guarnición*
gâteau ⓜ ga·to *bizcocho*
gaufre gofr *gofre*
gelée jœ·le *gelatina o jalea de fruta*
genièvre jœ·niɛvr *enebrina*
génoise je·nuaz *bizcocho sabroso que se come tal cual o se utiliza como base para preparar otros bizcochos*
gésier ⓜ je·ziɛ *entrañas de aves*
gibelotte de lapin ji·bœ·lot dœ la·pɛn *conejo estofado en salsa de vino con bacón, patatas, champiñones, ajo, hierbas y cebolla*
gibier ⓜ ji·biɛ *caza*
— **en saison** aⁿ sɛ·zon *caza de temporada*
gigot ⓜ ji·go *pierna, normalmente de cordero*
gigue jig *anca*
gingembre ⓜ jɛⁿ·jaⁿbr *jengibre*
girolle ji·rol *seta boletus, igual que la seta de San Juan*
glace glas *hielo • helado*
glacé(e) ⓜ gla·se *helado*
glaçon ⓜ gla·soⁿ *cubito de hielo*
graisse grɛs *grasa • sebo*
grand cru ⓜ graⁿ krü *vino excepcional*
grand vin ⓜ graⁿ vɛⁿ *vino excepcional*
grand(e) graⁿ(d) *grande*
granité ⓜ gra·ni·te *granizado de frutas o sorbete*
gras-double ⓜ gra dubl *callos, se pueden cocinar en agua, moldear en rectángulos o cortar en tiras y estofarlos con tomates y cebollas*
grecque grɛk *'al estilo griego', comida preparada con aceite de oliva, cebollas, limón y a veces con tomate, pimientos o con hinojo*
grenadin ⓜ grœ·na·dɛⁿ *filete de ternera (o de ave) envuelto en una fina loncha de bacón*
grenouille grœ·nuy *rana*
cuisses de — küis dœ *ancas de rana*
grillade gri·yad *parrilla variada*
grillé(e) gri·ye *parrilla*
grillons ⓜ gri·yoⁿ *trozos de cerdo o pato cocinados hasta que están crujientes*

griotte gri·yot *guinda*
grive griv *zorzal*
groseille gro·zɛy *grosellas*
— **à maquereau** a ma·kro *grosella espinosa*

H

haché(e) a·she *troceado/a • picado*
hareng ⓜ a·ra^n *arenque*
— **fumé** fü·me *arenque ahumado*
haricot ⓜ a·ri·ko *judía*
— **blanc** bla^n *judías blancas*
— **rouge** ruj *judías rojas*
— **vert** vɛr *judías verdes*
haute cuisine ot küi·zin *'alta cocina', estilo de cocina clásico francés cuyos orígenes se remontan a los espectaculares banquetes de los reyes franceses. Lo típico son numerosos platos, muy elaborados y presentados con mucho gusto*
herbe ɛrb *hierba*
hollandaise o·la^n·dɛz *salsa elaborada con aceite y yema de huevo y con un toque de limón recién exprimido*
homard ⓜ o·mar *bogavante*
— **à l'armoricaine/à l'américaine** a lar·mo·ri·kɛn/a la·me·ri·kɛn *bogavante al vino blanco con tomates, chalotas, ajo, pimiento y flambeado en coñac o whisky y servido con una salsa*
— **Newburg** niu·bür *bogavante cortado, cocinado en vino de Madeira y servido con una salsa cremosa*
— **Thermidor** tɛr·mi·dor *bogavante salteado en mantequilla, presentado sin pelar con vino blanco y salsa bechamel a la que se le añade sabor con chalotas, especias y mostaza y se le añade queso derretido por encima*
hors-d'œuvre ⓜ or·dœvr *aperitivo*
huile üil *aceite*
huître üitr *ostra*

I

île flottante il flo·ta^{n}t *postre de claras de huevo batidas flotando sobre natillas y con crema de caramelo por encima*
indienne ɛ^n·diɛn *'al estilo indio', normalmente platos con curry*
infusion ɛ^n·fü·zio^n *infusión*

jalousie ja·lu·zi *hojaldre relleno de pasta de almendra y jalea*
jambon ⓜ ja^n·bo^n *jamón*
— **de Bayonne** dœ ba·yon *crudo, ligeramente salado (vasco francés)*
— **de canard** dœ ka·nar *pechuga de pato curada o ahumada*
— **chaud** sho *jamón al horno*
— **cru** krü *jamón crudo*
jardinière jar·di·niɛr *'al estilo jardinero', plato de verduras cocinadas*
jarret ⓜ ja·rrɛ *codillo o jarrete*
joue ju *carrillo*
julienne jü·liɛn *verduras, a veces acompañadas de jamón o pechuga de pollo cortado en tiras largas y finas y hecho en mantequilla o servido crudo*
jus ⓜ jü *zumo • salsa hecha con el jugo de asar la carne*

kascher ka·shɛr *kosher*
kir ⓜ kir *vino blanco con* **cassis**
— **royal** rua·yal *champán con* **cassis**
kirsch ⓜ kirsh *cereza* **eau-de-vie** *o brandy*
kriek kriek *cerveza belga con sabor a cerezas*
kugelhopf kü·ge·lop *bizcocho de chocolate, almendras y pasas sultana (Alsacia)*

L

lait ⓜ lɛ *leche*

— cru krü *cruda o sin pasteurizar utilizada en la elaboración de ciertos quesos*

— écrémé e·kre·me *leche desnatada*

laitance lɛ·ta^{n}s *lecha (líquido seminal de los peces)*

laitue lɛ·tü *lechuga*

langouste la^{n}·gust *langosta*

langoustine la^{n}·gus·tin *langostino*

langue la^{n}g *lengua*

lapin ⓜ la·pɛ^{n} *conejo*

— de garenne dœ ga·rɛn *conejo salvaje*

lard ⓜ lar *bacón*

— fumé fü·me *bacón ahumado*

— maigre mɛgr *bacón magro*

lardon ⓜ lar·do^{n} *trozos de bacón*

légume ⓜ le·güm *verduras*

légumes jardinière ⓜ le·güm jar·di·niɛr *verduras frescas en trocitos (normalmente zanahorias, nabos, judías y coliflor) con mantequilla, perifollo y crema*

lentille la^{n}·tiy *lenteja*

lièvre ⓜ liɛvr *liebre*

— en civet a^{n} si·vɛ *guiso de liebre*

limande li·ma^{n}d *lenguado al limón*

limonade li·mo·nad *limonada*

longe lo^{n}j *lomo*

— de veau farcie de vo far·si *lomo de ternera relleno*

lorraine lo·rrɛn *'al estilo de Lorena', generalmente un plato con acompañamiento de croquetas de lombarda y patatas, o lonchas de bacón y queso Gruyère*

lyonnaise lio·nɛz *'al estilo de Lyon', plato que suele incluir cebollas doraditas sazonadas con vino, ajo y perejil*

M

madeleine mad·lɛn *magdalenas con sabor a limón, almendra o canela*

madère ma·dɛr *'al estilo de Madeira', platos elaborados con salsas hechas con este vino dulce portugués*

magret ⓜ ma·grɛ *pechuga de un pato engordado criado especialmente para hacer* **foie gras** *(véase* **jambon de canard***)*

maigre mɛgr *magro o sin carne*

maïs ⓜ ma·is *maíz*

maison (de la —) mɛ·zo^{n} (dœ la —) *especialidad de la casa*

mange-tout ⓜ ma^{n}j tu *tirabeque*

maquereau ⓜ ma·kro *caballa*

marc ⓜ mar *bebida elaborada con la piel de uvas destiladas y con la pulpa sobrante tras prensarla para hacer vino*

marcassin ⓜ mar·ka·sɛ^{n} *cochinillo*

marchand de vin mar·sha^{n} dœ vɛ^{n} *vendedor de vino* • *'al estilo del vendedor de vino', plato elaborado con vino (tinto)*

marengo ⓜ ma·rɛ^{n}·go *ternera o pollo guisado servido sobre una tostada y acompañado de cangrejo o gambas*

marinade ma·ri·nad *líquido en el que se introduce carne, pescado o verduras para que se impregnen de sabor y se ablanden. La marinada tiene mucho sabor y puede incluir vino o vinagre, aceite, hierbas y verduras aromáticas*

mariné(e) ma·ri·ne *marinado*

marinière ma·ri·niɛr *'al estilo marinero', mejillones u otros moluscos hervidos a fuego lento con vino blanco, cebollas, perejil, tomillo y laurel*

marmelade mar·me·lad *mermelada de frutas o* **compota**

marron ⓜ ma·rro^{n} *castaña (véase también* **châtaigne***)*

massepain ⓜ mas·pɛ^{n} *mazapán, pasta de almendra*

matelote mat·lot *guiso de pescado (normalmente anguila) con vino, cebolla, chalotas, ajo y champiñones*

mayonnaise ma·yo·nɛz *mayonesa*

melon ⓜ mœ·lo^{n} *melón*

menthe ma^{n}t *menta*

menu ⓜ mœ·nü *generalmente un menú fijo a un precio establecido (***menu à prix fixe***)*

— **de dégustation** dœ de·güs·ta·sio^{n} *menú degustación, un menú especial en el que se prueban pequeñas porciones de numerosos platos*

merguez mɛr·guez *salchicha roja y especiada hecha de ternera o de oveja, originaria del norte de África*

merveille mɛr·vɛy *masa frita con azúcar espolvoreada por encima*

meunière mœ·niɛr *ligeramente salteado en mantequilla, se le puede añadir zumo de limón y perejil picado*

meurette mœ·rɛt *salsa de vino tinto*

michette mi·shɛt *pan relleno de queso, aceitunas, cebolla y anchoas (Niza)*

miel ⓜ miɛl *miel*

mignon ⓜ mi·ño^{n} *trozo pequeño de solomillo de ternera o cerdo*

mijoté(e) mi·jo·te *hervir a fuego lento*

millas ⓜ mi·las *bizcocho de maicena y grasa de oca que se come con un plato de carne*

— **de Bordeaux** dœ bor·do *tarta de crema con cerezas*

mille-feuille ⓜ mil fœy *milhojas, normalmente con relleno de crema*

mirabelle mi·ra·bɛl *ciruela amarilla pequeña, que se utiliza en tartas y para preparar licores y brandy de ciruela (Alsacia, Lorena)*

miroton ⓜ mi·ro·to^{n} *rodajas de ternera cocinadas previamente, normalmente sobras, cocidas a fuego lento con cebollas y que se sirven como guiso*

mode (à la —) mod (a la —) *'de moda', suele significar hecho según la receta local (véase también* **bœuf à la mode***)*

moelle mual *tuétano del hueso*

mont-blanc ⓜ mo^{n} bla^{n} *puré de castaña de bote con o sin base de merengue con crema Chantilly encima*

morceau ⓜ mor·so *trozo o pieza*

morille mo·riy *colmenilla, una seta con sombrero de forma ovoide y de forma similar a un panel de abejas*

Mornay (sauce —) mor·nɛ *salsa bechamel con queso Gruyère a la que a veces se añade yema de huevo*

morue mo·rü *bacalao*

moule mul *mejillón*

mousseline mus·lin *puré ligero o relleno suavizado con nata montada • variación de la salsa holandesa hecha con nata montada*

mousseron ⓜ mus·ro^{n} *pimpinella morada, una seta salvaje*

mousseux ⓜ mu·sœ *espumoso • vino espumoso*

moutarde mu·tard *mostaza*

mouton ⓜ mu·to^{n} *oveja*

mulet ⓜ mü·lɛ *salmonete*

mûre mür *mora*

muscat ⓜ müs·ka *tipo de uva • vino dulce de postre*

museau ⓜ mü·zo *hocico*

myrtille mir·tiy *arándanos*

N

nature na·tür *al natural*

navarin ⓜ na·va·rɛ^{n} *carne de oveja o de cordero guisada con hierbas y verduras*

navet ⓜ na·vɛ *nabo*

neige nɛj *'nieve', clara de huevo batida*

noir(e) nuar *negro/a*

noisette nua·zɛt *avellana • corte redondo y sin hueso de cordero o ternera*
noix nua *nuez*
— **du Brésil** dü bre·zil *coquito de Brasil*
— **de coco** dœ ko·ko *coco*
normande nor·ma^{n}d *'al estilo normando', suele ser un plato de carne, marisco o verduras servido con crema*
note not *cuenta (en un restaurante)*
nouilles nuy *fideos*
nouvelle cuisine nu·vɛl küi·zin *comida preparada y presentada para enfatizar en las texturas y los colores inherentes de los ingredientes. Suelen ser pequeñas raciones acompañadas de salsas ligeras*

O

œuf ⓜ œf *huevo*
— **brouillé** bru·ye *huevos revueltos*
— **à la coque** a la kok *huevo pasado por agua*
— **dur** dür *huevo duro*
— **frit** fri *huevo frito*
oie ua *oca*
oignon ⓜ o·ño^{n} *cebolla*
olive o·liv *aceituna*
omelette om·lɛt *tortilla*
onglet ⓜ o^{n}·glɛ *excelente corte de ternera*
orange o·ra^{n}j *naranja*
— **pressée** pre·se *zumo de naranja recién exprimido*
oreille o·rɛy *oreja*
orge orj *cebada*
os ⓜ os *hueso*
— **à moelle** a mual *hueso con tuétano*

P

pain ⓜ pɛ^{n} *pan*
palmier ⓜ pal·mie *dulce en forma de hoja de palmera*
palourde pa·lurd *almeja de tamaño mediano*
pamplemousse ⓜ pa^{n}·plœ·mus *pomelo*
pan-bagnat ⓜ pan ba·ña *pequeñas rebanadas de pan redondas, partidas o vaciadas, empapadas en aceite de oliva y rellenas de cebollas, verduras, anchoas y aceitunas negras (Niza)*
panaché ⓜ pa·na·she *clara (cerveza con limonada)*
panais ⓜ pa·nɛ *chirivía*
pané(e) pa·ne *empanado en pan rallado*
panisse ⓜ pa·nis *tortita o empanada de harina de garbanzo, frita y servida con ciertos platos de carne (Provenza)*
papillote pa·pi·yot *alimento cocinado envuelto en papel de plata*
parfait ⓜ par·fɛ *postre compuesto de helado servido en una copa alta y acompañado a veces de crema, fruta, frutos secos y licor*
Paris-Brest ⓜ pa·ri brest *bizcocho en forma de anillo, relleno de crema de mantequilla, decorado con láminas de almendras y con azúcar glas*
Parmentier ⓜ par·ma^{n}·tiɛ *cualquier plato que lleve patatas*
pastèque pas·tɛk *sandía*
pastis ⓜ pas·tis *bebida con sabor a anís que se bebe de aperitivo y se mezcla siempre con agua*
patate douce pa·tat dus *batata*
pâté ⓜ pa·te *paté, normalmente de cerdo. A veces se llama terrina*
— **de foie gras** dœ fua gra *paté de hígado de oca o de pato*
— **maison** mɛ·zon *paté casero, hecho con la receta de cada restaurante*
pâtes pat *pasta • fideos*
pâtisserie pa·tis·ri *repostería • pastelería*
pavé ⓜ pa·ve *filete grueso*
paysanne pɛi·zan *'al estilo campesino', plato preparado con distintas verduras*

y vino, o una variedad de verduras cortadas, utilizadas para acompañar una sopa o una tortilla

pêche pɛsh *melocotón*

perche pɛrsh *perca*

perdrix pɛr·drix *perdiz*

Périgourdine pe·ri·gur·din *'al estilo del Perigord', plato que contiene trufas o* **foie gras**

persil ⓜ pɛr·sil *perejil*

persillade pɛr·si·yad *mezcla de ajo y perejil picado que se añade a algunas recetas cuando terminan de cocinarse*

pet-de-nonne ⓜ pɛ dœ non *'pedo de monja', pequeños buñuelos fritos servidos calientes con azúcar o con un zumo ligero de fruta*

pied ⓜ pie *pie • pezuña*

pigeon ⓜ pi·jo^{n} *paloma*

pignon ⓜ pi·ño^{n} *piñón*

piment ⓜ pi·ma^{n} *pimentón, pimientos rojos pequeños*

pintade pɛ^{n}·tad *pintada*

pistache pis·tash *pistacho*

pistache (en —) pis·tash (a^{n} —) *plato preparado con ajo*

pistou ⓜ pis·tu *pesto, pasta de albahaca y ajo*

plat ⓜ pla *plato*

— **du jour** dü jur *plato del día*

— **principal** prɛ^{n}·si·pal *plato principal*

plateau de fromage ⓜ pla·to dœ fro·maj *tabla de quesos*

pleurote ⓜ plœ·rot *seta de cardo, seta blanca y suave con una carne tierna*

pluvier ⓜ plü·vie *chorlitejo grande (pájaro que se caza)*

poché(e) ⓜ po·she *escalfado • cocido a fuego lento*

poêlé(e) ⓜ pua·le *frito en sartén*

point (à —) poɛ^{n} (a —) *carne medio hecha o bien hecha, que suele estar aún roja*

poire puar *pera*

poiré ⓜ pua·re *sidra de peras*

poireau ⓜ pua·ro *puerro*

pois ⓜ pua *guisante*

— **cassé** ka·se *guisante seco*

— **chiche** shish *garbanzo*

poisson ⓜ pua·so^{n} *pescado*

— **d'eau douce** do dus *pescado de río*

— **de mer** dœ mɛr *pescado de mar*

poissonnerie pua·son·ri *pescadería*

poitrine pua·trin *pecho (carne de la zona del pecho)*

poivre ⓜ puavr *pimienta*

poivron ⓜ pua·vro^{n} *pimentón o pimiento dulce*

pomme pom *manzana*

pomme de terre pom dœ tɛr *patata*

pomme chips pom ships *patatas fritas (de bolsa)*

pomme duchesse pom dü·shɛs *buñuelo frito relleno de puré de patata, mantequilla y yema de huevo*

porc ⓜ por *cerdo*

porto ⓜ por·to *oporto*

potage ⓜ po·taj *sopa espesa a base de verduras o legumbres pasadas por el pasapurés*

pot-au-feu ⓜ pot o fœ *parecido al cocido: ternera y tubérculos cocidos. Normalmente el caldo se sirve de primero y la carne y verduras como plato principal.*

potée po·te *carne (por lo general cerdo) y verduras cocidas en cazuela de barro*

potimarron ⓜ po·ti·ma·rro^{n} *una variedad de calabaza*

potiron ⓜ po·ti·ro^{n} *calabaza*

pouding ⓜ pu·din *pudín*

poularde pu·lard *pularda*

poulet ⓜ pu·lɛ *pollo*

— **chasseur** sha·sœr *pollo salteado con vino blanco, champiñones, chalotas y bacón*

— **au pot** o po *pollo entero relleno de trozos de pan, jamón y estofado con verduras*

poulpe pulp *pulpo*

poussin (m) pu·sɛ^{n} *pollo joven*

praire prɛr *almeja*

praline pra·lin *almendras que pueden tener sabor a café o chocolate y recubiertas de azúcar*

pré-salé (m) pre sa·le *cordero alimentado en las praderas, algo saladas, del Atlántico o del Canal de la Mancha*

premier cru prœ·mie krü *vinos de muy buena calidad de unos viñedos específicos*

primeur (m) pri·mœr *verduras o frutas de primavera*

printanière prɛ^{n}·ta·niɛr *plato preparado o servido con verduras frescas de primavera*

produits de la mer pro·düi dœ la mɛr *marisco*

profiterole (m) pro·fi·trol *pequeña bola de masa de repostería con un relleno dulce o sabroso*

provençale pro·va^{n}·sal *'al estilo de la Provenza', plato normalmente preparado con aceite de oliva, tomates, ajos, cebollas, aceitunas, pimientos y distintas hierbas*

prune prün *ciruela*

pruneau (m) prü·no *ciruelas pasas*

puits d'amour püi da·mur *pequeñas bolitas de masa rellenas de crema o de jalea y espolvoreadas con azúcar*

Q

quenelle kœ·nɛl *bola de masa de pescado o carne, relleno, huevo y harina, con forma ovalada que se suele servir hervida*

— **de brochet** dœ bro·shɛ *bola en brocheta*

queue kœ *cola, rabo*

quiche kish *masa sobre la que se pone un relleno de carne, pescado o verduras y se mete al horno con huevos batidos y nata líquida*

raclette ra·klɛt *queso derretido que se sirve de un bloque de queso colocado delante de una parilla vertical; se acompaña de patatas y pepinillos (Saboya)*

radis (m) ra·di *rabanitos*

ragoût (m) ra·gu *guiso de carne, ave pescado y/o verduras*

raie rɛ *raya*

raisin (m) rɛ·zɛ^{n} *uvas*

rascasse ras·kas *pez diablo, un pescado grotesco pero delicioso, fundamental en la* **bouillabaisse** *(Mediterráneo)*

ratatouille ra·ta·tuy *'guiso' de verduras: tomates, calabacín, berenjena, pimientos, cebollas, sazonadas con ajo, hierbas y aceite de oliva, servidas con zumo de limón*

reine rɛn *'al estilo de la reina', un plato con carne de ave*

religieuse rœ·li·jiœz *dos capas de masa, rellenas de crema con sabor a café o chocolate y cubiertas de glaseado*

rémoulade re·mu·lad *salsa clásica elaborada con la mezcla de mayonesa y mostaza, alcaparras, pepinillos cortados, hierbas y anchoas, servido frío con apio rallado o como acompañamiento para carnes frías o mariscos*

rillettes ri·yɛt *carne cocida (normalmente de cerdo), cortada en trozos gruesos que se come untada sobre una tostada o sobre pan*

rillons (m) ri·yo^{n} *trozos de cerdo o pato hechos hasta que quedan crujientes*

ris de veau ⓜ ri dœ vo *mollejas*

rissole ri·sol *empanadilla frita o al horno, con relleno de carne, ave o verduras*

riz ⓜ ri *arroz*

rognon ⓜ ro·ño^{n} *riñón*

romarin ⓜ ro·ma·rɛ^{n} *romero*

rosbif ⓜ ros·bif *rosbif*

rosette de Lyon ro·zɛt dœ li·on *salchicha de cerdo grande (como el salami)*

rôti ⓜ ro·ti *asado*

rouget ⓜ ru·jɛ *salmonete*

rouille ruy *salsa* **aïoli** *espesa*

roulade ru·lad *loncha de carne o pescado enrollada alrededor de un relleno • soufflé de verduras*

roulé(e) ru·le *enrollado*

S

sabayon ⓜ sa·ba·yo^{n} *postre cremoso de huevos batidos, azúcar, vino o licor, al que se añade zumo de limón*

sablé ⓜ sa·ble *galleta dulce de mantequilla*

safran ⓜ sa·fra^{n} *azafrán*

saignant(e) sɛ·ña^{n}(t) *poco hecho/a (carne)*

saisi(e) sɛ·zi *dorado/a*

salade sa·lad *ensalada • lechuga*

— **composée** ko^{n}·po·ze *ensalada mixta*

— **verte** vɛrt *ensalada verde*

salé(e) sa·le *salteado/a*

salmis ⓜ sal·mi *carne de caza o de ave asada parcialmente y luego hervida en vino a fuego lento*

sang ⓜ sa^{n} *sangre*

sanglier (sauvage) ⓜ sa^{n}·glie (so·vaj) *jabalí*

sanguette sa^{n}·guɛt **boudin** *salchicha (suele ser plana) hecha de sangre de conejo, pato o ganso (Périgord)*

sauce sos *salsa*

saucisse so·sis *salchicha*

— **de Francfort** dœ fra^{n}k·for *de Francfort*

— **de Strasbourg** dœ straz·bur *de Estrasburgo*

— **de Toulouse** dœ tu·luz *salchicha suave de cerdo*

saucisson ⓜ so·si·so^{n} *salchichón*

— **à l'ail** a lai *salchichón de ajo*

— **de Lyon** dœ li·o^{n} *salchichón de cerdo, curado y sazonado con ajo, pimiento o una salchicha hervida similar al* **saucisson à l'ail**

— **sec** sɛk *salchichón curado (como el salami)*

saumon ⓜ so·mo^{n} *salmón*

sauté(e) so·te *salteado*

sauvage so·vaj *salvaje*

savarin ⓜ sa·va·ɛ^{n} *bizcocho en forma de anillo bañado en sirope de ron y relleno de crema o de nata montada y fruta*

savoie sa·vua *bizcocho ligero hecho con las claras de huevo batidas*

sec/sèche ⓜ sɛk/sɛsh *seco/a*

séché(e) se·she *seco/a*

seiche sɛsh *sepia*

sel ⓜ sɛl *sal*

semoule sœ·mul *sémola*

service ⓜ sɛr·vis *servicio (de camarero)*

— **compris** ko^{n}·pri *servicio incluido (se suele abreviar como s.c. al final de la cuenta), el precio del servicio se incluye en el precio de cada plato. Se paga el total que viene al final*

— **en sus** an süs *se calcula el porcentaje en concepto de servicio una vez que se ha sumado la cuenta de lo que se ha pedido. Se paga el total que viene al final*

serviette sɛr·viɛt *servilleta*

sésame ⓜ se·zam *sésamo*

sirop ⓜ si·ro *sirope de frutas o refresco*

concentrado que se sirve mezclado con agua con o sin gas
soja ⓜ so·ja *soja*
solette so·lɛt *lenguado pequeño*
sorbet ⓜ sor·bɛ *sorbete*
soubise su·biz *plato servido con crema de cebolla y arroz*
soufflé su·fle *soufflé*
soupe sup *sopa, suele ser espesa y abundante*
spéciale spe·sial *ostra de primera calidad*
spécialité (de la maison) spe·sia·li·te (dœ la mɛ·zon) *especialidad de la casa*
steak ⓜ stɛk *filete*
— **tartare** tar·tar *filete a la tártara, carne picada cruda preparada con cebolla, yema de huevo, alcaparras y perejil*
sucre ⓜ sükr *azúcar*
sucré(e) ⓜ sü·kre *azucarado/a*
suprême de volaille sü·prɛm dœ vo·lay *pechuga de pollo con hueso en salsa cremosa*
sur commande sür ko·ma^{n}d *por encargo*

T

table d'hôte tabl dot *comida a un precio cerrado y a una hora establecida*
taboulé ⓜ ta·bu·le *tabulé, ensalada de cuscús con perejil, menta, tomates y cebollas, aliñada con aceite de oliva y zumo de limón*
tapenade tap·nad *mezcla para untar hecha de puré de aceitunas, anchoas, alcaparras, aceite de oliva y limón, se come con pan o con huevos duros*
tarte tart *flan • tarta*
— **aux fraises** o frɛz *tarta de fresas*
— **Tatin** ta·tɛ^{n} *tipo de tarta con masa sobre fruta, normalmente manzanas*
tartiflette tar·ti·flɛt *plato de patatas, queso Reblochon y a veces con bacón (Saboya)*
tartine tar·tɛn *rebanada de pan con cualquier alimento por encima o guarnición como mantequilla, jalea, miel, queso fresco*
tendron ⓜ ta^{n}·dro^{n} *corte de carne desde el final de las costillas hasta el esternón*
terrine tɛ·rrin *preparación de carne, ave, pescado o caza, asado en un cuenco de cerámica llamado terrina y servido frío*
tête tɛt *cabeza*
thé ⓜ te *té*
— **au citron** o si·tro^{n} *té con limón*
— **au lait** o lɛ *té con leche*
— **nature** na·tür *té solo*
thon ⓜ to^{n} *atún*
timbale tɛ^{n}·bal *guiso de carne, pescado o marisco que se cocina envuelto en masa tipo empanada • arroz o pasta con verduras, cocinado en un molde redondo, servido con una salsa*
tisane ti·zan *té de hierbas*
— **de camomille** dœ ka·mo·miy *manzanilla*
— **de menthe** dœ ma^{n}t *poleo menta*
— **de tilleul** dœ ti·yœl *tila*
tomate to·mat *tomate*
topinambour to·pi·na^{n}·bur *pataca*
tournedos ⓜ tur·nœ·do *filete de ternera, redondo y grueso*
— **Rossini** ro·si·ni **tournedos** *acompañado de* **foie gras** *y trufas y servido con salsa de vino de Madeira*
tourte turt *pastel dulce o salado*
tourteau ⓜ tur·to *cangrejo grande*
tourtière tur·tiɛr *pastel dulce o salado*
tout compris tu ko^{n}·pri *todo incluido (precio)*
traiteur ⓜ trɛ·tœr *tienda en la que venden delicatessen o platos preparados*
tranche tra^{n}sh *loncha*
tranché tra^{n}·she *en lonchas*
tripes trip *callos*
— **à la mode de Caen** a la mod

de ka^n *callos con sidra, puerros y zanahorias*
troquet ⓜ tro·ke *taberna • café • restaurante pequeño*
truffe trüf *trufa*
— **en chocolat** a^n sho·ko·la *trufa de chocolate*
truite trüit *trucha*
— **au bleu** o blœ *trucha hecha a fuego lento en un caldo corto de vinagre, vino blanco, hierbas y verduras*
tuile tüil *'teja', dulce de almendra en forma de teja*

V

vache vash *vaca*
vanille va·niy *vainilla*
vapeur va·pœr *vapor*
vapeur (à la —) va·pœr (a la —) *al vapor*
varié(e) va·rie *surtido*
veau ⓜ vo *ternera*
velouté ⓜ vœ·lu·te *sopa cremosa preparada con verduras, marisco o puré de pescado*
venaison vœ·nɛ·zo^n *venado*
verdure vɛr·dür *verdura*
viande via^{n}d *carne*
— **hachée** a·she *carne picada*
— **séchée** se·she *ternera seca servida en lonchas muy finas como* **hors d'œuvre**
— **froide** fruad *carne fría*
viennoiserie viɛ·nuaz·ri *productos horneados como los cruasanes y brioches*
vin ⓜ vɛ^n *vino*
— **blanc** bla^n *vino blanco*
— **doux** du *vino dulce o de postre*
— **mousseux** mu·sœ *vino espumoso*
— **ordinaire** or·di·nɛr *vino de mesa*
— **de pays** dœ pɛi *vino de la zona, de calidad aceptable y que por lo general se deja beber*
— **rouge** ruj *vino tinto*
— **sec** sɛk *vino seco*
— **de table** dœ tabl *vino de mesa, barato y de baja calidad*
vinaigre ⓜ vi·nɛgr *vinagre*
volaille vo·lay *aves*
vol-au-vent ⓜ vol o va^n *cestas de hojaldre rellenas de una mezcla de salsa y carne, pescado o verduras*

W

waterzoï ⓜ ua·tɛr·zoi *pollo, y a veces pescado, hecho a fuego lento con verduras cortadas (especialmente puerros) y servido con salsa, crema y yema de huevo (norte de Francia)*

Y

yaourt ⓜ ya·urt *yogur*
— **à boire** a buar *bebida de yogur*
— **brassé** bra·se *yogur cremoso*
— **maigre** mɛgr *yogur desnatado*

urgencias

urgences

¡Ayuda!	*Au secours!*	o sœ·kur
¡Pare!	*Arrêtez!*	a·rɛ·te
¡Vete!	*Allez-vous-en!*	a·le·vu·za^{n}
¡Al ladrón!	*Au voleur!*	o vo·lœr
¡Fuego!	*Au feu!*	o fœ
¡Cuidado!	*Faites attention!*	fɛt a·ta^{n}·sio^{n}
¡Llame a la policía!	*Appelez la police!*	a·ple la po·lis

¡Es una urgencia!
C'est urgent! — sɛ tür·ja^{n}

¿Me puede ayudar, por favor?
Est-ce que vous pourriez m'aider, s'il vous plaît? — ɛs kœ vu pu·rrie me·de sil vu plɛ

¿Puedo usar el teléfono?
Est-ce que je pourrais utiliser le téléphone? — ɛs kœ jœ pu·rrɛ ü·ti·li·ze lœ te·le·fon

Estoy perdido/a.
Je suis perdu(e). — jœ süi pɛr·dü

¿Dónde están los servicios?
Où sont les toilettes? — u so^{n} lɛ tua·lɛt

policía

police

¿Dónde está la comisaría de policía?
Où est le commissariat de police? — u ɛ lœ ko·mi·sa·ria dœ po·lis

Quiero denunciar un delito.
Je veux signaler un délit. — je vœ si·ña·le ε^{n} de·li

Me han violado.
J'ai été violé(e). — jε e·te vio·le

Me han agredido.
J'ai été violenté(e). — jε e·te vio·la^{n}·te

A él/ella le han violado.
Il/Elle a été violée. — il/εl a e·te vio·le

Él/Ella ha intentado violarme.
Il/Elle a essayé de me violer. — il/εl a ε·sε·ye dœ mœ vio·le

Me han robado.
On m'a volé. — o^{n} ma vo·le

A él/ella le han robado.
Il/Elle s'est fait voler. — il/εl sε fε vo·le

Él/Ella me ha intentado robar.
Il/Elle a essayé de me voler. — il/εl a ε·sε·ye dœ mœ vo·le

la policía puede decir ...

Le vamos a acusar de ...	*On va vous inculper ...*	o^{n} va vu·zε^{n}·kül·pe ...
A él/ella le van a acusar de ...	*On va l'inculper ...*	o^{n} va lε^{n}·kül·pe ...
actividades anti-guberna-mentales	*d'activités anti-gouverne-mentales*	dak·ti·vi·te a^{n}·ti·gu·vεr·nœ·ma^{n}·tal
alteración del orden público	*d'avoir troublé l'ordre public*	da·vuar tru·ble lordr pü·blik
hurto	*de vol à l'étalage*	dœ vol a le·ta·laj

VIAJAR SEGURO

He perdido ...	*J'ai perdu ...*	jɛ pɛr·dü ...
Me han robado ...	*On m'a volé ...*	o^{n} ma vo·le ...
mi mochila	*mon sac à dos*	mo^{n} sak a do
mis maletas	*mes valises*	mɛ va·liz
mi bolso	*mon sac à main*	mo^{n} sak a mɛ^{n}
mi dinero	*mon argent*	mo^{n} nar·ja^{n}
mi pasaporte	*mon passeport*	mo^{n} pas·por
mi monedero	*mon portefeuille*	mo^{n} por·tœ·fœy

¿De qué se me acusa?
Je suis accusé(e) de quoi? jœ süi a·kü·se dœ kua

Lo siento.
Je suis désolé(e). jœ süi de·zo·le

Pido perdón.
Je m'excuse. jœ meks·küz

No sabía que hiciera nada malo.
Je ne croyais pas que je faisais quelque chose de mal. jœ nœ krua·yɛ pa kœ jœ fœ·zɛ kɛlk shoz dœ mal

Yo no lo hice.
Ce n'est pas moi qui l'ai fait. sœ nɛ pa mua ki lɛ fɛ

Soy inocente.
Je suis innocent(e). jœ süi i·no·sa^{n}(t)

Quiero contactar con mi embajada/consulado.
Je veux contacter mon ambassade/consulat. jœ vœ ko^{n}·tak·te mo^{n} na^{n}·ba·sad/ko^{n}·sü·la

¿Puedo hacer una llamada de teléfono?
Je peux téléphoner? jœ pœ te·le·fo·ne

¿Puedo tener un abogado que hable español?
Je peux avoir un avocat qui parle espagnol? — jœ pœ a·vuar ɛn na·vo·ka ki parl ɛs·pa·ñol

¿Puedo pagar la multa ahora mismo?
Je peux payer l'amende tout de suite? — jœ pœ pɛ·ye la·mand tud·suit

Esta droga es para uso personal.
Cette drogue est destinée à mon usage personnel. — sɛt drog ɛ des·ti·ne a mon nü·zaj pɛr·so·nɛl

Tengo una receta para esta droga.
On m'a prescrit cette drogue. — on ma prɛs·kri sɛt drog

Lo entiendo.
Je comprends. — jœ kon·pran

No lo entiendo.
Je ne comprends pas. — jœ nœ kon·pran pa

¡cuidado con los pollos!

Como ocurre con cualquier otro idioma, en francés las palabras pueden tener variados significados que pueden dar lugar a la construcción de frases divertidas o chocantes. La siguiente frase es un ejemplo de un encuentro, seguro que poco probable, con la justicia:

Madame Aubergine a posé un papillon sur ma renault, et les poulets m'ont ramené dans un panier à salade.

(lit.: La Sra. Berenjena puso una mariposa en mi Renault, y los pollos me llevaron en la cesta de la ensalada)

Una traducción más real puede ser ésta:

Un controlador de aparcamiento le puso una multa a mi automóvil, luego llegó la policía y me llevó en un furgón policial.

el médico

le médecin

¿Dónde hay un/ una ... por aquí?	*Où y a t-il un/une ... par ici?*	u i ya til ε^n/ün ... par i·si
farmacia (de guardia)	*pharmacie (de nuit)*	far·ma·si (dœ nüi)
dentista	*dentiste*	da^n·tist
médico	*médecin*	med·sε^n
hospital	*hôpital*	o·pi·tal
centro médico	*centre médical*	sa^{n}tr me·di·kal
óptico	*optométriste*	op·to·me·trist

Necesito un médico (que hable español).
J'ai besoin d'un médecin (qui parle es·pa·gnol). — jε bœ·zoε^n dε^n med·sε^n (ki parl es·pa·ñol)

¿Puedo ver a un médico que sea mujer?
Est-ce que je peux voir une femme médecin? — εs kœ jœ pœ vuar ün fam med·sε^n

¿Puede venir aquí el médico?
Est-ce que le médecin peut venir ici? — εs kœ lœ med·sε^n pœ vœ·nir i·si

Me he quedado sin medicación.
Je n'ai plus de médicaments. — jœ nε plü dœ me·di·ka·ma^n

No quiero una transfusión de sangre.
Je ne veux pas de transfusion sanguine. — jœ nœ vœ pa dœ tra^{n}s·fü·zio^n sa^n·gin

Por favor, utilice una jeringuilla nueva.
Je vous prie d'utiliser une seringue neuve. — jœ vu pri dü·ti·li·ze ün se·rε^{n}g nœv

Me han vacunado contra ...	*Je me suis fait vacciner contre ...*	jœ mœ süi fɛ vak·si·ne ko^{n}tr ...
A él/ella le han vacunado contra ...	*Il/Elle s'est fait vacciner contre ...*	il/ɛl sɛ fɛ vak·si·ne ko^{n}tr ...
la hepatitis	*l'hépatite*	le·pa·tit
el tétanos	*le tétanos*	lœ te·ta·nos
la fiebre tifoidea	*la typhoïde*	la ti·foïd

Necesito nuevas ...	*J'ai besoin de nouvelles ...*	jɛ bœ·zoɛ^{n} dœ nu·vɛl ...
lentes de contacto	*lentilles de contact*	la^{n}·tiy dœ ko^{n}·tak
gafas	*lunettes*	lü·nɛt

Mi receta pone ...
Mon ordonnance indique ... — mo^{n} nor·do·na^{n}s ɛ^{n}·dik ...

el médico puede decir ...

¿Cuál es el problema?
Qu'est-ce qui ne va pas? — kɛs·ki nœ va pa

¿Dónde le duele?
Où est-ce que vous avez mal? — u ɛs kœ vu za·ve mal

Le voy a tomar la temperatura.
Je voudrais prendre votre température. — jœ vu·drɛ pra^{n}dr votr ta^{n}·pe·ra·tür

¿Cuánto tiempo lleva así?
Depuis quand êtes-vous dans cet état? — dœ·püi ka^{n} ɛt vu da^{n} sɛ·te·ta

¿Ha tenido esto anteriormente?
Cela vous est déjà arrivé? — sœ·la vu·zɛ de·ja a·rri·ve

¿Cuánto tiempo va a estar de viaje?
Quelle est la durée de votre voyage? — kɛl ɛ la dü·re dœ votr vua·yaj

el médico puede decir ...

¿Usted ...?	*Est-ce que vous ...?*	ɛs kœ vu ...
bebe	*buvez*	bü·ve
fuma	*fumez*	fü·me
toma drogas	*vous droguez*	vu dro·ge

¿Es/Está usted ...?	*Êtes-vous ...?*	ɛt vu ...
alérgico a algo	*allergique à quelque chose*	a·lɛr·jik a kel·ker shoz
embarazada	*enceinte*	zon·sunt

¿Tiene una vida sexual activa?
Vous avez une vie sexuelle? — vu za·ve ün vi sɛk·süɛl

¿Ha tenido relaciones sexuales sin protección?
Vous avez eu des rapports non protégés? — vu za·ve·zü dɛ ra·por no^{n} pro·te·je

¿Está tomando algún medicamento?
Est-ce que vous prenez des médicaments? — ɛs kœ vu prœ·ne dɛ me·di·ka·ma^{n}

Necesita ir a un hospital.
Il faut vous faire hospitaliser. — il fo vu fɛr os·pi·ta·li·ze

Consulte a un médico cuando regrese.
Consultez votre docteur en rentrant. — ko^{n}·sül·te votr dok·tœr a^{n} ra^{n}·tra^{n}

Debería volver a su país par seguir un tratamiento.
Vous devez rentrer chez vous pour suivre un traitement. — vu dœ·ve ra^{n}·tre she vu pur süivr ɛ^{n} trɛt·ma^{n}

Usted es un hipocondríaco.
Vous êtes un véritable malade imaginaire. — vu·zɛ·tɛ^{n} ve·ri·tabl ma·lad i·ma·ji·nɛr

síntomas

symptômes et maladies

Estoy enfermo.
Je suis malade. — jœ süi ma·lad

Mi amigo está enfermo.
Mon ami(e) est malade. — mo^{n} na·mi ɛ ma·lad

Me duele aquí.
J'ai une douleur ici. — jɛ ün du·lœr isi

Me he lesionado.
J'ai été blessé(e). — jɛ e·te ble·se

He estado vomitando.
J'ai vomi. — jɛ vo·mi

No puedo dormir.
Je n'arrive pas à dormir. — jœ na·rriv pa a dor·mir

Me siento ...	*Je me sens ...*	jœ mœ sa^{n} ...
ansioso/a	*inquiet/ inquiète*	ɛn·kiɛ/ɛ^{n}·kiɛt
mejor	*mieux*	miœ
débil	*faible*	fɛbl
peor	*plus mal*	plü mal

Me siento ...	*J'ai ...*	jɛ ...
mareado/a	*des vertiges*	dɛ vɛr·tij
destemplado/a	*chaud et froid*	sho e frua
con náuseas	*des nausées*	dɛ no·ze
con escalofríos	*des frissons*	dɛ fri·so^{n}

Tengo ...	*J'ai ...*	jɛ ...
diarrea	*la diarrhée*	la dia·rre
dolor de cabeza	*mal à la tête*	mal a la tɛt
dolor de garganta	*mal à la gorge*	mal a la gorj

He tenido recientemente ...
J'ai eu récemment ... — jɛ ü re·sa·ma^{n} ...

Él/Ella ha tenido recientemente ...
Il/Elle a eu récemment ... — il/ɛl a ü re·sa·ma^{n} ...

Estoy tomando medicación para ...
Je prends des médicaments pour ... — jœ pra^{n} dɛ me·di·ka·ma^{n} pur ...

Él/Ella está tomando medicación para ...	*Il/Elle prend des médicaments pour ...*	il/ɛl pra^{n} dɛ me·di·ka·ma^{n} pur ...
la bronquitis	*bronchite*	bro^{n}·shit
la diabetes	*diabète*	dia·bɛt
las enfermedades venéreas	*maladie vénérienne*	ma·la·di ve·ne·riɛn

salud de la mujer

la santé féminine

(Creo que) Estoy embarazada.
(Je pense que) Je suis enceinte. — (jœ pa^{n}s kœ) jœ süi a^{n}·sɛ^{n}t

Tomo la píldora.
Je prends la pilule. — jœ pra^{n} la pi·lül

No he tenido la regla desde hace ... semanas.
Je n'ai pas eu mes règles depuis ... semaines. — jœ nɛ pa ü mɛ rɛgl dœ·püi ... sœ·mɛn

He notado un bulto aquí.
J'ai remarqué une grosseur ici. — jɛ rœ·mar·ke ün gro·sœr i·si

Necesito ...	*J'ai besoin ...*	jɛ bœ·zoɛ^{n}...
anticonceptivos	*d'un contraceptif*	dɛ^{n} ko^{n}·tra·sɛp·tif
la píldora del día después	*de la pilule du lendemain*	dœ la pi·lül dü la^{n}·dœ·mɛ^{n}
un test de embarazo	*d'un test de grossesse*	dɛ^{n} test dœ gro·sɛs

un aborto	*avortement*	a·vor·tœ·ma^{n}
mamografía	*mammographie*	ma·mo·gra·fi
menstruación	*règles*	rɛgl
aborto espontáneo	*fausse couche*	fos kush
citología	*frottis*	fro·ti
dolores de menstruación	*règles douloureuses*	rɛgl du·lu·rœz
síndrome premenstrual	*syndrome prémenstruel*	sɛ^{n}·drom pre·ma^{n}s·trü·ɛl

el médico puede decir ...

¿Utiliza algún método anticonceptivo?
Vous utilisez des contraceptifs? — vu·zü·ti·li·ze dɛ ko^{n}·tra·sɛp·tif

¿Tiene la regla?
Vous avez vos règles? — vu·za·ve vo rɛgl

¿Cuándo tuvo la última regla?
C'était quand la dernière fois que vous avez eu vos règles? — se·tɛ ka^{n} la dɛr·niɛr fua kœ vu·za·ve·zü vo rɛgl

Está embarazada.
Vous êtes enceinte. — vu·zɛt a^{n}·sɛ^{n}t

alergias

allergies

Soy alérgico a ...	*Je suis allergique ...*	jœ süi·za·lɛr·jik ...
Él/ella es alérgico a ...	*Il/Elle est allergique ...*	il/ɛl ɛ ta·lɛr·jik ...
los antibióticos	*aux antibiotiques*	o·za^n·ti·bio·tik
los anti-inflamatorios	*aux anti-inflammatoires*	o·za^n·ti ɛ^n·fla·ma·tuar
las aspirinas	*à l'aspirine*	a las·pi·rin
las abejas	*aux abeilles*	o za·bɛy
la codeína	*à la codéine*	a la ko·de·in

Tengo una alergia en la piel.
J'ai une allergie de peau. jɛ ün a·lɛr·ji dœ po

Para alergias relacionadas con la comida, véase **comida vegetariana y de dieta,** en p. 149.

hablar del cuerpo

Éstas son dos expresiones curiosas en las que se utilizan partes del cuerpo:

Tengo hambre.
J'ai l'estomac dans les talons. jɛ lɛs·to·ma da^n lɛ ta·lo^n
(lit.: Tengo el estómago en los talones)

Estoy agotado/a.
Je n'ai plus de jambes. jœ nɛ plü dœ ja^{n}b
(lit.: Ya no tengo piernas)

partes del cuerpo

parties du corps

Me duele ...
Mon/Ma ... me fait mal. — mo^n/ma ... mœ fɛ mal

No puedo mover ...
Je n'arrive pas à bouger mon/ma ... — jœ na·rriv pa a bu·je mo^n/ma ...

Tengo un calambre en el ...
J'ai une crampe au ... — jɛ ün kra^{n}p o ...

Tengo un calambre en la ...
J'ai une crampe à la ... — jɛ ün kra^{n}p a la ...

ojo
œil
œy
nariz
nez (m.)
ne
oído
oreille (f.)
o·rɛy
boca
bouche
bush

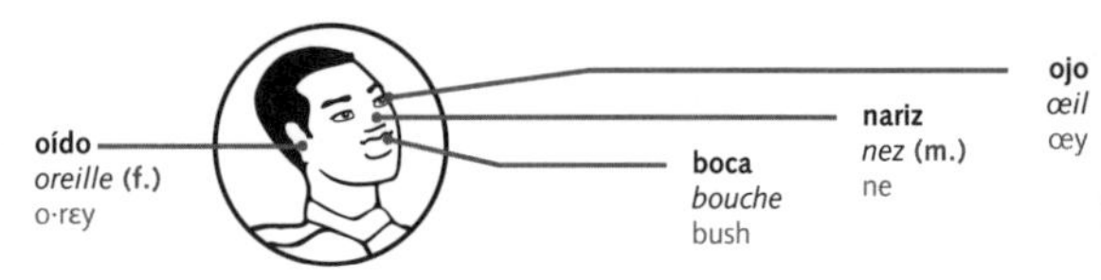

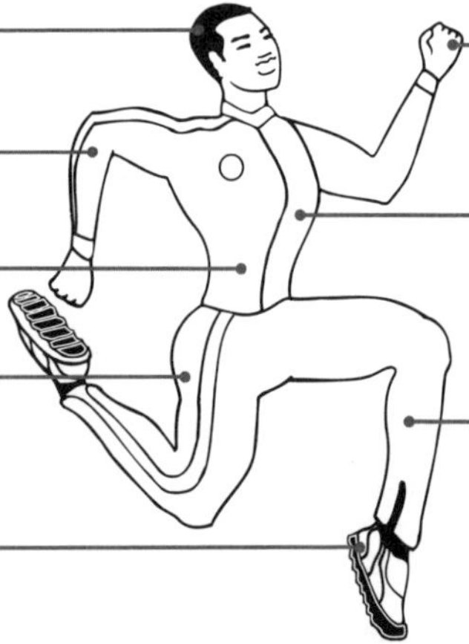

cabeza
tête
tɛt
mano
main
mɛ^n
brazo
bras
bra
pecho
poitrine (f.)
pua·trin
estómago
estomac
es·to·ma
trasero
fesses (f.)
fɛs
pierna
jambe
ja^{n}b
pie
pied
pie

Mi ... está hinchado/a.
Mon/Ma ... est enflé(e). mo^{n}/ma ... ɛ·ta^{n}·fle

la farmacia

chez le pharmacien

Necesito una medicina para ...
J'ai besoin d'un médicament pour ... jɛ bœ·zoɛ^{n} dɛ^{n} me·dik·ma^{n} pur ...

¿Necesito una receta para ...?
J'ai besoin d'une ordonnance pour ...? jɛ be·zoɛ^{n} dün or·do·na^{n}s pur ...

¿Cuántas veces al día?
Combien de fois par jour? ko^{n}·byɛ^{n} dœ fua par jur

¿Me puede producir somnolencia?
Est-ce que ça peut provoquer des somnolences? ɛs kœ sa pœ pro·vo·ke dɛ som·no·la^{n}s

se podrá oír ...

a·ve vu de·ja pri sœ·si
Avez-vous déjà pris ceci? **¿Ha tomado esto anteriormente?**

dœ fua par jur (a·vɛk nu·rri·tür)
Deux fois par jour (avec nourriture). **Dos veces al día (con la comida).**

sœ·la sœ·ra prɛ da^{n} (vɛ^{n} mi·nüt)
Cela sera prêt dans (vingt minutes). **Estará preparado en (veinte minutos).**

trɛt·ma^{n} a suivr jüs·ko bu
Traitement à suivre jusqu'au bout. **Tiene que completar el tratamiento.**

el dentista

chez le dentiste

Tengo ...	*J'ai ...*	jɛ ...
un diente roto	*une dent cassée*	ün da^{n} ka·se
una caries	*une cavité*	ün ka·vi·te
dolor de muelas	*mal aux dents*	mal o da^{n}
He perdido ...	*J'ai perdu ...*	jɛ pɛr·dü ...
Necesito ...	*J'ai besoin ...*	jɛ bœ·zoɛ^{n} ...
una corona	*d'une couronne*	dün ku·ron
un empaste	*d'un plombage*	dɛ^{n} plo^{n}·baj

Mi dentadura está rota.
Mon dentier est cassé. — mo^{n} da^{n}·tie ɛ ka·se

Me duelen las encías.
Mes gencives me font mal. — mɛ ja^{n}·siv mœ fo^{n} mal

No quiero que me la saque.
Je ne veux pas que vous l'arrachiez. — jœ nœ vœ pa kœ vu la·rra·shie

se podrá oír ...

u·vre tu gra^{n} *Ouvrez tout grand.*	**Abra bien.**
rœv·ne sœ nɛ pa fi·ni *Revenez, ce n'est pas fini.*	**Tiene que volver, no he acabado.**
rɛ^{n}·se *Rincez.*	**¡Enjuáguese!**
sa nœ fœ·ra pa mal *Ça ne fera pas mal.*	**Esto no duele.**
sa pu·rrɛ fɛr ɛ^{n} pœ mal *Ça pourrait faire un peu mal.*	**Esto puede que le duela un poco.**

DICCIONARIO > español-francés
espagnol-français

A

a *à* a
a bordo *à bord* a bor
a menudo *souvent* su·va^n
a tiempo *à l'heure* a lœr
a tiempo completo *à plein temps* a plɛ^n ta^n
a tiempo parcial *à temps partiel* a ta^n par·siɛl
a veces *quelquefois* kɛlk·fua
abajo *en bas* a^n ba
abandonar, dejar de lado *laisser tomber* lɛ·se to^n·be
abarrotado/a *bondé(e)* bo^n·de
abeja *abeille* a·bɛy
abierto/a *ouvert(e)* u·vɛr(t)
abogado *avocat(e)* a·vo·ka(t)
aborto *avortement* a·vor·tœ·ma^n
aborto espontáneo *fausse couche* fos kush
abrazar *embrasser* a^n·bra·se
abrebotellas *ouvre-bouteille* uvr bu·tɛy
abrelatas *ouvre-boîte* uvr buat
abrigo *manteau* ma^n·to
abril *avril* a·vril
abrir *ouvrir* u·vrir
abuela *grand-mère* gra^n mɛr
abuelo *grand-père* gra^n pɛr
abuelos *grands-parents* gra^n pa·ra^n
abundancia *abondance* a·bo^n·da^{n}s
aburrido/a *ennuyeux/ennuyeuse* a^n·nüi·yœ/a^n·nüi·yœz
aburrirse *s'ennuyer* sa^n·nüi·ye
acabarse *se terminer* sœ tɛr·mi·ne
acantilado *falaise* fa·lɛz
aceptar *accepter* ak·sɛp·te
accidente *accident* ak·si·da^n
aceite *huile* üil
ácido (droga) *acide* a·sid
acontecimiento *événement* e·vɛn·ma^n
acoso *harcèlement* ar·sɛl·ma^n
activista *militant/militante* mi·li·ta^n(t)
actor *acteur/actrice* ak·tœr/ak·tris
actual *actuel(le)* ak·tüɛl
actualidad *actualité* ak·tüa·li·te
actuar *jouer* ju·e
acupuntura *acupuncture* a·kü·po^{n}k·tür
adaptador *adaptateur* a·dap·ta·tœr
adicción *dépendance* de·pa^n·dans
adicción (a las drogas) *drogué* dro·ge
adicción a las drogas *toxicomanie* tok·si·ko·ma·ni
adicional *supplémentaire* sü·ple·ma^n·tɛr
adiós *au revoir* o rœ·vuar
adivinar *deviner* dœ·vi·ne
administración *administration* ad·mi·nis·tra·sio^n
administrativo/a *employé(e) de bureau* an·plua·ye dœ bü·ro
admirador *fan* fan
admirar *admirer* ad·mi·re
admitir *admettre* ad·mɛtr
adorar *adorer* a·do·re
aduana *douane* du·an
adulto *adulte* a·dült
adversario *adversaire* ad·vɛr·sɛr
advertencia *avertissement* a·vɛr·tis·ma^n
aerobic *aérobic* ae·ro·bik
aerograma *aérogramme* ae·ro·gram
aerolínea *ligne aérienne* ae·riɛn
aeropuerto *aéroport* ae·ro·por
afección cardiaca *maladie de cœur* ma·la·di dœ kœr
afectuoso/a *aimant(e)* ɛ·ma^n(t)
afeitarse *se raser* se ra·ze
afición *passe-temps* pas ta^n
aficionado *amateur* a·ma·tœr
afilado/a *tranchant(e)* tran·sha^n(t)
África *Afrique* a·frik
aftas *muguet* mü·gɛ
afueras (las) *banlieue* ba^n·liœ

A

español-francés

agencia de viajes *agence de voyage* a·ja^{n}s dœ vua·yaj
agencia inmobiliaria *agence immobilière* a·ja^{n}s i·mo·bi·liɛr
agente (policía) *agent de police* a·ja^n dœ po·lis
agitar *agiter* a·ji·te
agosto *août* ut
agotado/a *épuisé(e)* e·püi·ze
agradable *agréable* a·gre·abl
agradecer *remercier* rœ·mɛr·sie
agradecido/a *reconnaissant(e)* rœ·ko·nɛ·sa^n(t)
agresivo/a *agressif/agressive* a·grɛ·sif/a·grɛ·siv
agricultor *agriculteur/agricultrice* a·gri·kül·tœr/a·gri·kül·tris
agricultura *agriculture* a·gri·kül·tür
agua *eau* o
agua mineral *eau minérale* o mi·ne·ral
aguja *aiguille* ɛ·güy
agujero *trou* tru
ahora *maintenant* mɛ^{n}t·na^n
aire acondicionado *climatisation* kli·ma·ti·za·sio^n
aire *air* ɛr
ajedrez *échecs* e·shɛk
ajustado/a *étroit(e)* e·trua(t)
al lado de *à côté de* a ko·te dœ
al lado del mar *bord de la mer* bor dœ la mɛr
alambre *fil de fer* fil dœ fɛr
alas *ailes* ɛl
albergue juvenil *auberge de jeunesse* o·bɛrj dœ jœ·nɛs
alcalde *maire* mɛr
alcanzar *atteindre* a·tɛ^{n}dr
alcohol *alcool* al·kol
Alemania *Allemagne* al·mañ
alergia *allergie* a·lɛr·ji
alfiler *épingle* e·pɛ^{n}gl
alfombra *tapis* ta·pi
algo *quelque chose* kɛlk shoz
algodón *coton* ko·to^n
alguien *quelqu'un* kɛl·kɛ^n
alguno/a/os/as *du/de la/des* dü/dœ la/dɛ
algunos *quelques* kɛlk
alimentar *nourrir* nu·rrir
allí *là* la
almohada *oreiller* o·rɛ·ye
almuerzo *déjeuner* de·jœ·ne
alojamiento *logement* loj·ma^n
alpinismo *alpinisme* al·pi·nism
alquilar *louer* lu·e
alquiler de automóviles *location de voitures* lo·ka·sion dœ vua·tür
alrededor *autour* o·tur
altar *autel* o·tɛl
alternativa *alternative* al·tɛr·na·tiv
altitud *altitude* al·ti·tüd
¡Alto! *Arrêtez!* a·rrɛ·te
alto/a *grand(e)* gra^n(d)
alto/a *haut(e)* o(t)
altura *hauteur* o·tœr
alucinar *avoir des hallucinations* a·vuar dɛ za·lü·si·na·sio^n
ama de casa *femme au foyer* fam o fua·ye
amable *gentil/gentille* ja^n·ti/ja^n·tiy
amanecer *aube* ob
amante *amant(e)* a·ma^n(t)
amar *aimer* ɛ·me
amargo *amer/amère* a·mɛr
amarillo *jaune* jon
ambos *tous les deux* tu lɛ dœ
ambulancia *ambulance* a^n·bü·la^{n}s
amigo/a *ami/amie* a·mi
amistad *amitié* a·mi·tie
amistoso/a *amical(e)* a·mi·kal
amor *amour* a·mur
amplio *ample* a^{n}pl
ampolla *ampoule* a^n·pul
amueblado/a *meublé(e)* mœ·ble
analgésico *analgésique* a·nal·je·zik
análisis de sangre *analyse de sang* a·na·liz dœ sa^n
ancho *large* larj
anciano *âgé(e)* a·je
andar *marcher* mar·she
anillo *bague* bag
animal *animal* a·ni·mal
anterior *précédent(e)* pre·se·da^n(t)
antes *avant* a·va^n
antes de ayer *avant-hier* a·va^n·tiɛr
antibióticos *antibiotiques* a^n·ti·bio·tik
anticonceptivo *contraceptif* ko^n·tra·sɛp·tif

antigüedad *antiquité* a^n·ti·ki·te
antiguo *antique* a^n·tik
antinuclear *anti-nucléaire* a^n·ti nü·kle·ɛr
antiséptico *antiseptique* a^n·ti·sɛp·tik
anual *annuel(le)* a·nüɛl
anular *annuler* a·nü·le
anuncio *publicité* pü·bli·si·te
año *année* a·ne
aparcamiento *parking* par·kin
aparcar *garer* ga·re
apartamento *appartement* a·part·ma^n
apellido *nom de famille* no^n dœ fa·miy
apéndice *appendice* a·pɛ^n·dis
aperitivo *casse-croûte* kas krut
apostar *parier* pa·rie
apoyar *supporter* sü·por·te
aprender *apprendre* a·pra^{n}dr
aproximadamente *à peu près* a pœ prɛ
apuesta *pari* pa·ri
aquí *ici* i·si
araña *araignée* a·rɛ·ñe
árbitro *arbitre* ar·bitr
árbol *arbre* arbr
arena *sable* sabl
argumento *débat* de·ba
armario *placard* pla·kar
arqueología *archéologie* ar·keo·lo·ji
arquitecto/a *architecte(e)* ar·shi·tɛkt
arquitectura *architecture* ar·shi·tɛk·tür
arreglar *réparer* re·pa·re
arrendamiento *bail* bay
arrestar *arrêter* a·rrɛ·te
arriba *en haut* a^n o
arrodillarse *se mettre à genoux* sœ mɛtr a jœ·nu
arroyo *crique* krik
arroz *riz* ri
arte *art* ar
artes marciales *arts martiaux* ar mar·sio
artesanía *artisanat* ar·ti·za·na
artista *artiste* ar·tist
ascender *monter* mo^n·te
ascensor *ascenseur* a·sa^n·sœr
asegurar *assurer* a·sü·re
aseos *toilettes* tua·lɛt
Asia *Asie* a·zi
asiento de niño *siège pour enfant* siɛj pur a^n·fa^n
asiento *place* plas
asistencia social *assistance publique* a·sis·tans pü·blik
asma *asthme* asm
aspirina *aspirine* as·pi·rin
atado/a *attaché(e)* a·ta·she
atasco *bouchon* bu·sho^n
atletismo *athlétisme* a·tle·tism
atmósfera *atmosphère* at·mos·fɛr
atrapar *attraper* a·tra·pe
atrás *arrière* a·rriɛr
atravesar, cruzar *traverser* tra·vɛr·se
aún *encore* a^n·kor
aún no *pas encore* pa za^n·kor
Australia *Australie* os·tra·li
autobús (interurbano) *(auto)car* (o·to)kar
autobús (urbano) *(auto)bus* (o·to)büs
automático *automatique* o·to·ma·tik
automóvil *voiture* vua·tür
autónomo *indépendant(e)* ɛ^n·de·pa^n·da^n(t)
autopista *autoroute* o·to·rut
autoservicio *libre-service* libr sɛr·vis
autostop *auto-stop* o·to stop
avaro *avare* a·var
avenida *avenue* av·nü
aventura *liaison* liɛ·zon
avión *avion* a·vio^n
avispa *guêpe* gɛp
ayer *hier* iɛr
ayuda *aide* ɛd
ayudar *aider* ɛ·de
ayuntamiento *mairie* mɛ·ri
azul *bleu(e)* blœ

B

bailar *danser* da^n·se
baile *danse* da^{n}s
bajar *descendre* dɛ·sa^{n}dr
bajarse *descendre* dɛ·sa^{n}dr
bajo *bas/basse* ba(s)
bajo (debajo de) *sous* su
bajo/a *court(e)* kur(t)
balance (saldo) *solde* sold
balcón *balcon* bal·ko^n
ballet *ballet* ba·lɛ
baloncesto *basket(ball)* bas·kɛt(·bol)
banco *banque* ba^{n}k

bandera *drapeau* dra·po
bañador *maillot de bain* ma·yo dœ bɛ^n
bañera *baignoire* bɛ·ñuar
baño (darse un) *(prendre un) bain* (prandr ɛ^n) bɛ^n
bar *bar* bar
barato *bon marché* bo^n mar·she
barca de motor *canot automobile* ka·no o·to·mo·bil
barco *bateau* ba·to
barro *boue* bu
básico *fondamental* fo^n·da·ma^n·tal
basura *ordures* or·dür
batería (automóvil) *batterie* ba·tri
bautismo *baptême* ba·tɛm
bebé *bébé* be·be
beber *boire* buar
bebida *boisson* bua·so^n
béisbol *baseball* bez·bol
bendición *grâce* gras
beneficio *bénéfice* be·ne·fis
besar *embrasser* a^n·bra·se
beso *baiser* bɛ·ze
biberón *bavoir* ba·vuar
biblia *bible* bibl
biblioteca *bibliothèque* bi·blio·tɛk
bici *vélo* ve·lo
bicicleta de montaña *vélo tout terrain (VTT)* ve·lo tu tɛ·rrɛ^n (ve te te)
bicicleta *vélo* ve·lo
bien *bien* byɛ^n
billar *billard américain* bi·yar a·me·ri·kɛ^n
billete *billet* bi·yɛ
billete de banco *billet de banque* bi·yɛ dœ ba^{n}k
billete de ida y vuelta *aller retour* a·le re·tur
billete stand-by *billet stand-by* bi·yɛ sta^{n}d bai
blanco/a *blanc/blanche* bla^n/bla^{n}sh
bloqueado/a *bloqué(e)* blo·ke
boca *bouche* bush
boda *mariage* ma·rriaj
bohemio/a *bohémien/bohémienne* bo·e·myɛ^n/bo·e·miɛn
bolígrafo *stylo* sti·lo
bolsillo *poche* posh
bolsa *sac à main* sak a mɛ^n
bolso *sac* sak
bomba *pompe* po^{n}p
bombilla *ampoule* a^n·pul
bonito *beau/belle* bo/bɛl
bordado *broderie* bro·dri
borde *bord* bor
bordillo *bord du trottoir* bor dü tro·tuar
borracho *ivre* ivr
bosque *forêt* fo·rɛ
bota *botte* bot
botas de senderismo *chaussures de marche* sho·sür dœ marsh
bote *pot* po
botella *bouteille* bu·tɛy
botiquín *trousse à pharmacie* trus a far·ma·si
botón *bouton* bu·to^n
boutique *magasin de vêtements* ma·ga·zɛ^n dœ vɛt·ma^n
boxeo *boxe* boks
bragas *culotte* kü·lot
Braille *braille* bray
brazo *bras* bra
bronquitis *bronchite* bro^n·shit
brotar *pousser* pu·se
brújula *boussole* bu·sol
brumoso *brumeux/brumeuse* brü·mœ/brü·mœz
budista *bouddhiste* bu·dist
bueno/a *bon/bonne* bo^n/bon
buey *bœuf* bœf
bufanda *écharpe* e·sharp
bufé *buffet* bü·fɛ
bulevar *boulevard* bul·var
bulto *grosseur* gro·sœr
buscar *chercher* shɛr·she
buzón *boîte à lettres* buat a lɛtr

C

caballo *cheval* shœ·val
cabeza *tête* tɛt
cabina de teléfono *cabine téléphonique* ka·bin te·le·fo·nik
cable *câble* kabl
cables de arranque *câbles de démarrage* kabl dœ de·ma·rraj
cabra *chèvre* shɛvr
cabrón *salaud* sa·lo

cacao para labios *pommade pour les lèvres* po·mad pur lɛ lɛvr

cacerola *casserole* kas·rol

cachorro *chiot* shio

cada *chaque* shak

cadena *chaîne* shɛn

cadena de música *chaîne hi-fi* shɛn i·fi

cadena de la bici *chaîne de bicyclette* shɛn dœ bi·si·klɛt

caer *tomber* to^n·be

café *café* ka·fe

caja *boîte* buat

caja fuerte *coffre-fort* kofr for

caja registradora *caisse (enregistreuse)* kɛs (a^n·rœ·jis·trœz)

cajero automático *guichet automatique de banque (GAB)* gi·shɛ o·to·ma·tik dœ ba^{n}k (je a be)

cajero/a *caissier/caissière* kɛ·sie/kɛ·siɛr

calcetines *chaussettes* sho·sɛt

calculadora *calculatrice* kal·kü·la·tris

calefacción *chauffage* sho·faj

calendario *calendrier* ka·la^n·drie

calentado/a *chauffé(e)* sho·fe

calidad *qualité* ka·li·te

caliente *chaud(e)* sho(d)

calificación *qualification* ka·li·fi·ka·sio^n

calle *rue* rü

callejón *ruelle* rüɛl

calor *chaleur* sha·lœr

calor *chaud(e)* sho(d)

calzoncillo *caleçon* kal·so^n

cama de matrimonio *grand lit* gra^n li

cama *lit* li

cámara *appareil photo* a·pa·rɛy fo·to

cámara de aire *chambre à air* sha^{n}br a ɛr

cámara de vídeo *magnétoscope* ma·ñe·tos·kop

camarero/a *serveur/serveuse* sɛr·vœr/sɛr·vœz

cambiar *changer* sha^n·je

cambiar (dinero) *changer* sha^n·je

caminata *randonnée* ra^n·do·ne

camino *chemin* shœ·mɛ^n

camino de excursión *itinéraire de randonnée* i·ti·ne·rɛr dœ ra^n·do·ne

camino para bicis *piste cyclable* pist si·klabl

camión *camion* ka·mio^n

camisa *chemise* shœ·miz

camiseta *maillot* ma·yo

camiseta *T-shirt* ti shœrt

campamento *camp* ka^n

campeonato *championnat* sha^n·pio·na

cámping *camping* ka^n·piñ

campo *campagne, champ* ka^n·pañ· sha^n

campo de golf *terrain de golf* tɛ·rrɛ^n dœ golf

Canadá *Canada* ka·na·da

cáncer *cancer* ka^n·sɛr

canción *chanson* sha^n·so^n

candado *cadenas* kad·na

cansado/a *fatigué(e)* fa·ti·ge

cantante *chanteur/chanteuse* sha^n·tœr/sha^{n}n·tœz

cantar *chanter* sha^n·te

cantidad *quantité* ka^n·ti·te

capa *cape* kap

capa de ozono *couche d'ozone* kush do·zon

capitalismo *capitalisme* ka·pi·ta·lism

cara *visage* vi·zaj

caracol *escargot* es·kar·go

caravana *caravane* ka·ra·van

cardenal *bleu* blœ

carné de identidad *carte d'identité* kart di·da^n·ti·te

carne *viande* via^{n}d

carnicería *boucherie* bush·ri

caro/a *cher/chère* shɛr

carpintero *menuisier* mœ·nüi·zie

carrera (profesional) *carrière* ka·rriɛr

carrera (deporte) *course* kurs

carretera principal *grande route* gra^{n}d rut

carretera *route* rut

carrito *chariot* sha·rrio

carrito de bebé *poussette* pu·sɛt

cartas, naipes *cartes* kart

carta *lettre* lɛtr

cartero *facteur* fak·tœr

casa *maison* mɛ·zo^n

casado/a *marié(e)* ma·rie

casarse *épouser* e·pu·ze

cascada *cascade* kas·kad

casco *casque* kask

casete *cassette* ka·sɛt

C

casi *presque* presk
castaño *brun/brune* brɛ^n/brün
castigar *punir* pü·nir
castillo *château* sha·to
casualidad *hasard* a·zar
catedral *cathédrale* ka·te·dral
católico/a *catholique* ka·to·lik
causa *cause* koz
caza *chasse* shas
CD *CD* se de
celebración *fête* fɛt
celoso/a *jaloux/jalouse* ja·lu/ja·luz
cementerio *cimetière* sim·tiɛr
cena *dîner* di·ne
cenicero *cendrier* sa^n·drie
centímetro *centimètre* sa^n·ti·mɛtr
céntimo *centim* sa^n· tim
centro *centre* sa^{n}tr
centro ciudad *centre-ville* sa^{n}tr vil
centro comercial *centre comercial* sa^{n}tr ko·mɛr·sial
cepillo *brosse* bros
cepillo de dientes *brosse à dents* bros a da^n
cepillo del pelo *brosse à cheveux* bros a shœ·vœ
cerámica *poterie* po·tri
cerca de *à côté de* a ko·te dœ
cerca *près de* prɛ dœ
cercano/a *proche* prosh
cerdo *cochon* ko·sho^n
cerillas *allumettes*a·lü·mɛt
cero *zéro* ze·ro
cerrado/a *fermé(e)* fɛr·me
cerrar con llave *fermer à clé* fɛr·me a kle
cerrar *fermer* fɛr·me
cerrojo *serrure* se·rrür
certificado *certificat* sɛr·ti·fi·ka
cerveza *bière* biɛr
césped *gazon* ga·zo^n
cesta *panier* pa·niɛ
chaleco *maillot de corps* ma·yo dœ kor
chaleco salvavidas *gilet de sauvetage* ji·lɛ dœ sov·taj
champán *champagne* sha^n·pañ
champú *shampooing* sha^n·poɛ^n
chaqueta *veste* vɛst
charla, conferencia *exposé* eks·po·ze
charlar *bavarder* ba·var·de
chef *chef de cuisine* shɛf dœ küi·zin
cheque *chèque* shɛk
cheques de viaje *chèque de voyage* shɛk dœ vua·yaj
chicle *chewing-gum* shüin gom
chiste *plaisanterie* plɛ·za^n·tri
chocolate *chocolat* sho·ko·la
chupete *tétine* te·tin
cibercafé *cybercafé* si·bɛr·ka·fe
ciclismo *cyclisme* si·klism
ciclista *cycliste* si·klist
ciego *aveugle* a·vœgl
cielo *ciel* siɛl
cien *cent* sa^n
ciencia ficción *science-fiction* sia^{n}s fik·sio^n
ciencia *science* sia^{n}s
científico/a *scientifique* sia^n·ti·fik
cierto/a *certain(e)* sɛr·tɛ^n/tɛn
cigarrillo *cigarette* si·ga·rɛt
cima *cime* sim
cinco *cinq* sɛ^{n}k
cine *cinéma* si·ne·ma
cinta de vídeo *bande vidéo* ba^{n}d vi·de·o
cinturón de seguridad *ceinture de sécurité* sɛ^n·tür dœ se·kü·ri·te
circo *cirque* sirk
círculo *cercle* sɛrkl
circunvalación *(boulevard) périphérique (BP)* (bul·var) pe·ri·fe·rik (be pe)
cita *rendez-vous* ra^n·de vu
citología *frottis* fro·ti
ciudad *ville* vil
ciudadanía *citoyenneté* si·tua·yɛn·te
ciudadano/a *citoyen(ne)* si·tua·yɛ^n/ si·tua·yɛn
claro/a *clair(e)* klɛr
clase *classe* klas
clase preferente *classe affaires* klas a·fɛr
clase turista *classe touriste* klas tu·rist
clásica *classique* kla·sik
cliente *client(e)* kli·a^n(t)
cobrador (autobús, tren) *receveur* rœ·sœ·vœr
cobrar (un cheque) *encaisser* a^n·kɛ·se
cocaína *cocaïne* ko·ka·in
coche cama *wagon-lit* va·go^n li

DICCIONARIO

coche de policía *voiture de police* vua·tür dœ po·lis
cocina *cuisine* küi·zin
cocinar *cuire* küir
cocinero/a *cuisinier/cuisinière* küi·zi·nie/küi·zi·niɛr
cóctel *cocktail* kok·tɛl
código postal *code postal* kod pos·tal
coger *prendre* pra^{n}dr
cola *queue* kœ
colada *linge* lɛ^{n}j
colchón *matelas* mat·la
colección *accumulation* a·kü·mü·la·sio^n
coleccionar *collectionner* ko·lek·sio·ne
colega *collègue* ko·lɛg
colegio *école* e·kol
colina *colline* ko·lin
collar *collier* ko·lie
color *couleur* ku·lœr
columna vertebral *colonne vertébrale* ko·lon vɛr·te·bral
combinación *combinaison* ko^n·bi·nɛ·zo^n
comedia *comédie* ko·me·di
comenzar *commencer* ko·ma^n·se
comer *manger* ma^n·je
comercio *commerce* ko·mɛrs
comida de bebé *bouillie* buy·yi
comida *nourriture* nu·rri·tür
comida (desayuno, cena, merienda...) *repas* rœ·pa
comienzo *commencement* ko·ma^{n}s·ma^n
comisaría de policía *commissariat* ko·mi·sa·ria
comisión *commission* ko·mi·sio^n
como *comme* kom
cómo *comment* ko·ma^n
cómodo *confortable* ko^n·for·tabl
compañero/a *compagnon/compagne* ko^n·pa·ño^n/ko^n·pañ
compartir *partager* par·ta·je
competición *compétition* ko^n·pe·ti·sio^n
completo/a *complet/complète* ko^n·plɛ/ko^n·plɛt
comprar *acheter* ash·te
compra (hacer la) *faire des courses* fɛr dɛ kurs
comprender *comprendre* ko^n·pra^{n}dr
compresa *serviette hygiénique* sɛr·viɛt i·jie·nik
compromiso *fiançailles* fia^n·say
común *commun(e)* ko·mɛ^n/ko·mün
comunidad *communauté* ko·mü·no·te
comunismo *communisme* ko·mü·nism
comunista *communiste* ko·mü·nist
con *avec* a·vɛk
conchas *coquillage* ko·ki·yaj
concierto *concert* ko^n·sɛr
conducir *conduire* ko^n·düir
conejo *lapin* la·pɛ^n
conexión *rapport* ra·por
conferencia *colloque* ko·lok
confesión *confession* ko^n·fɛ·sio^n
confianza *confiance* ko^n·fia^{n}s
confiar *faire confiance à* fɛr ko^n·fia^{n}s
confirmar *confirmer* ko^n·fir·me
confundir *confondre* ko^n·fo^{n}dr
confundirse *avoir tort* a·vuar tor
congelado/a *gelé(e)* jœ·le
congelar *geler* jœ·le
congreso *congrès* ko^n·grɛ
conmoción *commotion cérébrale* ko·mo·sio^n se·re·bral
conocer *connaître* ko·nɛtr
consejo *conseil* ko^n·sɛy
conservante *conservateur/conservatrice* ko^n·sɛr·va·tœr/ko^n·sɛr·va·tris
consigna *consigne* ko^n·siñ
construir *construire* ko^{n}s·trüir
consulado *consulat* ko^n·sü·la
contaminación *pollution* po·lü·sio^n
contar, enumerar *compter* ko^n·te
contar (una historia, un cuento) *raconter* ra·ko^n·te
contestar *répondre* re·po^{n}dr
contra *contre* ko^{n}tr
contrato *contrat* ko^n·tra
control *contrôle* ko^n·trol
control remoto *télécommande* te·le·ko·ma^{n}d
controlador *contrôleur* ko^n·tro·lœr
convento *couvent* ku·va^n
conversación *conversation* ko^n·vɛr·sa·sio^n
cooperar *coopérer* ko·o·pe·re
copa (de alcohol) *verre* vɛrr
Copa del Mundo *la Coupe du Monde* la kup dü mo^{n}d
corazón *cœur* kœr

cordel *ficelle* fi·sɛl
cordillera *chaîne de montagnes* shɛn dœ mo^{n}·tañ
cornisa *rebord* rœ·bor
correa del ventilador *courroie de ventilateur* ku·rrua dœ va^{n}·ti·la·tœr
correcto/a *correct(e)* ko·rrɛkt
correos *bureau de poste* bü·ro dœ post
correos *poste* post
correr *courir* ku·rrir
correspondencia *courrier* ku·rrie
corriente (eléctrica) *courant* ku·ra^{n}
corriente *ordinaire* or·di·nɛr
corrupto/a *corrompu(e)* ko·ro^{n}·pü
cortar *couper* ku·pe
cortaúñas *coupe-ongles* ku·po^{n}gl
corte de pelo *coupe* kup
cosa *chose* shoz
cosecha *culture* kül·tür
coser *coudre* kudr
costa *côte* kot
coste *coût* ku
coste por cubierto *couvert* ku·vɛr
costumbre *coutume* ku·tüm
costumbre *habitude* a·bi·tüd
crecer *grandir* gra^{n}·dir
crédito *crédit* kre·di
creencia *croyance* krua·ya^{n}s
creer *croire* kruar
crema acondicionadora *après-shampooing* a·prɛ sha^{n}·poɛ^{n}
crema bronceadora *crème de bronzage* krɛm dœ bro^{n}·zaj
crema *crème* krɛm
crema de afeitar *mousse à raser* mus a ra·ze
crema hidratante *crème hydratante* krɛm i·dra·ta^{n}t
cremallera *fermeture éclair* fɛr·mœ·tür e·klɛr
cristiano/a *chrétien(ne)* kre·tyɛ^{n}/kre·tiɛn
crítica *critique* kri·tik
crudo/a *cru(e)* krü
cruz *croix* krua
cuaderno *cahier* ka·ie
cuadro *tableau* ta·blo
cuál *quel(le)(adjetivo)* kɛl
cualquier cosa *n'importe quoi* nɛ^{n}·por·tœ·kua
cualquier sitio *n'importe où* nɛ^{n}·por·tu
cualquier/a *n'importe quel/quelle* nɛ^{n}·por·tœ kɛl/kɛl
cuando/cuándo *quand* ka^{n}
cuarentena *quarantaine* ka·ra^{n}·tɛn
cuarto de baño *salle de bain* sal dœ bɛ^{n}
cuarto *quart* kar
cuatro *quatre* katr
cubiertos *couverts* ku·vɛr
cubo de la basura *poubelle* pu·bɛl
cubo *seau* so
cucaracha *cafard* ka·far
cuchara *cuillère* küi·yɛr
cucharita *petite cuillère* pe·tit küi·yɛr
cuchilla de afeitar *lame de rasoir* lam dœ ra·zuar
cuchillo *couteau* ku·to
cuenco *bol* bol
cuenta *addition* a·di·sio^{n}
cuenta bancaria *compte bancaire* ko^{n}t ba^{n}·kɛr
cuerda *corde* kord
cuerda de tender *corde à linge* kord a lɛ^{n}j
cuero *cuir* küir
cuerpo *corps* kor
cueva *grotte* grot
¡Cuidado! *Attention!* a·ta^{n}·sio^{n}
cuidador/a (de niños) *baby-sitter* bɛ·bi si·tœr
cuidadoso/a *soigneux/soigneuse* sua·ñœ/sua·ñœz
cuidar *soigner* sua·ñe
culo *cul* kü
culpa *faute* fot
culpable *coupable* ku·pabl
cumpleaños *anniversaire* a·ni·vɛr·sɛr
cupón *coupon* ku·po^{n}
cura *prêtre* prɛtr
curriculum *CV* se ve
CV *CV* se ve

D

dado *dés* de
daños *dégâts* de·ga
dar *donner* do·ne
dar forma *façonner* fa·so·ne
dar la bienvenida *accueillir* a·kœ·yir
dar un masaje *masser* ma·se

darse cuenta de *se rendre compte de* sœ ra^{n}dr ko^{n}t dœ
de *de* dœ
de derechas *de droite* dœ druat
de izquierdas *de gauche* dœ gosh
de la entrada (precio) *prix d'entrée* pri da^n·tre
de lujo *de luxe* dœ lüks
de nuevo *encore* a^n·kor
debajo *sous* su
deber *devoir* dœ·vuar
deberes *devoirs* dœ·vuar
débil *faible* fɛbl
decidirse *se décider* sœ de·si·de
decir *dire* dir
decisión *décision* de·si·zio^n
dedo *doigt* dua
dedo gordo (del pie) *orteil* or·tɛy
defectuoso *défectueux/défectueuse* de·fek·tüœ/de·fek·tü·œz
definitivo *déterminé* de·tɛr·mi·ne
deforestación *déboisement* de·buaz·ma^n
dejar *laisser* lɛ·se
dejar, abandonar *quitter* ki·te
del otro lado de *de l'autre côté de* dœ lotr ko·te dœ
delante de *devant* dœ·va^n
delgado *maigre* mɛgr
delicatessen *charcuterie* shar·kü·tri
delito *délit* de·li
demasiado *trop* tro
democracia *démocratie* de·mo·kra·si
demostración *manifestation* ma·ni·fes·ta·sio^n
denegar *denier* de·ni·e
dentista *dentiste* da^n·tist
dentro *dans* da^n
dentro de (una hora, etc.) *avant* a·va^n
dentro *dedans* dœ·da^n
deporte *sport* spor
deportista *sportif/sportive* spor·tif/ spor·tiv
depósito *dépôt* depo
derecha *à droite* a druat
derecho *droit* drua
derechos civiles *droits civils* drua si·vil
derechos humanos *droits de l'homme* drua dœ lom
desarrollo *développement* dev·lop·ma^n
desastre *désastre* de·zastr
desayuno *petit déjeuner* pœ·ti dœ·jœ·ne
descanso *repos* rœ·po
descendiente *descendant(e)* dɛ·sa^n·da^n(t)
descubrir *découvrir* de·ku·vrir
descuento *remise* rœ·miz
desde *depuis* dœ·püi
deseo *souhaiter* su·ɛ·te
desfase horario *fatigue due au décalage horaire* fa·tig dü o de·ka·laj o·rɛr
desfile *parade* pa·rad
deshonesto *malhonnête* mal·o·nɛt
desierto *désert* de·zɛr
desilusionado/a *déçu(e)* de·sü
desinfectante *désinfectant* de·zɛ^n·fek·ta^n
desodorante *déodorant* de·o·do·ra^n
desordenado *en désordre* a^n de·sordr
despertador *réveil* re·vey
despertar a alguien *réveiller* re·vɛ·ye
despertarse *se réveiller* sœ re·vɛ·ye
después *après* a·prɛ
después del afeitado *après-rasage* a·prɛ ra·saj
destino *destin* des·tɛ^n
destino *destination* des·ti·na·sio^n
destruir *détruire* de·trüir
detallar *détaillé(e)* de·ta·ye
detalle *détail* de·tay
detrás *derrière* de·rriɛr
Día de Año Nuevo *Jour de l'An* jur dœ la^n
Día de Navidad *Jour de Noël* jur dœ no·ɛl
día *jour* jur
diabetes *diabète* dia·bɛt
diafragma *diaphragme* dia·fragm
diapositiva *diapositive* dia·po·zi·tiv
diario *agenda* a·ja^n·da
diario (prensa) *quotidien(ne)* ko·ti·dyɛ^n
diarrea *diarrhée* dia·rre
dibujar *dessiner* dɛ·si·ne
dibujos animados *dessin animé* dɛ·sɛ^n a·ni·me
diccionario *dictionnaire* dik·sio·nɛr
dicha *joie* jua

diciembre *décembre* de·sa^{n}br
diente *dent* da^{n}
diésel *gas-oil* gaz·ual
diez *dix* di(s)
diferencia horaria *décalage horaire* de·ka·laj o·rɛr
diferente *différent(e)* di·fe·ra^{n}(t)
difícil *difficile* di·fi·sil
dinero *argent* ar·ja^{n}
dios *dieu* diœ
diploma *diplôme* di·plom
dirección *adresse* a·dres
dirección *direction* di·rek·sio^{n}
directo *direct(e)*di·rɛkt
director (cine) *réalisateur/réalisatrice* rea·li·za·tœr/rea·li·za·tris
director/a *directeur/directrice* di·rek·tœr/di·rek·tris
dirigir (una película) *réaliser* rea·li·ze
dirigir *diriger* di·ri·je
discapacitado *handicapé(e)* a^{n}·di·ka·pe
disco (CD-ROM) *disque* disk
disco *disque* disk
discoteca *boîte* buat
discriminación *discrimination* dis·kri·mi·na·sio^{n}
discurso *discours* dis·kur
discutir *se disputer* sœ dis·pü·te
diseñar *concevoir* ko^{n}·sœ·vuar
disparar *tirer* ti·re
disparar y matar *tuer d'un coup de pistolet* tüe dɛ^{n} ku dœ pis·to·lɛ
disponible *disponible* dis·po·nibl
disputa *dispute* dis·püt
disquete *disquette* dis·kɛt
distancia *distance* dis·ta^{n}s
distribuidor *concessionnaire* ko^{n}·sɛ·sio·nɛr
DIU *stérilet* ste·ri·lɛ
divertido/a *drôle* drol
divertirse *s'amuser* sa·mü·ze
divorciado/a *divorcé(e)* di·vor·se
doble *double* dubl
docena *douzaine* du·zɛn
documento bancario *traite bancaire* trɛt ba^{n}·kɛr
documento de propiedad del automóvil *carte grise* kart griz
todo *tout* tu
dólar *dollar* do·lar
dolor de cabeza *mal à la tête* mal a la tɛt
dolor de muelas *mal aux dents* mal o da^{n}
dolor *douleur* du·lœr
dolor menstrual *règles douloureuses* rɛgl du·lu·rœz
doloroso/a *douloureux/douloureuse* du·lu·rœ/du·lu·rœz
domingo *dimanche* di·ma^{n}sh
dónde *où* u
dormir *dormir* dor·mir
dormitorio *chambre à coucher* sha^{n}br a ku·she
dos camas individuales *deux lits jumeaux* dœ li jü·mo
dos *deux* dœ
dos veces *deux fois* dœ fua
dosis *dose* doz
drama (teatro) *théâtre* teatr
droga *drogue* drog
ducha *douche* dush
dulce *sucré(e)* su·kre
durante la noche *pendant la nuit* pa^{n}·da^{n} la nüi
durante *pendant* pa^{n}·da^{n}
duro *dur(e)* dür

E

economía *économie* e·ko·no·mi
eczema *eczéma* eg·ze·ma
edad *âge* aj
edificio *bâtiment* ba·ti·ma^{n}
editor *rédacteur/rédactrice* re·dak·tœr/re·dak·tris
educación *éducation* e·dü·ka·sio^{n}
EE UU *les USA* lɛ zü·es·a
efecto *effet* ɛ·fɛ
egoísta *égoïste* e·go·ist
ejemplo *exemple* eg·za^{n}pl
ejercicio *exercice* eg·zɛr·sis
el cual, la cual (pronombre) *lequel/laquelle* lœ·kɛl/la·kɛl
él *il* il
el/la más grande *le/la plus grand(e)* lœ/la plü gra^{n}(d)
el/la mejor *le/la meilleur(e)* lœ/la mɛ·yœr

el/lo/la más cercano/a *le/la plus proche* lœ/la plü prosh
elección *choix* shua
elección *élection* e·lek·sio^n
electricidad *électricité* e·lek·tri·si·te
elegir *choisir* shua·zir
elevar *soulever* sul·ve
ella *elle* ɛl
ellos *ils/elles* il/ɛl
elogio *rave* rav
e-mail *e-mail* i·mɛl
embajada *ambassade* a^n·ba·sad
embajador/a *ambassadeur/ ambassadrice* a^n·ba·sa·dœr/ a^n·ba·sa·dris
embarazada *enceinte* a^n·sɛ^{n}t
embarazoso *gênant(e)* jɛ·na^n(t)
embarcar *monter(à bord de)* mo^n·te (a bor dœ)
embrague *embrayage* a^n·bra·yaj
emotivo *facilement ému* fa·sil·ma^n e·mü
empate *match nul* mach nül
empinado *raide* rɛd
empleado/a *employé(e)* a^n·plua·ye
empresario *employeur* a^n·plua·yœr
empresa *entreprise* a^n·trœ·priz
empujar *pousser* pu·se
en *à* a
en blanco y negro (película) *noir et blanc* nuar e bla^n
en el extranjero *à l'étranger* a le·tra^n·je
en huelga *en grève* a^n grɛv
en la esquina *au coin* o koɛ^n
encaje *dentelle* da^n·tɛl
encantador/a *charmant(e)* shar·ma^n(t)
enchufe *prise* priz
encima *au-dessus* o dœ·sü
encima *par-dessus* par dœ·sü
encontrar *trouver* tru·ve
encontrarse *rencontrer* ra^n·ko^n·tre
energía *énergie* e·nɛr·ji
energía nuclear *énergie nucléaire* e·nɛr·ji nü·kleɛr
enero *janvier* ja^n·viɛ
enfadado/a *fâché(e)* fa·she
enfermedad *maladie* ma·la·di
enfermedad venérea *maladie vénérienne* ma·la·di ve·ne·riɛn
enfermera *infirmier/infirmière* ɛ^n·fir·mie/ɛ^n·fir·miɛr
enfermo *malade* ma·lad
enfrente *en face de* a^n fas dœ
engañar *tromper* tro^n·pe
enorme *énorme* e·norm
entonces *alors* a·lor
entrada *entrée* a^n·tre
entrar *entrer* a^n·tre
entre *entre* a^{n}tr
entre *parmi* par·mi
entre, más o menos *environ* a^n·vi·ro^n
entregar *livrer* li·vre
entrenador *entraîneur* a^n·trɛ·nœr
entrevista *entrevue* a^n·trœ·vü
entusiasta *enthousiaste* a^n·tu·ziast
enviar *envoyer* a^n·vua·ye
epilepsia *épilepsie* e·pi·lep·si
equipaje *bagages* ba·gaj
equipaje permitido *franchise* fra^n·shiz
equipo de submarinismo *équipement de plongée* e·kip·ma^n dœ plo^n·je
equipo *équipe* e·kip
equipo *équipement* e·kip·ma^n
equivocado/a *faux/fausse* fo/fos
equivocado/a *mauvais(e)*mo·vɛ(z)
error *erreur* ɛ·rrœr
es *est/c'est* ɛ/sɛ
escalada en roca *varappe* va·rap
escalar *monter* mo^n·te
escalera automática *escalier roulant* es·ka·lie ru·la^n
escalera *escalier* es·ka·lie
escapar *échapper* e·sha·pe
escasez *manque* ma^{n}k
escenario *scène* sɛn
Escocia *Ecosse* ɛ·kos
escribir *écrire* e·krir
escritor *écrivain* e·kri·vɛ^n
escuchar *écouter* e·ku·te
escuchar *entendre* a^n·ta^{n}dr
escuela de formación profesional *école professionnelle* e·kol pro·fe·sio·nɛl
escultura *sculpture* skülp·tür
esgrima *escrime* es·krim
esguince *entorse* a^n·tors
esnórkel *nager avec un tuba* na·je a·vɛk ɛ^n tü·ba
espacio *espace* ɛs·pas

espalda *dos* do
España *Espagne* ɛs·pañ
español *espagnol* ɛs·pa·ñol
esparadrapo *sparadrap* spa·ra·dra
especiado/a *épicé(e)* e·pi·se
especial *spécial(e)* spe·sial
especialista *spécialiste* spe·sia·list
especie en peligro de extinción *espèce menacée de disparition* es·pɛs me·na·se dœ dis·pa·ri·sio^n
espectáculo *spectacle* spɛk·takl
espejo *miroir* mi·ruar
esperanza *espoir* es·puar
esperar *attendre* a·ta^{n}dr
esperar (desear) *espérer* es·pe·re
espíritu *esprit* es·pri
esposa *femme* fam
esquí acuático *ski nautique* ski no·tik
esquí *skier* ski·e
esquiar *ski* ski
esquina *coin* koɛ^n
ésa *cela* sœ·la
esta noche *ce soir* sœ suar
estacas *piquets de tente* pi·kɛ dœ ta^{n}t
estación de autobuses *gare routière* gar ru·tiɛr
estación de metro *station de métro* sta·sio^n dœ me·tro
estación de servicio *station-service* sta·sio^n sɛr·vis
estación de trenes *gare* gar
estación *saison* sɛ·zo^n
estadio *stade* stad
estado civil *situation familiale* si·tua·sio^n fa·mi·lial
estanco *bureau de tabac* bü·ro dœ ta·ba
estanque *étang* e·ta^n
estantería *étagère* e·ta·jɛr
estar mareado *avoir la tête qui tourne* a·vuar la tɛt ki turn
estar acatarrado *être enrhumé* ɛtr a^n·rü·me
estar de acuerdo *être d'accord* ɛtr da·kor
estar equivocado *avoir tort* a·vuar tor
éste *ce/cette* sœ/sɛt
éste *ceci* sœ·si
esterilla *petit tapis* pœ·ti ta·pi
estilo *style* stil
estómago *estomac* es·to·ma
estrellas *étoiles* e·tual
estreñimiento *constipation* ko^{n}s·ti·pa·sio^n
estropeado *(tombé) en panne* (to^n·be) a^n pan
estropearse *tomber en panne* to^n·be a^n pan
estudiar *étudier* e·tü·die
estudio *atelier* a·tœ·lie
estufa *réchaud* re·sho
estupefaciente *stupéfiant* stü·pe·fia^n
estúpido *stupide* stü·pid
etiqueta del equipaje *étiquette* e·ti·kɛt
euro *euro* œ·ro
Europa *Europe* œ·rop
eutanasia *euthanasie* œ·ta·na·zi
evidente *évident(e)* e·vi·da^n(t)
exactamente *exactement* eg·zak·tœ·ma^n
examen *examen* eg·za·mɛ^n
excelente *excellent(e)* ek·sɛ·la^n(t)
excepto *sauf* sof
exceso (equipaje) *excédent* ek·se·da^n
excluido *pas compris* pa ko^n·pri
excursión *randonnée* ra^n·do·ne
excursionismo *randonnée* ra^n·do·ne
exigir *exiger* eg·zi·je
experiencia de trabajo *stage en entreprise* staj a^n na^n·trœ·priz
experiencia *expérience* eks·pe·ria^{n}s
explicar *expliquer* eks·pli·ke
explotación *exploitation* eks·plua·ta·sio^n
exportar *exporter* eks·por·te
exposición *exposition* ek·spo·zi·sio^n
exprés (correo) *exprès* eks·prɛs
éxtasis *ecstasy* eks·ta·zi
extranjero *étranger/étrangère* e·tra^n·je/ e·tra^n·jɛr
extraño *étrange* e·tra^{n}j
extraordinario *extraordinaire* eks·tra·or·di·nɛr

F

fábrica *usine* ü·zin
fácil *facile* fa·sil

F

DICCIONARIO

facturación (mostrador de) *enregistrement* a^{n}·rœ·jis·trœ·ma^{n}
falda *jupe* jüp
falso/a *faux/fausse* fo/fos
falta (fútbol) *faute* fot
faltar; echar de menos *manquer* ma^{n}·ke
familia *famille* fa·miy
famoso *célèbre* se·lɛbr
farmacia *pharmacie* far·ma·si
faro *phare* far
faros *phares* far
fe *foi* fua
febrero *février* fe·vriɛ
fecha *date* dat
fecha de nacimiento *date de naissance* dat dœ nɛ·sa^{n}s
felicidades *félicitations* fe·li·si·ta·sio^{n}
feliz *heureux/heureuse* œ·rœ/œ·rœz
femenino *féminin* fe·mi·nɛ^{n}
feo/a *laid(e)* lɛ/lɛd
ferretería *quincaillerie* kɛ^{n}·kay·ri
ficción *fiction* fik·sio^{n}
fiebre *fièvre* fiɛvr
fiesta *fête* fɛt
fiesta (nocturna), velada *soirée* sua·re
filtro solar *écran solaire* e·kra^{n} so·lɛr
fin *bout* bu
fin de semana *week-end* uik end
firma *signature* si·ña·tür
fisioterapeuta *kinésithérapeute* ki·ne·zi·te·ra·pœt
fisioterapia *kinésithérapie* ki·ne·zi·te·ra·pi
flor *fleur* flœr
florista *fleuriste* flœ·rist
folio *feuille* fœy
follar *baiser* bɛ·ze
folleto *brochure* bro·shür
forma *façon* fa·so^{n}
forma *forme* form
fortuna *fortune* for·tün
foto *photo* fo·to
fotografía *photographie* fo·to·gra·fi
fotógrafo *photographe* fo·to·graf
fotómetro *posemètre* poz·mɛtr
fracaso *échec* e·shɛk
frágil *fragile* fra·jil
franqueo *tarifs postaux* ta·rif pos·to
frase *expression* ek·spre·sio^{n}
frecuente *fréquent(e)* fre·ka^{n}(t)
freír *faire frire* fɛr frir
frenos *freins* frɛ^{n}
fresco/a *frais/fraîche* frɛ/frɛsh
frío/a *froid(e)* frua(d)
frontera *frontière* fro^{n}·tiɛr
fruta *fruit* früi
fuego *feu* fœ
fuera de juego *hors jeu* or·jœ
fuera de servicio *hors service* or sɛr·vis
fuera *dehors* dœ·or
fuerte *fort(e)* for(t)
fumar *fumer* fü·me
funda de almohada *taie d'oreiller* tɛ do·rɛ·ye
funeral *enterrement* a^{n}·terr·ma^{n}
furgoneta *camionnette* ka·mio·nɛt
fútbol *football* fut·bol
futuro *avenir* av·nir

gafas de sol *lunettes de soleil* lü·nɛt dœ so·lɛy
gafas *lunettes* lü·nɛt
galería de arte *musée • galerie* mü·ze·gal·ri
gallo *coq* kok
ganador/a *gagnant(e)* ga·ña^{n}(t)
ganar *gagner* ga·ñe
garaje *garage* ga·raj
garantizado/a *garanti(e)* ga·ra^{n}·ti
garganta *gorge* gorj
gas *gaz* gaz
gasolina *essence* ɛ·sa^{n}s
gastar *dépenser* de·pa^{n}·se
gastroenteritis *gastro-entérite* gas·tro a^{n}·te·rit
gatito *chaton* sha·to^{n}
gato *chat* sha
gay *homosexuel(le)* o·mo·sek·suɛl
gemelos *jumeaux/jumelles* jü·mo/ jü·mɛl
gendarme *gendarme* ja^{n}·darm
general *général(e)* je·ne·ral
generoso/a *généreux/généreuse* je·ne·rœ/je·ne·rœz
genial *génial(e)* je·nial

gente *gens* ja^n
gerente (restaurante, hotel) *géra^{n}t(e)* je·ran(t)
gimnasia *gymnastique* jim·nas·tik
gimnasio *gymnase* jim·naz
ginecólogo/a *gynécologue* ji·ne·ko·log
gipe *grippe* grip
girar *tourner* tur·ne
glotón *gourmand(e)* gur·ma^n(d)
gobierno *gouvernement* gu·vɛr·nœ·ma^n
grabación *enregistrement* an·rœ·jis·trœ·ma^n
grabar *enregistrer* a^n·rœ·jis·tre
gramo *gramme* gram
grande *grand(e)* gra^n(d)
grandes almacenes *grand magasin* gra^n ma·ga·zɛ^n
granja *ferme* fɛrm
graso/a *gras/grasse* gra/gras
gratuito/a *gratuit(e)* gra·tüi (t)
grifo *robinet* ro·bi·nɛ
gripe *grippe* grip
gris *gris(e)* gri(z)
gritar *crier* kri·e
grosero *impoli(e)* ɛ^n·po·li
grúa *dépanneuse* de·pa·nœz
grueso/a *épais/épaisse* e·pɛ/e·pɛs
grupo (música) *bande* ba^{n}d
grupo de rock *groupe de rock* grup dœ rok
grupo sanguíneo *groupe sanguin* grup sa^n·gɛ^n
guantes *gants* ga^n
guapo/a *beau/belle* bo/bɛl
guapo/a *joli(e)* jo·li
guardameta *gardien de but* gar·dyɛ^n dœ büt
guardarropa *vestiaire* ves·tiɛr
guardería *crèche* krɛsh
guardería *garderie* gard·ri
guerra *guerre* gɛrr
guía de teléfono *annuaire* a·nüɛr
guía del ocio *programme des spectacles* pro·gram dɛ spek·takl
guía *guide* gid
guión *scénario* se·na·rio
guionista *scénariste* se·na·rist
guitarra *guitare* gi·tar
gusanos *vers* vɛr
gustar *aimer* ɛ·me

H

habilidad *compétence* ko^n·pe·ta^{n}s
habitación *chambre* sha^{n}br
habitación doble *chambre pour deux personnes* sha^{n}br pur dœ pɛr·son
habitación individual *chambre pour une personne* sha^{n}br pur ün pɛr·son
habitaciones libres *chambre libre* sha^{n}br libr
habitualmente *habituellement* a·bi·tüɛl·ma^n
hablar *parler* par·le
hacer *faire* fɛr
hacer huelga *se mettre en grève* sœ mɛtr a^n grɛv
hacer la compra *faire les courses* fɛr lɛ kurs
hacer skateboard *skateboard* sket·bord
hacer snowboard *surf (des neiges)* sürf (dɛ nej)
hacer windsurf *faire de la planche à voile* fɛr dœ la pla^{n}sh a vual
hachís *shit* shit
hacia *vers* vɛr
halal *halal* a·lal
hamaca *hamac* a·mak
hasta *jusqu'à* jüs·ka
hecho a mano *fait/faite à le main* fɛ/fɛt a la mɛ^n
hecho de *en* a^n
hecho *fait* fɛ
helado *glace* glas
hembra *femelle* fœ·mɛl
hemisferio norte *hémisphère nord* e·mis·fɛr nor
hemisferio sur *hémisphère sud* e·mis·fɛr süd
hepatitis *hépatite* e·pa·tit
herborista *herboriste* ɛr·bo·rist
herida *blessure* blɛ·sür
herido/a *blessé(e)* blɛ·se
hermana *sœur* sœr
hermano *frère* frɛr
heroína *héroïne* e·ro·in
hielo *glace* glas

hierba *herbe* ɛrb
hierbas aromáticas *fines herbes* fin·zɛrb
hígado *foie* fua
hija *fille* fiy
hijo *fils* fis
hilo dental *fil dentaire* fil da^{n}·tɛr
hindú *hindou(e)* ɛ^{n}·du
historia *histoire* is·tuar
histórico *historique* is·to·rik
HIV *VIH (virus immunodéficitaire humain)* ve i ash (vi·rüs i·mü·no·de·fi·si·tɛr ü·mi^{n})
hockey *hockey* o·kɛ
hockey sobre hielo *hockey sur glace* o·kɛ sür glas
hoja *feuille* fœy
hombre *homme* om
hombre/mujer de negocios *homme/femme d'affaire* om/fam da·fɛr
hombro *épaule* e·pol
homosexual *homosexuel(le)* o·mo·sɛk·süɛl
honesto *honnête* o·nɛt
hora *heure* œr
horario de apertura *heures d'ouverture* œr du·vɛr·tür
horario *horaire* o·rɛr
hormiga *fourmi* fur·mi
horno *four* fur
horóscopo *horoscope* o·ros·kop
horrible *affreux/affreuse* a·frœ/a·frœz
hospital *hôpital* o·pi·tal
hospital privado *clinique privée* kli·nik pri·ve
hospitalidad *hospitalité* os·pi·ta·li·te
hotel *hôtel* o·tɛl
hoy *aujourd'hui* o·jur·düi
hueso *os* os
Humanidades *Humanités* ü·ma·ni·te
humano *humain* ü·mɛ^{n}
humo *fumée* fü·me
humor *humour* ü·mur

I

ida y vuelta (billete) *aller retour* a·le rœ·tur
ida (billete) *aller simple* a·le sɛ^{n}pl
idea *idée* i·de
idioma *langue* la^{n}g
idiota *idiot(e)* i·dio(t)
iglesia *église* e·gliz
ignorante *ignorant(e)* i·ño·ra^{n}(t)
igual *égale* e·gal
igual (mismo) *même* mɛm
igualdad de oportunidades *égalité des chances* e·ga·li·te dɛ sha^{n}s
igualdad *égalité* e·ga·li·te
ilegal *illégal(e)* i·le·gal
imagen *image* i·maj
imaginación *imagination* i·ma·ji·na·sio^{n}
impermeable *imperméabl* i^{n} pɛr·me·abl
importante *important(e)* ɛ^{n}·por·ta^{n}(t)
importar *importer* ɛ^{n} por·te
imposible *impossible* ɛ^{n}·po·sibl
impresora *imprimante* ɛ^{n}·pri·ma^{n}t
impuesto de venta *taxe à la vente* taks a la va^{n}t
impuesto sobre la renta *impôt sur le revenu* ɛ^{n}·po sür lœ rœv·nü
impuesto *taxe* taks
incierto/a *incertain(e)* ɛ^{n}·sɛr·tɛ^{n}/tɛn
incluido/a *compris(e)* ko^{n}·pri(z)
incómodo *inconfortable* ɛ^{n}·ko^{n}·for·tabl
inconveniente *inopportun(e)* i·no·por·tœn/i·no·por·tün
independiente *indépendant(e)*ɛ^{n}·de·pa^{n}·da^{n}(t)
India *Inde* ɛ^{n}d
indicador de velocidad *compteur (de vitesse)* ko^{n}·tœr (dœ vi·tɛs)
indicar *indiquer* ɛ^{n}·di·ke
indigestión *indigestion* ɛ^{n}·di·jes·tion
indirecto *indirect* ɛ^{n} di·rɛkt
individuo *individu* ɛ^{n}·di·vi·dü
industria *industrie* ɛ^{n}·düs·tri
industrial *industriel/industrielle* ɛ^{n}·düs·tri·ɛl
infección *infection* ɛ^{n}·fek·sio^{n}
inflamación *inflammation* ɛ^{n}·fla·ma·sio^{n}
influencia *influence* ɛ^{n}·flü·a^{n}s
información *les nouvelles* lɛ nu·vɛl
información *renseignements* ra^{n}·sɛ·ñœ·ma^{n}
informática *informatique* ɛ^{n}·for·ma·tik
infracción *délit* de·li

ingeniería *ingénierie* ε^{n}·je·nie·ri
ingeniero *ingénieur* ε^{n}·je·niœr
Inglaterra *Angleterre* a^{n}·glœ·tεrr
inglés *anglais(e)* a^{n}·glε(z)
ingrediente *ingrédient* ε^{n}·gre·dia^{n}
ingresos *revenus* rœv·nü
injusticia *injuste* ε^{n}·jüst
inmediatamente *immédiatement* i·me·diat·ma^{n}
inmigración *immigration* i·mi·gra·sio^{n}
inocente *innocent(e)* i·no·sa^{n} (t)
inquilino *locataire* lo·ka·tεr
insecto *insecte* ε^{n}·sεkt
instituto *lycée* li·se
inteligente *intelligent(e)* ε^{n}·te·li·ja^{n}(t)
intercambiar *échanger* e·sha^{n}·je
interesante *intéressant(e)* ε^{n}·te·rε·sa^{n}t)
intermedio *entracte* a^{n}·trakt
intermitente *clignotant* kli·ño·ta^{n}
internacional *international(e)* ε^{n}·tεr·na·sio·nal
Internet *Internet* ε^{n}·tεr·nεt
intérprete *interprète* ε^{n}·tεr·prεt
intersección *carrefour* karr·fur
íntimo *intime* ε^{n}·tim
inundación *inondation* i·no^{n}·da·sio^{n}
investigación *recherche* rœ·shεrsh
invierno *hiver* i·vεr
invitado/a *invité(e)* ε^{n}·vi·te
invitar *inviter* ε^{n}·vi·te
inyección *piqûre* pi·kür
inyectar *injecter* ε^{n}·jek·te
ir a ver *aller voir* a·le vuar
ir *aller* a·le
ir de escaparates *faire du lèche-vitrines* fεr dü lεsh vi·trin
Irlanda *Irlande* ir·la^{n}d
irse a la cama *se coucher* sœ ku·she
irse *partir* par·tir
isla *île* il
itinerario *itinéraire* i·ti·ne·rεr
izquierda *à gauche* a gosh

J

jabón *savon* sa·vo^{n}
jamás *jamais* ja·mε
jamón *jambon* ja^{n}·bo^{n}
Japón *Japon* ja·po^{n}
jarabe *syrop* si·ro
jardín botánico *jardin botanique* jar·dε^{n} bo·ta·nik
jardín de infancia *jardin d'enfants* jar·dε^{n} da^{n}·fa^{n}
jardín *jardin* jar·dε^{n}
jardinería *jardinage* jar·di·naj
jeep *jeep d* jip
jeringuilla *seringue* sœ·rε^{n}g
jersey *pull* pül
jockey *jockey* jo·kε
joven *jeune* jœn
joyas *bijoux* bi·ju
jubilado/a *retraité(e)* rœ·trε·te
judío/a *juif/juive* jüif/jüiv
juego de ordenador *jeu électronique* jœ e·lek·tro·nik
juego *jeu* jœ
Juegos Olímpicos *Les Jeux Olympiques* lε jœ·zo·lε^{n}·pik
jueves *jeudi* jœ·di
juez *juge* jüj
jugar *jouer* ju·e
jugar a *jouer au* ju·e o
julio *juillet* jüi·yε
junio *juin* jüε^{n}
juntos *ensemble* a^{n}·sa^{n}bl
justicia *justice* jüs·tis

K

kilo *kilo* ki·lo
kilogramo *kilogramme* ki·lo·gram
kilómetro *kilomètre* ki·lo·mεtr
kosher *casher/kascher* ka·shεr

L

labio *lèvre* lεvr
lado *côté* ko·te
ladrón/a *voleur/voleuse* vo·lœr/vo·lœz
lagarto *lézard* le·zar
lago *lac* lak
lámpara *lampe* la^{n}p
lana *laine* lεn
lápiz *crayon* krε·yo^{n}
larga distancia *long-courrier* lo^{n} ku·rrie
largo (sustantivo) *longueur* lo^{n}·gœr
largo/a (adjetivo) *long/longue* lo^{n}g

lata *boîte* buat
lavadero *laverie* lav·ri
lavadora *machine à laver* ma·shin a la·ve
lavandería *blanchisserie* bla^{n}·shis·ri
lavar *laver* la·ve
lavarse *se laver* sœ la·ve
laxante *laxatif* lak·sa·tif
leal *loyal(e)* lua·yal
leche *lait* lɛ
leer *lire* lir
legal *légal(e)* le·gal
legislación *législation* le·jis·la·sio^{n}
lejos *lointain(e)* loɛ^{n}·ti^{n}
lencería *lingerie* lɛ^{n}j·ri
lentamente *lentement* la^{n}t·ma^{n}
lentes de contacto *verres de contact* vɛrr dœ ko^{n}·takt
lento/a *lent(e)* la^{n}(t)
leña *bois de chauffage* bua dœ sho·faj
lesbiana *lesbienne* les·biɛn
levantar *soulever* sul·ve
ley *loi* lua
libertad *liberté* li·ber·te
libra (moneda, peso) *livre* livr
libre *libre* libr
librería *librairie* li·brɛ·ri
libro de expresiones *recueil d'expressions* rœ·kœy dek·sprɛ·sio^{n}
libro *livre* livr
líder *chef* shɛf
liebre *lièvre* liɛvr
ligar *draguer* dra·ge
ligero/a *léger/légère* le·je/le·jɛr
límite de velocidad *limitation de vitesse* li·mi·ta·sio^{n} dœ vi·tɛs
limpiar *nettoyer* nɛ·tua·ye
limpieza *nettoyage* nɛ·tua·yaj
limpio *propre* propr
línea de ferrocarril *chemin de fer* shœ·mɛ^{n} dœ fɛr
línea *ligne* liñ
lino *lin* lɛ^{n}
linterna *lampe de poche* la^{n}p dœ posh
listo/a *prêt(e)* prɛ/prɛt
llamada a cobro revertido *appel en PCV* a·pɛl a^{n} pe se ve
llamar *appeler* ap·le
llamar por teléfono *téléphoner* te·le·fo·ne
llave *clé* kle
llegadas *arrivées* a·rri·ve
llegar *arriver* a·rri·ve
llenar *remplir* ra^{n}·plir
lleno *plein(e)* plɛ^{n} /plɛn
llevar *porter* por·te
llorar *pleurer* plœ·re
llover *pleuvoir* plœ·vuar
lluvia *pluie* plüi
local *local(e)* lo·kal
loco/a *fou/folle* fu/fol
logro *réussite* re·ü·sit
loncha *tranche* tra^{n}sh
lubricante *lubrifiant* lü·bri·fia^{n}
luego *puis* püi
lugar de acampada *terrain de camping* tɛ·rrɛ^{n} dœ ka^{n}·piñ
lugar de nacimiento *lieu de naissance* liœ dœ nɛ·sa^{n}s
lugar *endroit* a^{n}·drua
lugar *lieu* liœ
lujo *luxe* lüks
luna de miel *lune de miel* lün dœ miɛl
lunes *lundi* lɛ^{n}·di
luz *lumière* lü·miɛr

M

madera *bois* bua
madre *mère* mɛr
mago/a *magicien/magicienne* ma·ji·syɛ^{n}/ma·ji·siɛn
maleducado/a *impoli(e)* ɛ^{n}·po·li
maleta *valise* va·liz
malo/a *mauvais(e)* mo·vɛ(z)
mamá *maman* ma·ma^{n}
mamografía *mammographie* ma·mo·gra·fi
mandíbula *mâchoire* ma·shuar
manera *façon* fa·so^{n}
manillar *guidon* gi·do^{n}
mano *main* mɛ^{n}
manta *couverture* ku·vɛr·tür
mantel *nappe* nap
manual *manuel(le)* ma·nüɛl
mañana *demain* dœ·mɛ^{n}
mañana *matin* ma·tɛ^{n}

mañana por la mañana *demain matin* dœ·mɛ^n ma·tɛ^n
mañana por la noche *demain soir* dœ·mɛ^n suar
mañana por la tarde *demain après-midi* dœ·mɛ^n a·prɛ mi·di
mapa *carte* kart
mapa de carreteras *carte routière* kart ru·tiɛr
maquillaje *maquillage* ma·ki·yaj
máquina automática de billetes *distributeur de tickets* dis·tri·bü·tœr dœ ti·kɛ
máquina de fax *fax* faks
máquina *machine* ma·shin
maquinilla *rasoir* ra·zuar
mar *mer* mɛr
maravilloso/a *merveilleux/merveilleuse* mɛr·vɛ·yœ/mɛr·vɛ·yœz
marcador *tableau d'affichage* ta·blo da·fi·shaj
marea *marée* ma·re
marearse *avoir le mal de mer* a·vuar lœ mal dœ mɛr
mareo *mal des transports* mal dɛ tra^{n}s·por
marido *mari* ma·ri
mariguana *marihuana* ma·ri·ua·na
mariposa *papillon* pa·pi·yo^n
marrón *marron* ma·rro^n
martes *mardi* mar·di
martillo *marteau* mar·to
marzo *mars* mars
más *plus* plü(s)
más grande *plus grand(e)* plü gra^n(d)
más tarde *plus tard* plü tar
masaje *massage* ma·saj
masajista *masseur/masseuse* ma·sœr/ma·sœz
mascota *animal* a·ni·mal
mata-mosquitos *anti-moustique* a^n·ti·mus·tik
matar *tuer* tü·e
material *matériel* ma·te·riɛl
matrícula del automóvil *immatriculation* i·ma·tri·kü·la·sio^n
mayo *mai* mɛ
mayoría (la) *plupart (la)* plü·par (la)
mayoría *majorité* ma·jo·ri·te
mecánico/a *mécanicien/mécanicienne* me·ka·ni·syɛ^n/me·ka·ni·siɛn
mechero *briquet* bri·kɛ
medianoche *minuit* mi·nüi
medias *bas* ba
medias *collant* ko·la^n
medicamento *médicament* me·di·ka·ma^n
medicina *médecine* med·sin
médico *médecin* med·sɛ^n
medio ambiente *environnement* a^n·vi·ron·ma^n
medio litro *demi-litre* dœ·mi litr
mediodía *midi* mi·di
medios de comunicación *médias* me·dia
meditación *méditation* me·di·ta·sio^n
mejor *meilleur(e)* mɛ·yœr
mejorar *améliorer* a·me·lio·re
melodía *air* ɛr
memoria *mémoire* me·muar
menos de *moins de* moɛ^n dœ
menos *moins* moɛ^n
menstruación *menstruation* ma^{n}s·trüa·sio^n
mentir *mentir* ma^n·tir
mentira *mensonge* ma^n·so^{n}j
mentiroso/a *menteur/menteuse* ma^n·tœr/ma^n·tœz
mercadillo *braderie* bra·dri
mercadillo *marché aux puces* mar·she o püs
mercado *marché* mar·she
mes *mois* mua
mesa *table* tabl
metal *métal* me·tal
metro (medida) *mètre* mɛtr
metro (transporte) *métro* me·tro
mezclar *mélanger* me·la^n·je
mezquita *mosquée* mos·ke
mi *mon/ma/mes* mo^n/ma/mɛ
microondas *micro-ondes* mi·kro o^{n}d
miedo *peur* pœr
miedoso/a *effrayé(e)* ɛ·fra·ye
miembro *membre* ma^{n}br
miércoles *mercredi* mɛr·krœ·di
migraña *migraine* mi·grɛn
milenario *millénaire* mi·le·nɛr
milenio *millénaire* mi·le·nɛr

milímetro *millimètre* mi·li·mɛtr
militar *militaire* mi·li·tɛr
millón *million* mi·lio^n
minoría *minorité* mi·no·ri·te
minúsculo *minuscule* mi·nüs·kül
minuto *minute* mi·nüt
mirar *regarder* rœ·gar·de
misa *messe* mɛs
mitad *moitié* mua·tie
mochila *sac à dos* sak a do
moda *mode* mod
módem *modem* mo·dɛm
moderno *moderne* mo·dɛrn
mojado/a *mouillé(e)* mu·ye
molestar *déranger* de·ra^n·je
molestar *gêner* jɛ·ne
molesto/a *gêné(e)* jɛ·ne
monarquía *monarchie* mo·nar·shi
monasterio *monastère* mo·nas·tɛr
monedas *pièces* piɛs
monedero *porte-monnaie* port mo·nɛ
monja *religieuse* rœ·li·jiœz
mono *singe* sɛ^{n}j
mono/a *mignon/mignonne* mi·ño^n/ mi·ñon
mononucleosis infecciosa *mononucléose infectieuse* mo·no·nü·kleoz ɛ^n·fek·siœz
montaña *montagne* mo^n·tañ
montar a (caballo) *monter à (cheval)* mo^n·te a (shœ·val)
montar a caballo *équitation* e·ki·ta·sio^n
montar en bici *faire du vélo* fɛr dü ve·lo
monumento *monument* mo·nü·ma^n
morado *violet* vio·lɛ
morder *mordre* mordr
mordisco *morsure* mor·sür
morir *mourir* mu·rir
mosca *mouche* mush
mosquitera *moustiquaire* mus·ti·kɛr
mosquito *moustique* mus·tik
mostrador, barra *comptoir* ko^n·tuar
mostrar *montrer* mo^n·tre
mote *surnom* sür·no^n
motel *motel* mo·tɛl
motocicleta *moto* mo·to
motor *moteur* mo·tœr
moverse *bouger* bu·je
móvil *portable* por·tabl
muchedumbre *foule* ful
mucho (de) *beaucoup (de)* bo·ku (dœ)
mucho *beaucoup de* bo·ku dœ
mucho *très* trɛ
muebles *meubles* mœbl
muelle *ressort* rœ·sor
muerte *mort* mor
muerto/a *mort(e)* mor(t)
mujer *femme* fam
multa *amende* a·ma^{n}d
multimedia *multimédia* mül·ti·me·dia
mundo *monde* mo^{n}d
muñeca *poignet* pua·ñɛ
muñeca *poupée* pu·pe
muro *mur* mür
músculo *muscle* müskl
museo *musée* mü·ze
música *musique* mü·zik
músico callejero *musicien(ne) de rues* mü·zi·syɛ^n/mü·zi·siɛn dœ rü
músico *musicien/musicienne* mü·zi·syɛ^n/mü·zi·siɛn
musulmán/ana *musulman(e)* mü·zül·ma^n

N

nacido/a *né(e)* ne
nacionalidad *nationalité* na·sio·na·li·te
nada *rien* ryɛ^n
nadar *nager* na·je
naranja *orange* o·ra^{n}j
nariz *nez* ne
naturaleza *nature* na·tür
naturópata *naturopathe* na·tü·ro·pat
náusea *nausée* no·ze
náuseas matinales *nausées matinales* no·ze ma·ti·nal
navaja *canif* ka·nif
navegar *voile* vual
Navidad *Noël* no·ɛl
navío *navire* na·vir
necesario *nécessaire* ne·se·sɛr
necesitar *avoir besoin de* a·vuar bœ·zoɛ^n dœ
negarse *refuser* rœ·fü·ze
negocios *affaires* a·fɛr
negro/a *noir(e)* nuar

nevar *neiger* nɛ·je
nevera *réfrigérateur* re·fri·je·ra·tœr
ni *ni* ni
nieto/a *petit-fils/petite-fille* pœ·ti fis/pœ·tit fiy
nieve *neige* nɛj
ninguno/a *aucun(e)* o·kɛ^n/o·kün
niña *fille* fiy
niño *enfant* a^n·fa^n
niño *garçon* gar·so^n
niño/a *gamin/gamine* ga·mɛ^n/ga·min
nivel *niveau* ni·vo
no está mal *pas mal* pa mal
no fumador *non-fumeur* no^n fü·mœr
no *non* no^n
noche *nuit* nüi
noche, atardecer *soir* suar
Nochebuena *Veille de Noël* vɛy dœ no·ɛl
Nochevieja *Nuit de la Saint-Sylvestre* nüi dœ la sɛ^n sil·vɛstr
nombre *nom de famille* no^n dœ fa·miy
nombre *nom* no^n
nombre *prénom* pre·no^n
normal *normal(e)* nor·mal
norte *nord* nor
nosotros *nous* nu
nostálgico *nostalgique* nos·tal·jik
noticias (en TV) *les actualités* lɛ·zak·tüa·li·te
novela *roman* ro·ma^n
novia *petite amie* pœ·ti·ta·mi
novio *petit ami* pœ·ti·ta·mi
nube *nuage* nüaj
nublado *nuageux/nuageuse* nüa·jœ/ nüa·jœz
nuestro *notre* notr
Nueva Zelanda *Nouvelle-Zélande* nu·vɛl ze·la^{n}d
nueve *neuf* nœf
nuevo *nouveau/nouvelle* nu·vo/ nu·vɛl
número de habitación *numéro de chambre* nü·me·ro dœ sha^{n}br
número de matrícula *plaque d'immatriculation* plak di·ma·tri·kü·la·sio^n
número de pasaporte *numéro de passeport* nü·mɛ·ro dœ pas·por
número *numéro* nü·me·ro

O

o *ou* u
objetivo *but* büt
objetivo *objectif* ob·jɛk·tif
objetivo *objet* ob·jɛ
objetos de valor *de valeur* ob·jɛ dœ va·lœr
objetos perdidos *bureau des objets trouvés* bü·ro dɛ·zob·jɛ tru·ve
obra (teatro) *pièce de théâtre* piɛs dœ te·atr
obrero *ouvrier/ ouvrière* u·vrie/u·vriɛr
obtener *obtenir* ob·tœ·nir
océano *océan* o·se·a^n
ocho *huit* uit
ocupación *occupation* o·kü·pa·sio^n
ocupado/a *occupé(e)* o·kü·pe
ocuparse de *s'occuper de* so·kü·pe dœ
odiar *détester* de·tes·te
oeste *ouest* uɛst
oficial *officier* o·fi·sie
oficina *bureau* bü·ro
oficina de turismo *office de tourisme* o·fis dœ tu·rism
ojo *œil* œy
ojos *yeux* iœ
ola *vague* vag
oler *sentir* sa^n·tir
olla *pot* po
olor *odeur* o·dœr
olvidar *oublier* u·blie
ópera *opéra* o·pe·ra
operación *opération* o·pe·ra·sio^n
operador *opérateur/opératrice* o·pe·ra·tœr/o·pe·ra·tris
opinión *avis* a·vi
oportunidad *occasion* o·ka·zio^n
oración *prière* priɛr
ordenador *ordinateur* or·di·na·tœr
ordenador portátil *ordinateur portable* or·di·na·tœr por·tabl
ordenar *ramasser* ra·ma·se
oreja *oreille* o·rɛy
organización *organisation* or·ga·ni·za·sio^n

organizar *organiser* or·ga·ni·ze
orgasmo *orgasme* or·gasm
original *original(e)* o·ri·ji·nal
oro *or* or
oscuro (color) *foncé(e)* fo^{n}·se
oscuro/a (falta de luz) *obscur(e)* obs·kür
otoño *automne* o·ton
otro *autre* otr
otro/a *un/une autre* ɛ^{n}/ün otr
oveja *mouton* mu·to^{n}
oxígeno *oxygène* ok·si·jɛn

P

Pascua *Pâques* pak
padre *père* pɛr
padres *parents* pa·ra^{n}
pagar *payer* pɛ·ye
página *page* paj
pago *paiement* pɛ·ma^{n}
país *pays* pɛ·i
paisaje *paysage* pɛ·i·zaj
Países Bajos *Pays-Bas* pɛ.i. ba
pájaro *oiseau* ua·zo
palabra *mot* mo
palacio *palais* pa·lɛ
palillo *cure-dent* kür da^{n}
pan *pain* pɛ^{n}
panadería *boulangerie* bu·la^{n}j·ri
pantalla *écran* e·kra^{n}
pantalón corto *short* short
pantalón *pantalon* pa^{n}·ta·lo^{n}
pañal *couche* kush
pañuelo *mouchoir* mu·shuar
pañuelos de papel *mouchoirs en papier* mu·shuar a^{n} pa·pie
papá *papa* pa·pa
papel higiénico *papier hygiénique* pa·pie i·gie·nik
papel *papier* pa·pie
papeleo *paperasserie* pa·pras·ri
papelería *papeterie* pa·pe·tri
paquete *colis* ko·li
paquete *paquet* pa·kɛ
par *paire* pɛr
para *pour* pur
para siempre *pour toujours* pur tu·jur
parabrisas *pare-brise* par briz
parada *arrêt* a·rrɛ
parada de autobús *arrêt d'autobus* a·rrɛ do·to·büs
parada de taxi *station de taxi* sta·sio^{n} dœ tak·si
parado/a (en el paro) *chômeur/chômeuse* sho·mœr/sho·mœz
paraguas *parapluie* pa·ra·plüi
parapléjico *paraplégique* pa·ra·ple·jik
parar *arrêter* a·rrɛ·te
pararse *s'arrêter* sa·rrɛ·te
paro *chômage* sho·maj
parque nacional *parc national* park na·sio·nal
parque *parc* park
parte *partie* par·ti
participar *participer* par·ti·si·pe
particular *particulier/particulière* par·ti·kü·lie/par·ti·kü·liɛr
partida de nacimiento *acte de naissance* akt dœ nɛ·sa^{n}s
partido (deportes) *match* mach
partido (político) *parti* par·ti
pasado mañana *après-demain* a·prɛ dœ·mɛ^{n}
pasado *pas frais/fraîche* pa frɛ/frɛsh
pasado *passé* pa·se
pasajero/a *voyageur/voyageuse* vua·ya·jœr/vua·ya·jœz
pasaporte *passeport* pas·por
pasar *passer* pa·se
pase *passe* pas
pasillo (en avión) *couloir* ku·luar
paso *marche* marsh
pasta de dientes *dentifrice* da^{n}·ti·fris
pastelería *pâtisserie* pa·tis·ri
patada (dar una) *coup de pied (donner un)* do·ne ɛ^{n}n ku dœ pie
patinar *roller* ro·lɛr
pato *canard* ka·nar
paz *paix* pɛ
peatón *piéton* pie·to^{n}
pecho *poitrine* pua·trin
pedal *pédale* pe·dal
pedido *ordre* ordr
pedir *ordonner* or·do·ne
pegamento *colle* kol
peine *peigne* pɛñ
pelea *bagarre* ba·garr

película (cámara) *pellicule* pe·li·kül
película *film* film
peligroso *dangereux/dangereuse* da^{n}·jœ·rœ/da^{n}·jœ·rœz
pelo *cheveux* shœ·vœ
pelota (tenis/fútbol) *balle/ballon* bal/ba·lo^{n}
peluquero/a *coiffeur/coiffeuse* kua·fœr/kua·fœz
pena *peine* pɛn
pendientes *boucles d'oreille* bukl do·rey
pene *pénis* pe·nis
penicilina *pénicilline* pe·ni·si·lin
pensar *penser* pa^{n}·se
pensión *pension (de famille)* pa^{n}·sio^{n} (dœ fa·miy)
pensión *pension* pa^{n}·sio^{n}
peón *manoeuvre* ma·nœvr
peor *pire* pir
pequeño/a *petit(e)* pœ·ti(t)
perdedor/a *perdant(e)* pɛr·da^{n}(t)
perder *perdre* pɛrdr
pérdida *perte* pɛrt
perdido/a *perdu(e)* pɛr·dü
perdonar *pardonner* par·do·ne
perezoso *paresseux/paresseuse* pa·rɛ·sœ/pa·rɛ·sœz
perfecto/a *parfait(e)* par·fɛ(t)
perfume *parfum* par·fɛ^{n}
periódico *journal* jur·nal
periodista *journaliste* jur·na·list
permanente *permanent(e)* pɛr·ma·na^{n}(t)
permiso de conducir *permis de conduire* pɛr·mi dœ ko^{n}·düir
permiso de trabajo *permis de travail* pɛr·mi dœ tra·vay
permiso *permis* pɛr·mi
permiso *permission* pɛr·mi·sio^{n}
permitir *permettre* pɛr·mɛtr
pero *mais* mɛ
perro guía *chien d'aveugle* shyɛ^{n} da·vœgl
perro *chien* shyɛ^{n}
persona *personne* pɛr·so^{n}
personal *personnel(le)* pɛr·so·nɛl
personalidad *personnalité* pɛr·so·na·li·te
pesado/a *lourd(e* lur(d)
pesar *peser* pœ·ze
pescadería *poissonnerie* pua·son·ri
pescado *poisson* pua·so^{n}
pescar *pêche* pɛsh
peso *poids* pua
petición *pétition* pe·ti·sio^{n}
petróleo *pétrole* pe·trol
picadura *piqûre* pi·kür
picnic *pique-nique* pik nik
picor *démangeaison* de·ma^{n}·jɛ·zo^{n}
pie *pied* pie
piedra *pierre* piɛrr
piel *peau* po
pierna *jambe* ja^{n}b
pieza *morceau* mor·so
pila *pile* pil
píldora *pilule* pi·lül
pinchazo *crevaison* krœ·vɛ·zo^{n}
ping pong *tennis de table* tɛ·nis dœ tabl
pintalabios *rouge à lèvres* ruj a lɛvr
pintar *peinture* pɛ^{n}·tür
pintor *peintre* pɛ^{n}tr
pinzas de depilar *pince à épiler* pɛ^{n}s a e·pi·le
piojo *poux* pu
pipa *pipe* pip
piscina *piscine* pi·sin
piso *étage* e·taj
pista *court* kur
pista de tenis *court de tennis* kur dœ tɛ·nis
pista de atletismo *champ de courses* sha^{n} dœ kurs
pistola *pistolet* pis·to·lɛ
plancha *fer à repasser* fɛr a rœ·pa·se
planchar *repasser* rœ·pa·se
planeta *planète* pla·nɛt
plano *plan* pla^{n}
plano/a *plat(e)* pla(t)
plástico *plastique* plas·tik
plata *argent* ar·ja^{n}
plataforma *quai* kɛ
plato *assiette* a·siɛt
plato *plat* pla
playa *plage* plaj
plaza mayor *place centrale* plas sa^{n}·tral
plaza *place* plas

P

DICCIONARIO

pobre *pauvre* povr
pobreza *pauvreté* po·vrœ·te
poco común *peu commun(e)* pœ ko·mɛ^{n}/ko·mün
poco *peu* pœ
poco profundo *peu profond* pœ pro·fo^{n}(d)
poder nuclear *puissance nucléaire* pui·sa^{n}s nü·kleɛr
poder *pouvoir* pu·vuar
poesía *poésie* po·e·zi
polen *pollen* po·len
poli *flic (familiarmente)* flik
policía *police* po·lis
policía *policier* po·li·sie
polideportivo *terrain de sport* tɛ·rrɛ^{n} dœ spor
política *politique* po·li·tik
político/a *homme/femme politique* om/fam po·li·tik
pollo *poulet* pu·lɛ
polvo *poussière* pu·siɛr
polvos de talco *talc* talk
poner *mettre* mɛtr
popular *populaire* po·pü·lɛr
por avión *par avion* par a·vio^{n}
por correo certificado *en recommandé* a^{n} rœ·ko·ma^{n}·de
por correo exprés *en exprès* a^{n} eks·prɛs
por lo tanto *donc* do^{n}k
por *par* par
por qué *pourquoi* pur·kua
por vía marítima *voie maritime* vua ma·ri·tim
por vía terrestre *voie de terre* vua dœ tɛr
porcentaje *pourcentage* pur·sa^{n}·taj
porque *parce que* pars kœ
porquería, basura *ordures* or·dür
posible *possible* po·sibl
positivo/a *positif/positive* po·zi·tif/ po·zi·tiv
postal *carte postale* kart pos·tal
postre *dessert* dɛ·sɛr
practicar *pratiquer* pra·ti·ke
práctico *pratique* pra·tik
precio *prix* pri
preferir *préférer* pre·fe·re
pregunta *question* kɛs·sio^{n}
preguntar (algo) *demander* dœ·ma^{n}·de
preguntar (hacer una pregunta) *poser des questions* po·ze dɛ kɛs·sio^{n}
preocupado/a *inquiet/inquiète* ɛ^{n}·kiɛ/ ɛ^{n}·kiɛt
preocuparse *s'inquiéter* sɛ^{n}·kie·te
preparar *préparer* pre·pa·re
prescripción *ordonnance* or·do·na^{n}s
presentar *présenter* pre·za^{n}·te
presente *présent* pre·za^{n}
preservativo *préservatif* pre·zɛr·va·tif
presidente *président* pre·zi·da^{n}
presión *pression* prɛ·sio^{n}
prestar *emprunter* a^{n}·prɛ^{n}·te
presupuesto *budget* büd·jɛ
pretender *faire semblant* fɛr sa^{n}·bla^{n}
prevenir *empêcher* a^{n}·pɛ·she
prevenir *prévenir* prev·nir
prever *prévoir* pre·vuar
previsión meteorológica *météo* me·te·o
previsión *prévision* pre·vi·zio^{n}
primavera *printemps* prɛ^{n}·ta^{n}
primer ministro *premier ministre* prœ·mie mi·nistr
primera clase *première classe* prœ·miɛr klas
primero/a *premier/première* prœ·mie/ prœ·miɛr
principal *principal(e)* prɛ^{n}·si·pal
prisa *pressé(e)* pre·se
prisión *prison* pri·zo^{n}
prisionero/a *prisonnier/prisonnière* pri·zo·nie /pri·zo·niɛr
privado/a *privé(e)* pri·ve
probable *probable* pro·babl
probadores (en tienda) *cabine d'essayage* ka·bin dɛ·sɛ·yaj
probar *essayer* ɛ·se·ye
problema *problème* pro·blɛm
producir *produire* pro·düir
profesional *professionnel(le)* pro·fɛ·sio·nɛl
profesor de universidad *professeur (à l'université)* pro·fɛ·sœr (a lü·ni·vɛr·si·te)
profesor *professeur* pro·fɛ·sœr
profundo/a *profond(e)* pro·fo^{n}(d)
programa *programme* pro·gram

prolongación *prolongation* pro·lo^n·ga·sio^n
promesa *promesse* pro·mɛs
prometer *promettre* pro·mɛtr
prometido/a *fiancé(e)* fia^n·se
promocionar *promouvoir* pro·mu·vuar
pronto *bientôt* byɛ^n·to
propietario/a *propriétaire* pro·pri·e·tɛr
propina *pourboire* pur·buar
prostituta *prostituée* pros·ti·tüe
protección *protection* pro·tek·sio^n
protección solar total *écran solaire total* e·kra^n so·lɛr to·tal
proteger *protéger* pro·te·je
protegido/a *protégé(e)* pro·te·je
protesta *manif(estation)* ma·nif(es·ta·sio^n)
protestar *manifester* ma·ni·fes·te
provisiones *provisions* pro·vi·zio^n
proyector *projecteur* pro·jek·tœr
prudencia *prudence* prü·da^{n}s
prueba de embarazo *test de grossesse* test dœ gro·sɛs
pruebas nucleares *essai nucléaire* e·sɛ nü·kleɛr
psicoterapia *psychothérapie* psi·ko·te·ra·pi
público *public* pü·blik
pueblo *village* vi·laj
puente *pont* po^n
puerta *porte* port
puerto *port* por
puesta de sol *coucher du soleil* ku·she dü so·lɛy
pulga *puce* püs
pulmón *poumon* pu·mo^n
punto *point* poɛ^n
puntuación *score* skor
puro *cigare* si·gar
puro/a *pur(e)* pür
puta *salope* sa·lop

Q

qué (cosas) *quel(le)* kɛl
qué (personas) *qui* ki
quedarse *rester* res·te
queja *plainte* plɛ^{n}t
quejarse *se plaindre* sœ plɛ^{n}dr
quemadura *brûlure* brü·lür
quemadura de sol *coup de soleil* ku dœ so·lɛy
quemar *brûler* brü·le
querer *vouloir* vu·luar
queso *fromage* fro·maj
quien/quién *qui* ki
quienquiera *n'importe qui* nɛ^n·por·tœ·ki
quince días *quinze jours* kɛ^{n}z jur
quiosco *kiosque* kiosk

R

racismo *racisme* ra·sism
radiador *radiateur* ra·dia·tœr
radical *radical(e)* ra·di·kal
radio *radio* ra·dio
raíl *garde-fou* gar·dœ·fu
rana *grenouille* grœ·nuy
rancio *rassis(e)* ra·si(z)
rápido/a *rapide* ra·pid
raqueta *raquette* ra·kɛt
raro *rare* rar
rata *rat* ra
ratón *souris* su·ri
raza *race* ras
razón *raison* rɛ·zo^n
real *vrai(e)* vrɛ
realidad *réalité* rea·li·te
realista *réaliste* rea·list
realmente *vraiment* vrɛ·ma^n
recibir *recevoir* rœ·sœ·vuar
recibo *reçu* rœ·sü
reciclable *recyclable* rœ·si·klabl
reciclado *recyclage* rœ·si·klaj
reciclar *recycler* rœ·si·kle
recientemente *récemment* re·sa·ma^n
recogida de equipaje *retrait des bagages* rœ·trɛ dɛ ba·gaj
recolecta de fruta *cueillette de fruits* kœ·yɛt dœ frui
recolecta *récolte* re·kolt
recomendar *recommander* rœ·ko·ma^n·de
reconocer *reconnaître* rœ·ko·nɛtr
recordar *se souvenir* sœ suv·nir
recuerdo *souvenir* suv·nir
red *filet* fi·lɛ

red *réseau* rɛ·zo
redondo/a *rond(e)* ro^n(d)
reducir *réduire* re·düir
reembolso *remboursement* ra^n·bur·sœ·ma^n
referencia *référence* re·fe·ra^{n}s
refugiado/a *réfugié(e)* re·fü·jie
refugio *abri* a·bri
regalo *cadeau* ka·do
régimen *régime* re·jim
región *région* re·jio^n
reglas *règles* rɛgl
reina *reine* rɛn
reino *royaume* rua·yom
reír *rire* rir
relación *relation* rœ·la·sio^n
relajarse *se reposer* sœ rœ·po·ze
relevante *pertinent(e)* pɛr·ti·na^n(t)
religión *religion* rœ·li·jio^n
religioso/a *religieux/religieuse* rœ·li·jiœ/re·li·jiœz
reloj *montre* mo^n·tre
reloj *pendule* pa^n·dül
remo *aviron* a·vi·ro^n
remoto/a *éloigné(e)* e·lua·ñe
representar *représenter* rœ·pre·zan·te
república *république* re·pü·blik
reserva *réservation* re·zɛr·va·sio^n
reservar *réserver* re·zɛr·ve
residuos nucleares *déchets nucléaires* de·shɛ nü·kleɛr
respirar *respirer* res·pi·re
responder *répondre* re·po^{n}dr
respuesta *réponse* re·po^{n}s
restaurante *restaurant* res·to·ra^n
retirada *retrait* rœ·trɛ
retraso *retard* rœ·tard
revista *magazine* ma·ga·zin
revolución *révolution* re·vo·lü·sio^n
rey *roi* rua
riachuelo *ruisseau* rüi·so
rico *riche* rish
riesgo *risque* risk
río *rivière* ri·viɛr
ritmo *rythme* ritm
robar *voler* vo·le
robo *vol* vol
roca *rocher* ro·she
rock (música) *rock* rok
rodilla *genou* jœ·nu
rojo *rouge* ruj
romántico *romantique* ro·ma^n·tik
romper *casser* ka·se
ropa blanca *draps* dra
ropa blanca *linge* lɛ^{n}j
ropa de cama *literie* lit·ri
ropa interior *sous-vêtements* su vɛt·ma^n
ropa *vêtements* vɛt·ma^n
ropero *penderie* pa^n·dri
rosa *rose* roz
roto/a *cassé(e)* ka·se
rotonda *rond-point* ro^n poɛ^n
rueda *pneu* pnœ
rueda *roue* ru
rugby *rugby* rüg·bi
ruidoso/a *bruyant(e)* brü·ya^n(t)
ruinas *ruines* rüin

S

sábado *samedi* sam·di
sábana *drap* dra
sabbat *sabbat* sa·ba
saber *savoir* sa·vuar
sabor *goût* gu
sabroso/a *délicieux/délicieuse* de·li·siœ/ de·li·siœz
sacacorchos *tire-bouchon* tir bu·sho^n
sacar una foto *prendre en photo* pra^{n}dr a^n fo·to
saco de dormir *sac de couchage* sak dœ ku·shaj
sal *sel* sel
sala de espera *salle d'attente* sal da·ta^{n}t
sala de tránsito *salle de transit* sal dœ tra^n·zit
salario *salaire* sa·lɛr
salida del sol *lever du soleil* lœ·ve dü so·lɛy
salida *départ* de·par
salida *sortie* sor·ti
salir con alguien *sortir avec* sor·tir a·vɛk
salir con *sortir avec* sor·tir a·vɛk
salir de noche *soirée* sua·re
salir *sortir* sor·tir
salir, partir *partir* par·tir
salón de belleza *salon de beauté* sa·lo^n dœ bo·te

saltar *sauter* so·te
salud *santé* sa^{n}·te
salvaje *sauvage* so·vaj
salvar *sauver* so·ve
salva-slip *protège-slips* pro·tej slip
sandalias *sandales* sa^{n}·dal
sangre *sang* sa^{n}
santo/a *saint(e)* sɛ^{n}(t)
santuario *lieu saint* liœ sɛ^{n}
sarampión *rougeole* ru·jol
sarpullido *rougeur* ru·jœr
sartén *poêle* pual
sastre *tailleur* tay·yœr
satisfecho/a *satisfait(e)* sa·tis·fɛ /sa·tis·fɛt
sauna *sauna* so·na
secar *sécher* se·she
seco/a *sec/sèche* sɛk/sɛsh
secretaria *secrétaire* sœ·kre·tɛr
secreto *secret* sœ·krɛ
seda *soie* sua
seguir *suivre* süivr
segunda clase *de seconde classe* dœ sœ·gond klas
segunda mano *d'occasion* do·ka·zio^{n}
segundo *seconde* sœ·go^{n}d
seguridad *sécurité* se·kü·ri·te
seguridad social *sécurité sociale* se·kü·ri·te so·sial
seguro *assurance* a·sü·ra^{n}s
seguro *sans danger* sa^{n} da^{n}·je
seguro/a *sûr(e)* sür
seis *six* sis
sello *timbre* tɛ^{n}br
semáforo *feux* fœ
semana *semaine* sœ·mɛn
seminario *séminaire* se·mi·nɛr
sendero de montaña *chemin de montagne* shœ·mɛ^{n} dœ mo^{n}·tañ
sendero *sentier* sa^{n}·tie
seno *sein* sɛ^{n}
sensación *sensation* sa^{n}·sa·sio^{n}
sensibilidad de la película *sensibilité de la pellicule* sa^{n}·si·bi·li·te dœ la pe·li·kül
sensible *raisonnable* rɛ·zo·nabl
sensual *sensuel(le)* sa^{n}·süɛl
sentarse *s'asseoir* sa·suar
sentimiento *sentiment* sa^{n}·ti·ma^{n}
señal *signe* siñ
separado/a *séparé(e)* se·pa·re
septiembre *septembre* sɛp·ta^{n}br
ser/estar *être* ɛtr
serie de TV *série* se·ri
serie *série* se·ri
serio/a *sérieux/sérieuse* se·riœ/se·riœz
seropositivo *séropositif/séropositive* se·ro·po·si·tif/se·ro·po·si·tiv
serpiente *serpent* sɛr·pa^{n}
servicio militar *service militaire* sɛr·vis mi·li·tɛr
servicio *service* sɛr·vis
servilleta *serviette* sɛr·viɛt
sexismo *sexisme* sek·sism
sexista *sexiste* sek·sist
sexo seguro *rapports sexuels protégés* ra·por sek·süɛl pro·te·je
sexo *sexe* seks
sexy *sexy* sek·si
sí *oui* ui
si *si* si
sida *SIDA* si·da
siempre *toujours* tu·jur
siete *sept* sɛt
siguiente *prochain(e)* pro·shɛ^{n}/shɛn
silbato *siffler* si·fle
silla *chaise* shɛz
silla de bebé *poussette* pu·sɛt
silla de ruedas *fauteuil roulant* fo·tœy ru·la^{n}
silla *selle* sɛl
sillón *fauteuil* fo·tœy
similar *semblable* sa^{n}·blabl
simple *simple* sɛ^{n}pl
sin amueblar *non-meublé(e)* no^{n} mœ·ble
sin plomo *sans plomb* sa^{n} plo^{n}
sin *sans* sa^{n}
sin techo *sans-abri* sa^{n}·za·bri
sinagoga *synagogue* si·na·gog
sindicato *syndicat* si^{n}·di·ka
síndrome premenstrual *syndrome prémenstruel* sɛ^{n}·drom pre·ma^{n}s·trüɛl
Singapur *Singapour* sɛ^{n}·ga·pur
sintético *synthétique* sɛ^{n}·te·tik
situación *situation* si·tüa·sio^{n}
sobornar *suborner* sü·bor·ne
soborno *pot-de-vin* po dœ vɛ^{n}
sobre *enveloppe* a^{n}v·lop
sobre *sur* sür

S

DICCIONARIO

sobredosis *overdose* o·vɛr·doz
sobrevivir *survivre* sür·vivr
socialismo *socialisme* so·sia·lism
socialista *socialiste* so·sia·list
sociedad *societé* so·sie·te
software *logiciel* lo·ji·siɛl
sol *soleil* so·lɛy
soldado *soldat* sol·da
soleado/a *ensoleillé(e)* a^{n}·so·lɛ·ye
sólido *solide* so·lid
solo/a *seule(e)* sœl
solo/a *tout(e) seul(e)* tu(t) sœl
soltero *célibataire* se·li·ba·tɛr
sombra *ombre* o^{n}br
sombrero *chapeau* sha·po
somnífero *somnifère* som·ni·fɛr
sonreír *sourire* su·rir
sonrisa *sourire* su·rir
soñar *rêver* rɛ·ve
sordo/a *sourd(e)* sur(d)
sorprendente *stupéfiant(e)* stü·pe·fia^{n}(t)
sorpresa *surprise* sür·priz
Sr. *Monsieur* mœ·siœ
Sra. *Madame* ma·dam
Srta. *Mademoiselle* mad·mua·zɛl
su *leur/leurs* lœr
su/s *son/sa/ses* so^{n}/sa/sɛ
suave *doux/douce* du/dus
subasta *vente aux enchères* va^{n}t o·za^{n}·shɛr
subir *lever* lœ·ve
submarinismo *plongée sous-marine* plo^{n}·je su ma·rin
subsidio de desempleo *allocation de chômage* a·lo·ka·sion dœ sho·maj
subtítulos *sous-titres* su titr
sucio *sale* sal
suegra *belle-mère* bɛl mɛr
suegro *beau-père* bo pɛr
suelo *plancher* pla^{n}·she
suelto (monedas) *monnaie* mo·nɛ
sueño *sommeil* so·mɛy
suerte *chance* sha^{n}s
suficiente *assez* a·se
sufrir *souffrir* su·frir
sujetador *soutien-gorge* su·tyɛ^{n} gorj
suma (dinero) *somme* som
supermercado *supermarché* sü·pɛr·mar·she
superstición *superstition* sü·pɛrs·ti·sio^{n}
sur *sud* süd
surf *surfer* sür·fe
suyo/a *votre/vos* votr/vo

T

tabaco *tabac* ta·ba
tabla de surf *planche de surf* pla^{n}sh dœ sürf
tabla de windsurf *planche à voile* pla^{n}sh a vual
tablero de ajedrez *échiquier* e·shi·kiɛr
tacto *toucher* tu·she
tal vez *peut-être* pœ·tɛtr
talla *taille* tay
también *aussi* o·si
tambor *tambour* ta^{n}·bur
tampón *tampon* ta^{n}·po^{n}
tanga *cache-sexe* khas sɛks
tapón *bonde* bo^{n}d
tarde *après-midi* a·prɛ mi·di
tarde *en retard* a^{n} rœ·tar
tareas domésticas *ménage* me·naj
tarifa *tarif* ta·rif
tarjeta de crédito *carte de crédit* kart dœ kre·di
tarjeta de embarque *carte d'embarquement* kart da^{n}·bar·kœ·ma^{n}
tarjeta de teléfono *télécarte* te·le·kart
tasa de aeropuerto *taxe d'aéroport* tax da·e·ro·por
tasa de cambio *taux de change* to dœ sha^{n}j
tasa de cambio *taux de change* to dœ sha^{n}j
taxi *taxi* tak·si
taza *tasse* tas
teatro *théâtre* te·atr
tebeo *bande dessinée (BD)* ba^{n}d dɛ·si·ne (be de)
teclado *clavier* kla·vie
técnica *technique* tek·nik
tejado *toit* tua
tela *tissu* ti·sü
teleférico *téléphérique* te·le·fe·rik
teléfono público *téléphone public* te·le·fon pü·blik
teléfono *téléphone* te·le· fon

telegrama *télégramme* te·le·gram
telescopio *télescope* te·les·kop
telesilla *télésiège* te·le·siɛj
televisión *télé(vision)* te·le(vi·zio^n)
temperatura *température* ta^n·pe·ra·tür
templo *temple* ta^{n}pl
temprano *tôt* to
tenedor *fourchette* fur·shɛt
tener *avoir* a·vuar
tener cuidado *faire attention* fɛr a·ta^n·sio^n
tener dolor de estómago *avoir mal au ventre* a·vuar mal o va^{n}tr
tener fiebre *avoir de la fièvre* a·vuar dœ la fiɛvr
tener hambre *avoir faim* a·vuar fɛ^n
tener necesidad de *avoir besoin de* a·vuar bœ·zoɛ^n dœ
tener razón *avoir raison* a·vuar rɛ·zo^n
tener sed *avoir soif* a·vuar suaf
tener sueño *avoir sommeil* a·vuar so·mɛy
tener suerte *avoir de la chance* a·vuar dœ la sha^{n}s
tenis *tennis* tɛ·nis
tensión arterial *tension artérielle* ta^n·sio^n ar·te·riɛl
tercero *troisième* trua·ziɛm
terminado/a *fini(e)* fi·ni
terminar *finir* fi·nir
termo *bouillotte* bu·yot
terreno *terre* tɛr
terrible *affreux/affreuse* a·frœ/a·frœz
terrina *pot* po
terrorismo *terrorisme* te·rro·rism
terrremoto *tremblement de terre* tra^n·blœ·ma^n dœ tɛrr
test *essai* e·sɛ
testigo *témoin* te·moɛ^n
tía *tante* ta^{n}t
tiempo *temps* ta^n
tienda de deportes *magasin de sports* ma·ga·zɛ^n dœ spor
tienda de música *disquaire* dis·kɛr
tienda de recuerdos *magasin de souvenirs* ma·ga·zɛ^n dœ suv·nir
tienda de vinos y licores *magasin de vins et spiritueux* ma·ga·zɛ^n dœ vɛ^n e spi·ri·tüœ
tienda *magasin* ma·ga·zɛ^n
tienda *tente* ta^{n}t
tierra (La) *Terre* tɛrr
tijeras *ciseaux* si·zo
timbre (de teléfono) *sonner* so·ne
tímido *timide* ti·mid
timo *arnaque* ar·nak
típico *typique* ti·pik
tipo *genre* ja^{n}r
tipo *type* tip
tirar *jeter* jœ·te
tirar *tirer* ti·re
tobillo *cheville* shœ·viy
tocar (instrumento) *jouer de* ju·e dœ
tocar *toucher* tu·she
todo el mundo *tout le monde* tu lœ mo^{n}d
todo recto *tout droit* tu drua
todo *tout* tu
todo/a *tout entier/toute entière* tu ta^n·tie/tut ta^n·tiɛr
todos los días *tous les jours* tu lɛ jur
tono para marcar *tonalité* to·na·li·te
tormenta *orage* o·raj
torneo *tournoi* tur·nua
tos *toux* tu
tostada *pain grillé* pɛ^n gri·ye
tostador *grille-pain* griy pɛ^n
trabajar *travailler* tra·va·ye
trabajo *travail* tra·vay
trabajo dentro de un bar *travail dans un bar* tra·vay da^n zɛ^n bar
trabajo temporal *travail intermittent* tra·vay ɛ^n·tɛr·mi·ta^n
trabajo *travail* tra·vay
traducir *traduire* tra·düir
traer (una cosa) *apporter* a·por·te
traer (una persona) *amener* a·mœ·ne
traficante de drogas *trafiquant de drogue* tra·fi·ka^n dœ drog
tráfico *circulation* sir·kü·la·sio^n
tramposo/a *tricheur/tricheuse* tri·shœr/tri·shœz
tranquilo/a *tranquille* tra^n·kil
transferencia *transfert* tra^{n}s·fɛr
transporte *transport* tra^{n}s·por
trasero *cul* kü
tratamiento *traitement* trɛt·ma^n
tren *train* trɛ^n
tres *trois* trua

tribunal *tribunal* tri·bü·nal
tricotar *tricot* tri·ko
triste *triste* trist
truco *ruse* rüz
tú *tu* tü
tubo de escape *pot d'échappement* po de·shap·ma^{n}
tumba *tombe* to^{n}b
tumbarse *s'allonger* sa·lo^{n}·je
turista *touriste* tu·rist
tuyo/a *ton/ta/tes* to^{n}/ta/tɛ
TV *télé* te·le

U

último *dernier/dernière* dɛr·nie/dɛr·niɛr
ultramar *outre-mer* utr mɛr
ultramarinos *épicerie* e·pis·ri
ultramarinos *supérette de quartier* sü·pe·rɛt dœ kar·tiɛ
un poco *peu* pœ
un poco *un peu* ɛ^{n} pœ
un/a *un(e)* ɛ^{n}/ün
una vez *une fois* ün fua
uniforme *uniforme* ü·ni·form
unión *union* ü·nio^{n}
unir *joindre* joɛ^{n}dr
universidad *institut universitaire* ɛ^{n}s·ti·tü·ü·ni·vɛr·si·tɛr
universidad *université* ü·ni·vɛr·si·tɛr
universo *univers* ü·ni·vɛr
uno/a *un(e)* i^{n}/ün
urgencia *cas urgent* ka ür·ja^{n}
urgente *urgent(e)* ür·ja^{n}(t)
usted *vous* vu
útil *utile* ü·til
utilizar *utiliser* ü·ti·li·ze

V

vaca *vache* vash
vacaciones *vacances* va·ka^{n}s
vacío *vide* vid
vacuna *vaccination* vak·si·na·sio^{n}
vagina *vagin* va·jɛ^{n}
vagón restaurante *wagon-restaurant* va·go^{n} res·to·ra^{n}
validar *valider* va·li·de
valiente *courageux/courageuse* ku·ra·jœ/ku·ra·jœz
valla *barrière* ba·rriɛr
valle *vallée* va·le
valor *valeur* va·lœr
vaqueros *jean* djin
varios *plusieurs* plü·ziœr
vaso *verre* vɛr
vegetariano/a *végétarien/végétarienne* ve·je·ta·ryɛ^{n}/ve·je·ta·riɛn
vehículo *véhicule* ve·i·kül
vela *bougie* bu·ji
vela (barco) *voile* vual
velocidad *vitesse* vi·tɛs
vena *veine* vɛn
vendaje *pansement* pa^{n}s·ma^{n}
vendedor de prensa *marchand de journaux* mar·sha^{n} dœ jur·no
vender *vendre* va^{n}dr
venenoso/a *venimeux/venimeuse* vœ·ni·mœ/vœ·ni·mœz
venir *venir* vœ·nir
venta *vente* va^{n}t
ventana *fenêtre* fœ·nɛtr
ventanilla de venta de billetes *guichet* gi·shɛ
ventilador *ventilateur* va^{n}·ti·la·tœr
ver *voir* vuar
verano *été* e·te
verdad *vérité* ve·ri·te
verdad *vrai(e)* vrɛ
verde *vert(e)* vɛr(t)
verdulería *marchand de légumes* mar·sha^{n} dœ le·güm
verdura *légume* le·güm
verificar *vérifier* ve·ri·fie
verja *barrière* ba·rriɛr
vertedero de basura *décharge* de·sharj
vestíbulo *hall* ol
vestido *robe* rob
vestirse *s'habiller* sa·bi·ye
vía *via* vi·a
viajar *voyager* vua·ya·je
viaje de negocios *voyage d'affaires* vua·yaj da·fɛr
viaje *voyage* vua·yaj
vid *vigne* viñ
vida *vie* vi

viejo/a *vieux/vieille* viœ/viɛy
viento *vent* va^{n}
viernes *vendredi* va^{n}·drœ·di
vino *vin* vɛ^{n}
viñedo *vignoble* vi·ñobl
violar *violer* vio·le
virus *virus* vi·rüs
visado *visa* vi·za
visita guiada *visite guidée* vi·zit gi·de
visitante *visiteur/visiteuse* vi·zi·tœr/ vi·zi·tœz
visitar *visiter* vi·zi·te
vista *vue* vü
vitamina *vitamine* vi·ta·min
viuda *veuve* vœv
viudo *veuf* vœf
vivir *habiter* a·bi·te
vivir *vivre* vivr
vivo/a *vivant(e)* vi·va^{n}(t)
volar *voler* vo·le
volumen *volume* vo·lüm
voluntariado *bénévole* be·ne·vol
voluntario/a *volontaire* vo·lo^{n}·tɛr
volver *revenir* rœv·nir
volverse *devenir* dœv·nir
vomitar *vomir* vo·mir
votar *voter* vo·te
vuelo *vol* vol
vuelta, paseo *promenade* prom·nad

y *et* e
ya *déjà* de·ja
yo *je* jœ
yo *moi* mua
yoga *yoga* yo·ga

Z

zambullirse *plonger* plo^{n}·je
zapatería *magasin de chaussures* ma·ga·zɛ^{n} dœ sho·sür
zapato *chaussure* sho·sür
zona de juego *terrain de jeux* tɛ·rrɛ^{n} dœ jœ
zoo *zoo* zo

A

à a *en*
à bord a bor *a bordo*
à côté de a ko·te dœ *al lado de*
à droite a druat *a la derecha*
à gauche a gosh *a la izquierda*
à l'étranger a le·tra^{n}·je *en el extranjero*
à l'heure a lœr *a tiempo*
à la maison a la mɛ·zo^{n} *en casa*
à peu près a pœ prɛ *aproximadamente*
à plein temps a plɛ^{n} ta^{n} *a tiempo completo*
à temps partiel a ta^{n} par·siɛl *a tiempo parcial*
abeille a·bɛy *abeja*
abondance a·bo^{n}·da^{n}s *abundancia*
abri a·bri *refugio*
accepter ak·sɛp·te *aceptar*
accident ak·si·da^{n} *accidente*
accueillir a·kœ·yir *acoger*
accumulation a·kü·mü·la·sio^{n} *acumulación*
acheter ash·te *comprar*
acide a·sid *ácido (droga)*
acte de naissance akt dœ nɛ·sa^{n}s *partida de nacimiento*
acteur/actrice ak·tœr/ak·tris *actor/actriz*
actualités ak·tüa·li·te *noticias*
actuel(le) ak·tüɛl *actual*
acupuncture a·kü·po^{n}k·tür *acupuntura*
adaptateur a·dap·ta·tœr *adaptador*
addition a·di·sio^{n} *cuenta*
admettre ad·mɛtr *admitir*
administration ad·mi·nis·tra·sio^{n} *administración*
admirer ad·mi·re *admirar*
adorer a·do·re *adorar*
adresse a·drɛs *dirección*
adulte a·dült *adulto*
adversaire ad·vɛr·sɛr *adversario*
aérobic ae·ro·bik *aerobic*
aérogramme ae·ro·gram *aerograma*
aéroport ae·ro·por *aeropuerto*
affaires a·fɛr *negocios*
affreux/affreuse a·frœ/a·frœz *terrible/feo*
Afrique a·frik *África*
âge aj *edad*
âgé(e) a·je *mayor, de edad*
agence de voyage a·ja^{n}s dœ vua·yaj *agencia de viajes*
agence immobilière a·ja^{n}s i·mo·bi·liɛr *agencia inmobiliaria*
agenda a·ja^{n}·da *agenda*
agent de police a·ja^{n} dœ po·lis *agente de policía*
agent immobilier a·ja^{n} i·mo·bi·liɛ *agente inmobiliario*
agiter a·ji·te *agitar*
agréable a·gre·abl *agradable*
agressif/agressive a·grɛ·sif/a·grɛ·siv *agresivo/a*
agriculteur/agricultrice a·gri·kül·tœr/a·gri·kül·tris *agricultor*
agriculture a·gri·kül·tür *agricultura*
aide ɛd *ayuda*
aider ɛ·de *ayudar*
aiguille ɛ·güy *aguja*
ailes ɛl *alas*
aimant(e) ɛ·ma^{n}(t) *afectuoso/a*
aimer ɛ·me *gustar* • *amar*
air ɛr *aire*
alcool al·kol *alcohol*
Allemagne al·mañ *Alemania*
aller a·le *ir*
aller retour a·le rœ·tur *billete de ida y vuelta*
aller voir a·le vuar *visitar*
allergie a·lɛr·ji *alergia*
allocation de chômage a·lo·ka·sio^{n} dœ sho·maj *subsidio de desempleo*
allume-feu anti-moustiques a·lüm fœ an·ti mus·tik *espiral anti-mosquitos*

allumettes a·lü·mɛt *cerillas*
alors a·lor *entonces*
alpinisme al·pi·nism *alpinismo*
alternative al·tɛr·na·tiv *alternativa*
altitude al·ti·tüd *altitud*
amant(e) a·ma^{n}(t) *amante*
amateur a·ma·tœr *aficionado*
ambassade a^{n}·ba·sad *embajada*
ambassadeur/ambassadrice a^{n}·ba·sa·dœr/a^{n}·ba·sa·dris *embajador/a*
ambulance a^{n}·bü·la^{n}s *ambulancia*
améliorer a·me·lio·re *mejorar*
amende a·ma^{n}d *multa*
amener a·mœne *traer (una persona)*
amer/amère a·mɛr *amargo/a*
ami/amie a·mi *amigo/a*
amical(e) a·mi·kal *amistoso/a*
amitié a·mi·tie *amistad*
amour a·mur *amor*
ample a^{n}pl *amplio*
ampoule a^{n}·pul *ampolla* • *bombilla*
analgésique a·nal·je·sik *analgésico*
analyse de sang a·na·liz dœ sa^{n} *análisis de sangre*
anglais(e) a^{n}·glɛ(z) *inglés*
Angleterre a^{n}·glœ·tɛr *Inglaterra*
animal a·ni·mal *animal*
animal domestique a·ni·mal do·mes·tik *mascota*
anneau a·no *anular*
année a·ne *año*
anniversaire a·ni·vɛr·sɛr *cumpleaños*
annuaire a·nü·ɛr *guía de teléfonos*
annuel(le) a·nüɛl *anual*
annuler a·nü·le *cancelar*
antibiotiques a^{n}·ti·bio·tik *antibióticos*
anti-nucléaire a^{n}·ti nü·kle·ɛr *antinuclear*
antique a^{n}·tik *antiguo*
antiquité a^{n}·ti·ki·te *antigüedad*
antiseptique a^{n}·ti·sɛp·tik *antiséptico*
août ut *agosto*
appareil acoustique a·pa·rɛy a·kus·tik *audífono*
appareil de chauffage a·pa·rɛy dœ sho·faj *calentador*
appareil photo a·pa·rɛy fo·to *cámara*
appel en PCV a·pɛl a^{n} pe se ve *llamada a cobro revertido*
appeler ap·le *llamada*
appendice a·pɛ^{n}·dis *apéndice*
apporter a·por·te *traer (una cosa)*
apprendre a·pra^{n}dr *aprender*
après a·prɛ *después*
après-demain a·prɛ dœ·mɛ^{n} *pasado mañana*
après-midi a·prɛ mi·di *tarde, después de mediodía.*
après-rasage a·prɛ ra·zaj *después del afeitado*
après-shampooing a·prɛ sha^{n}·pɛ^{n} *acondicionador*
araignée a·rɛ·ñe *araña*
arbitre ar·bitr *árbitro*
arbre arbr *árbol*
archéologie ar·ke·o·lo·ji *arqueología*
architecte(e) ar·shi·tɛkt *arquitecto/a*
architecture ar·shi·tɛk·tür *arquitectura*
argent ar·ja^{n} *dinero* • *plata*
arnaque ar·nak *timo(argot)*
arrêt a·rrɛ *parada*
arrêt d'autobus a·rrɛ do·to·büs *parada de autobús*
arrêter a·rrɛ·te *parar*
arrière a·riɛr *atrás*
arrivées a·rri·ve *llegadas*
arriver a·rri·ve *llegar*
art ar *arte*
artisanat ar·ti·za·na *artesanía*
artiste ar·tist *artista*
arts martiaux ar mar·sio *artes marciales*
ascenseur a·sa^{n}·sœr *ascensor*
Asie a·zi *Asia*
aspirine as·pi·rin *aspirina*
assez a·se *suficiente*
assiette a·siɛt *plato*
assistance publique a·sis·ta^{n}s pü·blik *seguridad social*
assurance a·sü·ra^{n}s *seguro*
assurer a·sü·re *asegurar*
asthme as·m *asma*
atelier a·tœ·lie *estudio*
athlétisme a·tle·tism *atletismo*
atmosphère at·mos·fɛr *atmósfera*
attaché(e) a·ta·she *atado/a*
atteindre a·tɛ^{n}dr *alcanzar*
attendre a·ta^{n}dr *esperar*
Attention! a·ta^{n}·sio^{n} *¡Cuidado!*
attraper a·tra·pe *atrapar*

au coin o koɛ^n *en la esquina*
au revoir o rœ·vuar *adiós*
aube ob *amanecer*
auberge de jeunesse o·bɛrj dœ jœ·nɛs *albergue juvenil*
aucun(e) o·kɛ^n/o·kün *ninguno/a*
au-dessus o dœ·sü *encima*
aujourd'hui o·jur·düi *hoy*
aussi o·si *también*
Australie os·tra·li *Australia*
autel o·tɛl *altar*
autobus o·to·büs *autobús (urbano)*
autocar o·to·kar *autobús (interurbano)*
automatique o·to·ma·tik *automático*
automne o·ton *otoño*
autoroute o·to·rut *autopista*
autour o·tur *alrededor*
autre otr *otro*
avant a·va^n *antes*
avant-hier a·va^n·tiɛr *antes de ayer*
avec a·vɛk *con*
avenir av·nir *futuro*
avenue av·nü *avenida*
avertissement a·vɛr·tis·ma^n *advertencia*
aveugle a·vœgl *ciego*
avide a·vid *avaro*
avion a·vio^n *avión*
aviron a·vi·ro^n *remo*
avis a·vi *opinión*
avocat(e) a·vo·ka(t) *abogado*
avoir a·vuar *tener*
— **besoin de** bœ·zoɛ^n dœ *necesidad de*
— **de la chance** dœ la sha^{n}s *suerte*
— **des hallucinations** dɛ za·lü·si·na·sio^n *alucinaciones*
— **faim** fɛ^n *hambre*
— **la tête qui tourne** la tɛt ki turn *la cabeza que da vueltas*
— **le mal de mer** lœ mal dœ mɛr *mareos*
— **mal au ventre** mal o va^{n}tr *dolor de estómago*
— **mal aux dents** mal o da^n *dolor de muelas*
— **raison** rɛ·zo^n *razón*
— **soif** suaf *sed*
— **sommeil** so·mɛy *sueño*
— **tort** tor *(estar) equivocado*
avortement a·vor·tœ·ma^n *aborto*
avril a·vril *abril*

B

baby-sitter bɛ·bi si·ter *canguro*
bac bak *ferry*
bagages ba·gaj *equipaje*
bagarre ba·garr *pelea*
bague bag *anillo*
baignoire bɛ·ñuar *bañera*
bail bay *arrendamiento*
bain bɛ^n *baño*
baiser bɛ·ze *follar*
baiser (un) bɛ·ze(ɛ^n) *beso*
balcon bal·ko^n *balcón*
balle bal *pelota*
ballet ba·lɛ *ballet*
ballon (de football) ba·lo^n (dœ fut·bol) *balón de fútbol*
bande dessinée (BD) ba^{n}d de·si·ne (be de) *tebeo*
bande ba^{n}d *grupo (de música)*
bande vidéo ba^{n}d vi·de·o *cinta de vídeo*
banlieue ba^n·liœ *afueras*
banque ba^{n}k *banco*
baptême bap·tɛm *bautismo*
bar bar *bar • pub*
barrière ba·rriɛr *valla*
bas ba *medias*
bas/basse ba(s) *bajo/a*
baseball bez·bol *béisbol*
basket(ball) bas·kɛt(bol) *baloncesto*
bateau ba·to *barco*
bâtiment ba·ti·ma^n *edificio*
batterie ba·tri *batería*
bavarder ba·var·de *charlar*
bavoir ba·vuar *babero*
beau/belle bo/bɛl *guapo/a*
beaucoup (de) bo·ku (dœ) *mucho (de)*
beaucoup de bo·ku dœ *en abundancia*
beau-père bo pɛr *suegro*
bébé be·be *bebé*
belle-mère bɛl mɛr *suegra*
bénéfice be·ne·fis *beneficio*
bible bibl *biblia*
bibliothèque bi·blio·tɛk *biblioteca*
bien byɛ^n *bien*
bien déterminé byɛ^n de·tɛr·mi·ne *determinado*

bientôt byε^n·to *pronto*
bière biεr *cerveza*
bijoux bi·ju *joya*
billard américain bi·yar a·me·ri·kε^n *billar*
billet bi·yε *billete*
— **de banque** dœ ba^{n}k *billete de banco*
— **stand-by** sta^{n}d·bai *billete stand-by*
blanc/blanche bla^n/bla^{n}sh *blanco/a*
blanchisserie bla^{n}shi·sri *lavandería*
blessé(e) ble·se *herido*
blessure ble·sür *herida*
bleu blœ *cardenal*
bleu(e) blœ *azul*
bloqué(e) blo·ke *bloqueado/a*
bœuf bœf *buey*
bohémien/bohémienne bo·e·myε^n/ bo·e·miεn *bohemio/a*
boire buar *beber*
bois bua *madera*
bois de chauffage bua dœ sho·faj *leña*
boisson bua·so^n *bebida*
boîte buat *envase • caja • discoteca*
boîte à lettres buat a lεtr *buzón*
bol bol *cuenco*
bon/bonne bo^n *bueno/buena*
bon marché bo^n mar·she *barato*
bonde bo^{n}d *tapón*
bondé(e) bo^n·de *abarrotado/a*
bord bor *borde*
— **de la mer** dœ la mεr *del mar*
— **du trottoir** dü tro·tuar *bordillo de la acera*
botte bot *bota*
bouche bush *boca*
boucherie bush·ri *carnicería*
bouchon bu·sho^n *atasco·tapón*
boucles d'oreille bukl do·rεy *pendientes*
bouddhiste bu·dist *budista*
boue bu *barro*
bouger bu·je *moverse*
bougie bu·ji *vela*
bouillie bu·yi *comida de bebé*
bouillotte bui·yot *termo de agua*
boulangerie bu·la^{n}j·ri *panadería*
boulevard bul·var *bulevar*
boussole bu·sol *brújula*
bout bu *final, extremo*
bouteille bu·tεy *botella*
bouton bu·to^n *botón*
boxe boks *boxeo*
boxer-short bok·sεr short *calzoncillos*
braderie bra·dri *mercadillo*
braille bray *Braille*
bras bra *brazo*
briquet bri·kε *mechero*
brochure bro·shür *folleto*
broderie bro·dri *bordado*
bronchite bro^n·shit *bronquitis*
brosse bros *cepillo*
— **à dents** a da^n *de dientes*
— **à cheveux** a shœ·vœ *del pelo*
brûler brü·le *quemar*
brûlure brü·lür *quemadura*
brumeux/brumeuse brü·mœ/brü·mœz *brumoso*
brun/brune brε^n/brün *marrón*
bruyant(e) brü·ya^n(t) *ruidoso/a*
budget büd·jε *presupuesto*
buffet bü·fe *bufé*
bureau bü·ro *oficina*
— **de poste** dœ post *de correos*
— **de tabac** dœ ta·ba *estanco*
— **des objets trouvés** dε zo·je tru·ve *de objetos perdidos*
bus büs *autobús (urbano)*
but büt *objetivo*

C

cabine téléphonique ka·bin te·le·fo·nik *cabina de teléfono*
câble kabl *cable*
cache-sexe kash seks *tanga*
cadeau ka·do *regalo*
cadenas kad·na *candado*
cafard ka·far *cucaracha*
café ka·fe *café*
caisse (enregistreuse) kεs (an·rœ·jis ·trœz) *caja registradora*
caissier/caissière kε·sie/kε·siεr *cajero/a*
calculatrice kal·kü·la·tris *calculadora*
calendrier ka·la^n·drie *calendario*
camion ka·mio^n *camión*
camionnette ka·mio·nεt *camioneta*
camp ka^n *campamento*

campagne ka^n·pañ *campo*
camping ka^n·piñ *cámping*
Canada ka·na·da *Canadá*
canard ka·nar *pato*
cancer ka^n·sɛr *cáncer*
canif ka·nif *navaja*
canot automobile ka·no o·to·mo·bil *lancha motora*
cape kap *capa*
capitalisme ka·pi·ta·lism *capitalismo*
car kar *autobús (interurbano)*
caravane ka·ra·van *caravana*
carnet kar·nɛ *cuaderno*
carrefour kar·fur *intersección, cruce*
carrière ka·rriɛr *carrera*
carte kart *carta*
carte kart *mapa*
— **de crédit** kart dœ kre·di *tarjeta de crédito*
— **d'embarquement** kart da^n·bar·kœ·ma^n *tarjeta de embarque*
— **d'identité** kart di·da^n·ti·te *carné de identidad (DNI)*
— **grise** kart griz *documento de propiedad del automóvil*
— **postale** kart pos·tal *postal*
— **routière** kart ru·tiɛr *mapa de carreteras*
cartouche de gaz kar·tush dœ gaz *bombona de gas*
cas urgent ka ür·ja^n *urgencia*
cascade kas·kad *cascada*
casher ka·shɛr *kosher*
casque kask *casco*
cassé(e) ka·se *roto/a*
casse-croûte kas krut *aperitivo*
casser ka·se *romper*
casserole kas·rol *olla*
cassette ka·sɛt *casete*
cathédrale ka·te·dral *catedral*
catholique ka·to·lik *católico/a*
cause koz *causa*
CD se de *CD*
ce soir sœ suar *esta noche*
ce sœ *ése*
ceci sœ·si *éste*
ceinture de sécurité sɛ^n·tür dœ se·kü·ri·te *cinturón de seguridad*
cela sœ·la *ése/a*
célèbre se·lɛbr *famoso*
célibataire se·li·ba·tɛr *soltero*
cendrier sa^n·drie *cenicero*
cent sa^n *cien*
centime se^n·tim *céntimo*
centimètre sa^n·ti·mɛtr *centímetro*
centre sa^{n}tr *centro*
centre commercial sa^{n}tr ko·mɛr·sial *centro comercial*
centre-ville sa^{n}tr vil *centro ciudad*
céramique se·ra·mik *cerámica*
cercle sɛrkl *círculo*
certain(e) sɛr·ɛ^n/sɛr·tɛnn *cierto/a*
certificat sɛr·ti·fi·ka *certificado*
cette sɛt *esta* • *este*
chaîne shɛn *cadena* • *canal*
— **de bicyclette** dœ bi·si·klɛt *cadena de bicicleta*
— **de montagnes** dœ mo^n·tañ *cordillera*
— **hi-fi** i·fi *equipo de alta fidelidad*
chaise shɛz *silla*
chaleur sha·lœr *calor*
chambre sha^{n}br *habitación*
— **à air** a ɛr *cámara de aire*
— **à coucher** a ku·she *dormitorio*
— **libre** libr *habitaciones libres*
— **pour deux personnes** pur dœ pɛr·son *habitación doble*
— **pour une personne** pur ün pɛr·son *habitación individual*
champ sha^n *campo*
champ de courses sha^n dœ kurs *pista de atletismo*
champagne sha^n·pañ *champán*
championnat sha^n·pio·na *campeonato*
chance sha^{n}s *suerte*
changer sha^n·je *cambiar*
chanson sha^n·so^n *canción*
chanter shan·te *cantar*
chanteur/chanteuse sha^n·tœr/sha^n·tœz *cantante*
chapeau sha·po *sombrero*
chaque shak *cada*
charcuterie shar·kü·tri *delicatessen*
chariot sha·rrio *carrito*
charmant(e) shar·ma^n(t) *encantador/a*
chasse shas *caza*
chat sha *gato*

C

château sha·to *castillo*
chaton sha·to^n *gatito*
chaud(e) sho(d) *caliente*
chauffé(e) sho·fe *calentado/a*
chaussettes sho·sɛt *calcetines*
chaussure sho·sür *zapato*
chaussures de marche sho·sür dœ marsh *botas de montaña*
chef de cuisine shɛf dœ küi·zin *chef*
chef shɛf *líder*
chemin shœ·mɛ^{n}n *sendero* • *camino*
— **de fer** dœ fɛr *vías de ferrocarril*
— **de montagne** dœ mo^n·tañ *sendero de montaña*
chemise shœ·miz *camisa*
chèque shɛk *cheque*
chèque de voyage shɛk dœ vua·yaj *cheque de viaje*
cher/chère shɛr *caro/a, querido/a*
chercher shɛr·she *buscar*
cheval shœ·val *caballo*
cheveux shœ·vœ *pelo*
cheville shœ·viy *tobillo*
chèvre shɛvr *cabra*
chien shyɛ^n *perro*
chien d'aveugle shyɛ^n da·vœgl *perro guía*
chiot shio *cachorro*
chocolat sho·ko·la *chocolate*
choisir shua·zir *elegir*
choix shua *elección*
chômage sho·maj *paro*
chômeur/chômeuse sho·mœr/sho·mœz *parado/a*
chose shoz *cosa*
chrétien(ne) kre·tyɛ^n/kre·tiɛn *cristiano/a*
ciel siɛl *cielo*
cigare si·gar *puro*
cigarette si·ga·rrɛt *cigarrillo*
cime sim *cima*
cimetière sim·tiɛr *cementerio*
cinéma si·ne·ma *cine*
cinq sɛ^{n}k *cinco*
circulation sir·kü·la·sio^n *tráfico*
cirque sirk *circo*
ciseaux si·zo *tijeras*
citoyen(ne) si·tua·yɛ^n/si·tua·yɛn *ciudadano/a*
citoyenneté si·tua·yɛn·te *ciudadanía*
clair(e) klɛr *claro*
classe klas *clase*
— **affaires** klas a·fɛr *business*
— **touriste** klas tu·rist *turista*
classique kla·sik *clásica*
clavier kla·vie *teclado*
clé kle *llave*
client(e) kli·a^n(t) *cliente*
clignotant kli·ño·ta^n *intermitente*
climatisé kli·ma·ti·ze *aire acondicionado*
clinique privée kli·nik pri·ve *hospital privado*
cocaïne ko·ka·in *cocaína*
cochon ko·sho^n *cerdo*
cocktail kok·tɛl *cóctel*
code postal kod pos·tal *código postal*
cœur kœr *corazón*
coffre-fort kofr for *caja fuerte*
coiffeur/coiffeuse kua·fœr/kua·fœz *peluquero/a*
coin koɛ^n *esquina*
colis ko·li *paquete*
collant ko·la^n *medias*
colle kol *pegamento*
collectionner ko·lɛk·sio·ne *coleccionista*
collègue ko·lɛg *colega*
collier ko·lie *collar*
colline ko·lin *colina*
colloque ko·lok *coloquio*
colonne vertébrale ko·lon vɛr·te·bral *columna vertebral*
combinaison ko^n·bi·nɛ·zo^n *combinación*
comédie ko·me·di *comedia*
comme kom *como*
commencement ko·ma^{n}s·ma^n *comienzo*
commencer ko·ma^n·se *empezar*
comment ko·ma^n *como*
commerce ko·mɛrs *comercio*
commissariat ko·mi·sa·ria *comisaría de policía*
commission ko·mi·sio^n *comisión*
commotion cérébrale ko·mo·sio^n se·re·bral *conmoción*
commun(e) ko·mɛ^n/ko·mün *común*
communauté ko·mü·no·te *comunidad*
communisme ko·mü·nism *comunismo*
communiste ko·mü·nist *comunista*

compagnon/compagne ko^n·pa·ñon/ ko^n·pañ *compañero/a*
compétence ko^n·pe·tans *competencia*
compétition ko^n·pe·ti·sion *competición*
complet/complète ko^n·plɛ/ko^n·plɛt *lleno • completo*
composition directe ko^n·po·zi·sion di·rɛkt *marcación directa*
comprendre ko^n·pra^{n}dr *comprender*
compris(e) ko^n·pri(z) *incluido/a*
compte ko^{n}t *cuenta*
compte bancaire ko^{n}t ba^n·kɛr *cuenta bancaria*
compter ko^n·te *contar*
compteur (de vitesse) ko^n·tœr (dœ vi·tɛs) *indicador de velocidad*
comptoir ko^n·tuar *mostrador, barra*
concert ko^n·sɛr *concierto*
concessionnaire ko^n·se·sio·nɛr *distribuidor*
concevoir ko^n·sœ·vuar *diseñar*
conduire ko^n·düir *conducir*
confession ko^n·fɛ·sion *confesión*
confiance ko^n·fia^{n}s *confianza*
confirmer ko^n·fir·me *confirmar*
confondre ko^n·fo^{n}dr *confundir*
confortable ko^n·for·tabl *confortable*
congrès ko^n·grɛ *congreso*
connaître ko·nɛtr *conocer*
conseil ko^n·sɛy *consejo*
conservateur/conservatrice ko^n·sɛr·va·tœr/ko^n·sɛr·va·tris *conservador/a*
consigne ko^n·siñ *consigna*
consigne automatique ko^n·siñ o·to·ma·tik *consigna automática*
constiptation ko^{n}s·ti·pa·sio^n *estreñimiento*
construire ko^{n}s·trüir *construir*
consulat ko^n·sü·la *consulado*
contraceptif ko^n·tra·sɛp·tif *anticonceptivo*
contrat ko^n·tra *contrato*
contre ko^{n}tr *contra*
contrôle ko^n·trol *control*
contrôleur ko^n·tro·lœr *revisor*
conversation ko^n·vɛr·sa·sio^n *conversación*
coopérer ko·o·pe·re *cooperar*
coq kok *gallo*
coquillage ko·ki·yaj *concha*
corde à linge kord a lɛ^{n}j *cuerda de tender*
corde kord *cuerda*
corps kor *cuerpo*
correct(e) ko·rrɛkt *correcto/a*
corrompu(e) ko·rro^n·pü *corrupto/a*
côté ko·te *lado*
côte kot *costa*
coton ko·to^n *algodón*
couche kush *pañales*
couche d'ozone kush do·zon *capa de ozono*
coucher du soleil ku·she dü so·lɛy *puesta de sol*
coudre kudr *coser*
couleur ku·lœr *color*
couloir ku·luar *pasillo*
coup de soleil ku dœ so·lɛy *quemadura de sol*
coupable ku·pabl *culpable*
coupe kup *corte de pelo*
coupe-ongles kup o^{n}gl *cortaúñas*
couper ku·pe *corte*
coupon ku·po^n *cupón*
courageux/courageus ku·ra·jœ/ ku·ra·jœz *valiente*
courant ku·ra^n *corriente (eléctrica)*
courir ku·rrir *correr*
courrier ku·rrie *correspondencia*
courroie de ventilateur ku·rrua dœ va^n·ti·la·tœr *correa del ventilador*
course kurs *carrera*
court kur *pista*
court(e) kur(t) *bajo/a • corto/a*
court de tennis kur dœ tɛ·nis *pista de tenis*
coût ku *coste*
couteau ku·to *cuchillo*
coutume ku·tüm *costumbre*
couvent ku·va^n *convento*
couvert ku·vɛr *coste por cubierto*
couverts ku·vɛr *cubertería*
couverture ku·vɛr·tür *sábana*
crayon kra·yo^n *lápiz de color*
crèche krɛsh *guardería*
crédit kre·di *crédito*
crème krɛm *crema*

— **de bronzage** dœ bro^n·zaj *bronceadora*
— **hydratante** i·dra·ta^n *hidratante*
crevaison krœ·vɛ·zo^n *pinchazo*
crier kri·e *grito*
crique krik *arroyo*
critique kri·tik *crítica*
croire kruar *creer*
croix krua *cruz*
croyance krua·ya^{n}s *creencia*
cru(e) krü *crudo/a*
cueillette de fruits kœ·yɛt dœ früi *recolección de fruta*
cuillère küi·yɛr *cuchara*
cuir küir *cuero*
cuire küir *cocinar*
cuisine küi·zin *cocina*
cuisinier/cuisinière küi·zi·nie/küi·zi·niɛr *cocinero/a*
cul kü *culo*
culture kül·tür *cosecha*
cure-dent kür da^n *palillo*
CV se ve *CV*
cybercafé si·bɛr·ka·fe *cibercafé*
cyclisme si·klism *ciclismo*
cycliste si·klist *ciclista*

D

dangereux/dangereuse da^n·jœ·rœ/da^n·je·rœz *peligroso/a*
dans da^n *dentro*
danse da^{n}s *baile*
danser da^n·se *bailar*
date dat *fecha*
date de naissance dat dœ nɛ·sa^{n}s *fecha de nacimiento*
de dœ *de*
— **droite** druat *derechas*
— **gauche** gosh *izquierdas*
— **la** la *alguno*
— **l'autre côté de** lotr ko·te dœ *del otro lado de*
— **luxe** lüks *lujo*
— **seconde classe** sœ·go^{n}d klas *segunda clase*
— **valeur** va·lœr *valor*
débat de·ba *argumento*
déboisement de·buaz·ma^n *deforestación*
décalage horaire de·ka·laj o·rɛr *diferencia horaria*
décembre de·sa^{n}br *diciembre*
décharge de·sharj *cubo de basura*
déchets nucléaires de·shɛ nü·kleɛr *residuos nucleares*
déchets toxiques de·shɛ tok·sik *residuos tóxicos*
décision de·si·zio^n *decisión*
découvrir de·ku·vrir *descubrir*
déçu(e) de·sü *desilusionado/a*
dedans dœ·da^n *dentro*
défectueux/défectueuse de·fek·tüœ/de·fek·tüœz *defectuoso/a*
dégâts de·ga *daño*
dehors dœ·or *fuera*
déjà de·ja *ya*
déjeuner de·jœ·ne *almuerzo*
délicieux/délicieuse de·li·siœ/de·li·siœz *sabroso/a*
délit de·li *crimen*
demain dœ·mɛ^n *mañana*
— **après-midi** a·prɛ mi·di *por la tarde*
— **matin** ma·ɛ^n *por la mañana*
— **soir** suar *por la noche*
demander dœ·ma^n·de *preguntar por (algo)*
démangeaison de·ma^n·jɛ·zon *picor*
demi-litre dœ·mi litr *medio litro*
démocratie de·mo·kra·si *democracia*
dent da^n *diente*
dentelle da^n·tɛl *encaje*
dentifrice da^n·ti·fris *pasta de dientes*
dentiste da^n·tist *dentista*
dents da^n *dientes*
déodorant de·o·do·ra^n *desodorante*
dépanneuse de·pa·nœz *grúa*
départ de·par *salida*
dépendance de·pa^n·da^{n}s *dependencia*
dépenser de·pa^n·se *gastar*
dépôt de·po *depósito*
depuis dœ·püi *desde*
déranger de·ra^n·je *molestar*
dernier/dernière dɛr·nie/dɛr·niɛr *último/a*
derrière dɛ·rriɛr *detrás*
des dɛ *algunos*
désastre de·zastr *desastre*
descendant(e) dɛ·sa^n·da^n(t) *descendiente*

descendre dɛ·sa^{n}dr *bajarse de (un tren, etc.)* • *bajar*
désert de·zɛr *desierto*
désinfectant de·zɛ^n·fek·ta^n *desinfectante*
dessert de·sɛr *postre*
dessin animé dɛ·sɛ^n a·ni·me *tebeo*
dessiner de·si·ne *dibujar*
destin des·tɛ^n *destino*
destination des·ti·na·sio^n *destino*
détail de·tay *detalle*
détaillé(e) de·ta·ye *detallar*
détester de·tes·te *odiar*
détruire de·trüir *destruir*
deux dœ *dos*
deux fois dœ fua *dos veces*
devant dœ·va^n *delante de*
développement dev·lop·ma^n *desarrollo*
devenir dœv·nir *volverse*
deviner dœ·vi·ne *adivinar*
devoir dœ·vuar *deber*
diabète dia·bɛt *diabetes*
diaphragme dia·fragm *diafragma*
diapositive dia·po·zi·tiv *diapositiva*
diarrhée dia·rre *diarrea*
dictionnaire dik·sio·nɛr *diccionario*
dieu diœ *dios*
différent(e) di·fe·ra^n(t) *diferente*
difficile di·fi·sil *difícil*
dimanche di·ma^{n}sh *domingo*
dîner di·ne *cena*
diplôme di·plom *diploma*
dire dir *decir*
direct(e) di·rɛkt *directo/a*
directeur/directrice di·rɛk·tœr/ di·rɛk·tris *director/a*
direction di·rɛk·sio^n *dirección*
diriger di·ri·je *dirigir*
discours dis·kur *discurso*
discrimination dis·kri·mi·na·sio^n *discriminación*
discuter dis·kü·te *discutir*
diseuse de bonne aventure di·zœz de bon a·va^n·tür *adivina*
disponible dis·po·nibl *disponible*
dispute dis·püt *pelea*
disquaire dis·kɛr *tienda de música*
disquette dis·kɛt *disquete*
distance dis·ta^{n}s *distancia*
distributeur de billets dis·tri·bü·tœr dœ bi·yɛ *máquina de billetes*
divorcé(e) di·vor·se *divorciado/a*
dix di(s) *diez*
doigt dua *dedo*
dollar do·lar *dólar*
donc do^{n}k *por lo tanto*
donner do·ne *dar* • *repartir*
dormir dor·mir *dormir*
dos do *espalda*
dose doz *dosis*
douane du·an *aduana*
double dubl *doble*
douche dush *ducha*
douleur du·lœr *dolor*
douloureux/douloureuse du·lu·rœ/ du·lu·rœz *doloroso/a*
doux/douce du/dus *suave*
douzaine du·zɛn *docena*
draguer dra·ge *ligar*
drap dra *sábana*
drapeau dra·po *bandera*
draps dra *ropa blanca*
drogué dro·ge *drogadicto*
drogue drog *droga*
droit drua *derecho*
droit(e drua(t) *recto/a*
droite drua *derecho*
droits civils drua si·vil *derechos civiles*
droits de l'homme drua dœ lom *derechos humanos*
drôle drol *divertido*
du dü *algunos* • *del*
dur(e) dür *duro/a*

E

eau o *agua*
eau minérale o mi·ne·ral *agua mineral*
échange e·sha^{n}j *intercambio*
échanger e·sha^n·je *intercambiar*
échapper e·sha·pe *escapar*
écharpe e·sharp *bufanda*
échec e·shɛk *derrota*
échecs e·shɛk *ajedrez*
échiquier e·shi·kie *tablero de ajedrez*
école e·kol *colegio*
école professionnelle e·kol pro·fe·sio·nɛl *escuela de formación profesional*

économie e·ko·no·mi *economía*
Ecosse e·kos *Escocia*
écouter e·ku·te *escuchar*
écran e·kra^n *pantalla*
— **solaire** so·lɛr *solar*
— **solaire total** so·lɛr to·tal *de protección total*
écrire e·krir *escribir*
écrivain e·kri·vɛ^n *escritor*
ecstasy eks·ta·zi *éxtasis*
eczéma eg·ze·ma *eczema*
éducation e·dü·ka·sio^n *educación*
effet ɛ·fe *efecto*
effrayé(e) ɛ·frɛ·ye *miedoso/a*
égale e·gal *igual*
égalité e·ga·li·te *igualdad*
égalité des chances e·ga·li·te dɛ sha^{n}s *igualdad de oportunidades*
église e·gliz *iglesia*
égoïste e·go·ist *egoísta*
élection e·lek·sio^n *elección*
électricité e·lek·tri·si·te *electricidad*
elle ɛl *ella*
elles ɛl *ellas*
éloigné(e) e·lua·ñe *remoto*
e-mail i mɛl *correo electrónico*
embrasser a^n·bra·se *beso*
embrayage a^n·brɛ·yaj *agarrar*
empêcher a^n·pɛ·she *prevenir*
employé(e) de bureau a^n·plua·ye dœ bü·ro *administrativo*
employé/employée a^n·plua·ye *empleado/a*
employeur a^n·plua·yœr *empleador*
emprunter a^n·prün·te *tomar prestado*
en a^n *hecho de (algodón, etc.)*
— **avant** a·va^n *delante*
— **bas** ba *debajo*
— **désordre** de·zordr *desordenado*
— **face à** fas a *enfrente*
— **grève** grɛv *en huelga*
— **haut** o *arriba*
— **panne** pan *estropeado*
— **recommandé** rœ·ko·ma^n·de *correo certificado (por)*
— **retard** rœ·tar *tarde*
encaisser a^n·kɛ·se *cobrar*
enceinte a^n·sɛ^{n}t *embarazada*
encore a^n·kor *otra vez*
endroit a^n·drua *lugar*
énergie e·nɛr·ji *energía*
énergie nucléaire e·nɛr·ji nü·kle·ɛr *energía nuclear*
enfant a^n·fa^n *niño/a*
ennuyeux/ennuyeuse a^n·nüi·yœ/ a^n·nüi·yœz *aburrido/a*
énorme e·norm *enorme*
enregistrement a^n·re·jis·trœ·ma^n *mostrador de facturación*
enregistrer a^n·rœ·jis·tre *grabar*
ensemble a^n·sa^{n}bl *juntos*
ensoleillé(e) a^n·so·lɛ·ye *soleado*
entendre a^n·ta^{n}dr *escuchar*
enterrement a^n·tɛrr·ma^n *funeral*
enthousiaste a^n·tu·ziast *entusiasta*
entorse a^n·tors *esguince*
entracte a^n·trakt *intermedio*
entraîneur a^n·trɛ·nœr *árbitro*
entre a^{n}tr *entre*
entrée a^n·tre *entrada*
entreprise a^n·trœ·priz *compañía*
entrer a^n·tre *entrar*
entrevue a^n·trœ·vü *entrevista*
enveloppe a^{n}v·lop *sobre*
envers a^n·vɛr *hacia*
environ a^n·vi·ro^n *entre, más o menos*
environnement a^n·vi·ron·ma^n *medio ambiente*
envoyer a^n·vua·ye *enviar*
épais/épaisse e·pɛ/e·pɛs *grueso/a*
épaule e·pol *hombro*
épicé(e) e·pi·se *especiado/a*
épicerie e·pis·ri *ultramarinos*
épilepsie e·pi·lep·si *epilepsia*
épingle e·pɛ^{n}gl *alfiler*
épouser e·pu·ze *casarse*
épuisé(e) e·püi·ze *agotado/a*
équipe e·kip *equipo*
équipement e·kip·ma^n *equipamiento*
équipement de plongée e·kip·ma^n dœ plo^n·je *equipo de submarinismo*
équitation e·ki·ta·sio^n *equitación*
erreur e·rrœr *error*
escalier es·ka·lie *escalera*
escalier roulant es·ka·lie ru·la^n *escaleras mecánicas*
escargot es·kar·go *caracol*
escrime es·krim *esgrima*

espace es·pas *espacio*
Espagne es·pañ *España*
espèce menacée de disparition es·pɛs me·na ·se dœ dis·pa·ri·sio^n *especie en peligro de extinción*
espérer es·pe·re *esperar*
espoir es·puar *esperanza*
esprit es·pri *mente*
esprit es·pri *espíritu*
essai ɛ·sɛ *test*
essayer ɛ·sɛ·ye *probar*
essence ɛ·sa^{n}s *gasolina*
est est *este (punto cardinal)*
estomac es·to·ma *estómago*
et e *y*
établissement d'enseignement secondaire e·ta·blis·ma^n de^n·sɛñ·ma^n sœ·go^n·dɛr *instituto*
étage e·taj *piso/planta*
étagère e·ta·jɛr *estantería*
étang e·ta^n *estanque*
été e·te *verano*
étiquette e·ti·kɛt *etiqueta del equipaje*
étoiles e·tual *estrellas*
étrange e·tra^{n}j *extraño*
étranger/étrangère e·tra^n·je/e·tra^n·jɛr *extranjero/a*
être ɛtr *ser/estar*
être d'accord ɛtr da·kor *estar de acuerdo*
être enrhumé ɛtr a^n·rü·me *estar acatarrado*
étroit(e) e·trua(t) *ajustado/a*
étudiant(e) e·tü·dia^n(t) *estudiante*
étudier e·tü·die *estudiar*
euro œ·ro *euro*
Europe œ·rop *Europa*
euthanasie œ·ta·na·zi *eutanasia*
événement e·ven·ma^n *acontecimiento*
évident(e) e·vi·da^n(t) *obvio*
exactement eg·zak·tœ·ma^n *exactamente*
examen eg·za·mɛ^n *examen*
excédent ek·se·da^n *exceso (equipaje)*
excellent(e) ek·se·la^n *excelente*
exemple eg·za^{n}pl *ejemplo*
exercice eg·zɛr·sis *ejercicio*
exiger eg·zi·je *exigir*
expérience eks·pe·ria^{n}s *experiencia*
expliquer eks·pli·ke *explicar*
exploitation eks·plua·ta·sio^n *explotación*
exporter eks·por·te *exportar*
exposé eks·po·ze *exposición, conferencia*
exposition eks·po·zi·sio^n *exposición*
exprès eks·prɛs *urgente (correo)*
expression eks·pre·sio^n *frase*
extraordinaire eks·tra·or·di·nɛr *extraordinario*

F

fâché(e) fa·she *enfadado/a*
facile fa·sil *fácil*
facilement ému fa·sil·ma^n e·mü *emotivo*
façon fa·so^n *forma*
façon fa·so^n *manera, modo*
facteur fak·tœr *cartero*
faible fɛbl *débil*
faire fɛr *hacer*
— **attention** a·ta^n·sio^n *tener cuidado*
— **confiance à** ko^n·fia^{n}s a *tener confianza en*
— **de la planche à voile** dœ la pla^{n}sh a vual *windsurf*
— **des courses** dɛ kurs *la compra*
— **du lèche-vitrines** dü lɛsh vi·trin *ir de escaparates*
— **du stop** dü stop *autoestop*
— **du vélo** dü ve·lo *ciclismo*
— **frire** frir *freír*
— **la randonnée** la ra^n·do·ne *excursionismo*
— **les courses** lɛ kurs *la compra*
— **semblant** sa^n·bla^n *pretender*
— **ses dévotions** sɛ de·vo·sio^n *adorar*
— **une fausse couche** ün fos kush *tener un aborto espontáneo*
fait fɛt *hecho*
fait/faite à la main fɛ/fɛt a la mɛ^n *hecho a mano*
falaise fa·lɛz *precipicio*
famille fa·miy *familia*
fan fan *admirador*
fasciste fa·shist *fascista*
fatigué(e) fa·ti·ge *cansado/a*

faute fot *falta*
fauteuil fo·tœy *sillón*
fauteuil roulant fo·tœy ru·la^n *silla de ruedas*
faux/fausse fo/fos *falso/a • erróneo/a*
fax faks *máquina de fax*
félicitations fe·li·si·ta·sio^n *felicitaciones*
femelle fœ·mɛl *femenino*
femme fam *mujer • esposa*
— **au foyer** o fua·ye *ama de casa*
— **d'affaires** da·fɛr *de negocios*
fenêtre fœ·nɛtr *ventana*
fer à repasser fɛr a rœ·pa·se *plancha*
ferme fɛrm *granja*
fermé(e) fɛr·me *cerrado/a*
fermé(e) à clé fɛr·me a kle *cerrado/a con llave*
fermer fɛr·me *cerrar*
fermeture éclair fɛr·mœ·tür e·klɛr *cremallera*
fête fɛt *celebración • fiesta*
feu fœ *fuego*
feuille fœy *hoja*
feux fœ *semáforo*
février fe·vrie *febrero*
fiançailles fia^n·say *compromiso*
fiancé fia^n·se *prometido*
fiancée fia^n·se *prometida*
ficelle fi·sɛl *cordel*
fiction fik·sio^n *ficción*
fièvre fiɛvr *fiebre*
fil de fer fil dœ fɛr *alambre*
fil dentaire fil da^n·tɛr *hilo dental*
filet fi·lɛ *red*
fille fiy *hija • chica*
film film *película*
fils fis *hijo*
fines herbes fin zɛrb *finas hierbas*
fini(e) fi·ni *terminado/a*
finir fi·nir *terminar*
fleur flœr *flor*
fleuriste flœ·rist *florista*
flic flik *poli*
foi fua *fe*
foie fua *hígado*
foncé(e) fo^n·se *oscuro*
fondamental fo^n·da·ma^{n}n·tal *fundamental*
foot(ball) fut(bol) *fútbol*
forêt fo·rɛ *bosque*
forme form *forma*
fort(e) for(t) *fuerte*
fortune for·tün *fortuna*
fou/folle fu/fol *loco/a*
foule ful *muchedumbre*
four fur *horno*
four à micro-ondes fur a mi·kro o^{n}d *microondas*
fourchette fur·shɛt *tenedor*
fourmi fur·mi *hormiga*
fragile fra·jil *frágil*
frais/fraîche frɛ/frɛsh *fresco*
franchise fra^n·shiz *equipaje permitido*
freins frɛ^n *frenos*
fréquent(e) fre·ka^n(t) *frecuente*
frère frɛr *hermano*
froid(e) frua(d) *frío*
frontière fro^n·tiɛr *frontera*
frottis fro·ti *citología*
fruit früi *fruta*
fumée fü·me *humo*
fumer fü·me *fumar*

G

gagnant(e) ga·ña^n(t) *ganador*
gagner ga·ñe *ganar*
galerie gal·ri *galería de arte*
gamin/gamine ga·mɛ^n/ga·min *niño/a*
gant de toilette ga^n dœ tua·lɛt *guante de cara*
gants ga^n *guantes*
garage ga·raj *garaje*
garanti(e) ga·ra^n·ti *garantía*
garçon gar·so^n *chico*
garde-fou gar·dœ fu *raíl*
garderie gar·dœ·ri *guardería*
gardien de but gar·dyɛ^n dœ büt *guardameta*
gare gar *estación de trenes*
gare routière gar ru·tiɛr *estación de autobuses*
garer ga·re *aparcar*
gas-oil gaz ual *diésel*
gastro-entérite gastro a^n·te·rit *gastroenteritis*
gaz gaz *gas*
gazon ga·zo^n *césped*

gel jel *helar*
gelé(e) jœ·le *helado/a*
geler jœ·le *helar*
gênant(e) jɛ·na^{n}(t) *molesto*
gendarme ja^{n}·darm *gendarme*
gêné(e) jɛ·ne *molesto*
gêner jɛ·ne *molestar*
général(e) je·ne·ral *general*
généreux/généreus je·ne·rœ/je·ne·rœz *generoso/a*
génial(e) je·nial *brillante*
genou jœ·nu *rodilla*
genre ja^{n}r *tipo*
gens ja^{n} *gente*
gentil/gentile ja^{n}·ti *gentil*
gérant(e) je·ra^{n}(t) *director*
gilet de sauvetage ji·lɛ dœ sov·taj *chaleco salvavidas*
glace glas *helado*
gorge gorj *garganta*
gourmand(e) gur·ma^{n}(d) *glotón*
goût gu *sabor*
gouvernement gu·vɛr·nœ·ma^{n} *gobierno*
grâce gras *bendición*
gramme gram *gramo*
grand lit gra^{n} li *cama de matrimonio*
grand magasin gra^{n} ma·ga·zɛ^{n} *grandes almacenes*
grand(e) gra^{n}(d) *grande* • *alto/a*
grande route gra^{n}d rut *carretera principal*
grand-mère gra^{n} mɛr *abuela*
grand-père gra^{n} pɛr *abuelo*
grands-parents gra^{n} pa·ra^{n} *abuelos*
gras/grasse gra/gras *gordo/a*
gratuit(e) gra·tüi(t) *gratis*
grenouille grœ·nuy *rana*
grille-pain griy pɛn *tostador*
grippe grip *gripe*
gris(e) gri(z) *gris*
grosseur gro·sœr *bulto*
grotte grot *cueva*
groupe de rock grup dœ rok *grupo de rock*
groupe sanguin grup sa^{n}gɛ^{n} *grupo sanguíneo*
guêpe gɛp *avispa*
guerre gɛrr *guerra*
guichet gi·shɛ *mostrador de billetes*
guichet automatique de banque (GAB) gi·shɛ o·to·ma·tik dœ ba^{n}k (je a be) *cajero automático*
guide gid *guía*
guidon gi·do^{n} *manillar*
guitare gi·tar *guitarra*
gym(nastique) jim(nas·tik) *gimnasia*
gym jim *gimnasia*
gymnase jim·naz *gimnasio*
gynécologue ji·ne·ko·log *ginecólogo/a*

H

habiter a·bi·te *vivir*
habitude a·bi·tüd *costumbre*
habituellement a·bi·tüɛl·ma^{n} *habitualmente*
halal a·lal *halal*
hall ol *vestíbulo*
hamac a·mak *hamaca*
handicapé(e) a^{n}·di·ka·pe *discapacitado/a*
harcèlement ar·sɛl·ma^{n} *acoso*
hasard a·zar *azar*
haut(e) o(t) *alto/a*
hauteur o·tœr *altura*
hémisphère sud e·mis·fɛr süd *hemisferio sur*
hémisphère nord e·mis·fɛr nor *hemisferio norte*
hépatite e·pa·tit *hepatitis*
herbe ɛrb *hierba (marihuana)*
herboriste ɛr·bo·rist *herborista*
héroïne e·ro·in *heroína*
heure œr *hora*
heures d'ouverture œr du·vɛr·tür *horario de apertura*
heureux/heureuse œ·rœ/œ·rœz *feliz*
hier iɛr *ayer*
hindou(e) ɛ^{n}·du *hindú*
histoire is·tuar *historia*
historique is·to·rik *histórico*
hiver i·vɛr *invierno*
hockey o·kɛ *hockey*
hockey sur glace o·kɛ sür glas *hockey sobre hielo*
homme om *hombre*
homme d'affaires om da·fɛr *hombre de negocios*

homme/femme politique om/fam po·li·tik *político*
homosexuel(le) o·mo·sek·süɛl *homosexual*
honnête o·nɛt *honestidad*
hôpital o·pi·tal *hospital*
horaire o·rɛr *horario*
horoscope o·ros·kop *horóscopo*
hors jeu or jœ *fuera de juego*
hors service or sɛr·vis *fuera de servicio*
hospitalité os·pi·ta·li·te *hospitalidad*
hôtel o·tɛl *hotel*
huile üil *aceite*
huit üit *ocho*
humain ü·mɛ^{n} *humano*
humour ü·mur *humor*

I

ici i·si *aquí*
idée i·de *idea*
idiot(e) i·dio(t) *idiota*
ignorant(e) i·ño·ra^{n}(t) *ignorante*
il il *él*
île il *isla*
illégal(e) i·le·gal *ilegal*
ils il *ellos*
image i·maj *ilustración*
imagination i·ma·ji·na·sio^{n} *imaginación*
immatriculation i·ma·tri·kü·la·sio^{n} *matrícula*
immédiatement i·me·diat·man *inmediatamente*
immigration i·mi·gra·sio^{n} *inmigración*
imperméable ɛ^{n}·pɛr·me·abl *chubasquero*
impoli(e) ɛ^{n}·po·li *grosero/a* • *maleducado/a*
important(e) ɛ^{n}·por·ta^{n}(t) *importante*
importer ɛ^{n}·por·te *importar*
impossible ɛ^{n}·po·sibl *imposible*
impôt sur le revenu ɛ^{n}·po sür lœ rœ·vœ·nü *impuesto sobre la renta*
imprimante ɛ^{n}·pri·ma^{n}t *impresora*
incertain(e) ɛ^{n}·sɛr·ti^{n} *inseguro/a*
inconfortable ɛ^{n}·ko^{n}·for·tabl *incómodo*
Inde ɛ^{n}d *India*
indépendant(e) ɛ^{n}·de·pa^{n}·da^{n}(t) *independiente* • *autónomo*
indigestion ɛ^{n}·di·jes·tio^{n} *indigestión*
indiquer ɛ^{n}·di·ke *punto*
individu ɛ^{n}·di·vi·dü *individuo*
industrie ɛ^{n}·düs·tri *industria*
industriel/industrielle ɛ^{n}·düs·triɛl *industrial*
infection ɛ^{n}·fek·sio^{n} *infección*
infirmier/infirmière ɛ^{n}·fir·mie/ ɛ^{n}·fir·miɛr *enfermero/a*
inflammation ɛ^{n}·fla·ma·sio^{n} *inflamación*
influence ɛ^{n}·flü·a^{n}s *influencia*
informatique ɛ^{n} ·for·ma·tik *informática*
ingénierie ɛ^{n}·je·nie·ri *ingeniería*
ingénieur ɛ^{n}·je·niœr *ingeniero*
ingrédient ɛ^{n}·gre·dia^{n} *ingrediente*
injecter ɛ^{n}·jek·te *inyección*
injuste ɛ^{n} ·jüst *injusto*
innocent(e) i·no·sa^{n}(t) *inocente*
inondation i·no^{n}·da·sio^{n} *inundación*
inopportun(e) i·no·por·tɛ^{n}/i·no·por·tün *inoportuno*
inquiet/inquiète ɛ^{n}·kiɛ/ɛn·kiɛt *inquieto/a*
insecte ɛ^{n}·sekt *insecto*
intelligent(e) ɛ^{n}·tɛ·li·ja^{n}(t) *inteligente*
intéressant(e) ɛ^{n}·te·rɛ·sa^{n}(t) *interesante*
international(e) ɛ^{n}·tɛr·na·sio·nal *internacional*
Internet ɛ^{n}·tɛr·nɛt *Internet*
interprète ɛ^{n}·tɛr·prɛt *intérprete*
intime ɛ^{n}·tim *íntimo*
invité(e) ɛ^{n}·vi·te *visitante*
inviter ɛ^{n}·vi·te *invitar*
Irlande ir·la^{n}d *Irlanda*
itinéraire i·ti·ne·rɛr *itinerario*
itinéraire de randonnée i·ti·ne·rɛr dœ ra^{n}·do·ne *itinerario de la excursión*
ivre ivr *borracho*

J

jaloux/jalouse ja·lu/ja·luz *celoso*
jamais ja·mɛ *nunca*
jambe ja^{n}b *pierna*
jambon ja^{n}·bo^{n} *jamón*
janvier ja^{n}·vie *enero*
Japon ja·po^{n} *Japón*
jardin jar·dɛ^{n} *jardín*
— **botanique** bo·ta·nik *botánico*
— **d'enfants** da^{n}·fa^{n} *de infancia*

jardinage jar·di·naj *jardinería*
jaune jon *amarillo*
je jœ *yo*
jean jin *vaqueros*
jeep djip *jeep*
jeter jœ·te *tirar*
jeu jœ *juego*
jeu électronique jœ e·lek·tro·nik *juego de ordenador*
jeudi jœ·di *jueves*
jeune jœn *joven*
jockey jo·kɛ *jockey*
jogging jo·gin *correr*
joie jua *alegría*
joindre joɛ^{n}dr *unir*
joli(e) jo·li *guapo/a*
jouer ju·e *actuar* • *jugar*
jouet juɛ *juguete*
jour jur *día*
— **de l'An** dœ la^{n} *Día de Año Nuevo*
— **de Noël** dœ no·ɛl *Día de Navidad*
journal jur·nal *periódico*
journalist jur·na·list *periodista*
juge jüj *juez*
juif/juive jüif/jüiv *judío*
juillet jüi·yɛ *julio*
juin jüɛ^{n} *junio*
jumeaux/jumelles jü·mo/jü·mɛl *gemelos/as*
jupe jüp *falda*
jusqu'à jus·ka *hasta*
justice jüs·tis *justicia*

K

kascher ka·sher *kosher*
kilo ki·lo *kilo*
kilogramme ki·lo·gram *kilogramo*
kilomètre ki·lo·mɛtr *kilómetro*
kinésithérapeute ki·ne·zi·te·ra·pœt *fisioterapeuta*
kinésithérapie ki·ne·zi·te·ra·pi *fisioterapia*
kiosque kiosk *quiosco*

L

là la *allí*
lac lak *lago*
laid(e) lɛ/lɛd *feo/a*
laine lɛn *lana*
laisser lɛ·se *dejar*
laisser tomber lɛ·se to^{n}·be *dejar, dejar de lado*
lait lɛ *leche*
lame de rasoir lam dœ ra·zuar *cuchilla de afeitar*
lampe la^{n}p *lámpara*
— **de poche** dœ posh *linterna*
langue la^{n}g *idioma*
lapin la·pɛ^{n} *conejo*
large larj *ancho, grande*
laver la·ve *lavar*
laverie lav·ri *lavandería*
laxatif lak·sa·tif *laxante*
le plus petit/la plus petite lœ plü pe·ti/la plü pe·tit *el/la más pequeño/a*
le/la plus grand(e) lœ/la plü gra^{n}(d) *el/la mayor*
le/la plus proche lœ/la plü prosh *el/la más cercano/a*
le/lameilleur(e) lœ/la mɛ·yœr *mejor*
légal(e) le·gal *legal*
léger/légère le·je/le·jɛr *ligero/a*
législation le·jis·la·sio^{n} *legislación*
légume le·güm *verduras*
lent(e) la^{n}(t) *despacio* • *lento*
lentement la^{n}t·ma^{n} *lentamente*
lequel/laquelle lœ·kɛl/la·kɛl *cuál*
Les Jeux Olympiques lɛ jœ zo·lɛ^{n}·pik *Juegos Olímpicos*
lesbienne les·biɛn *lesbiana*
lettre lɛtr *carta*
lettres classiques lɛtr kla·sik *humanidades*
leur/leurs lœr *su/sus*
lever lœ·ve *elevar*
lever du soleil lœ·ve dü so·lɛy *amanecer*
lèvre lɛvr *labio*
lézard le·zar *lagarto*
liaison liɛ·zon *aventura*
liberté li·bɛr·te *libertad*
librairie li·brɛ·ri *librería*
libre libr *libre*
libre-service libr sɛr·vis *autoservicio*
lieu liœ *lugar*
— **de naissance** dœ nɛ·sa^{n}s *lugar de nacimiento*

— **saint** sɛ^{n} *santuario*
lièvre liɛvr *liebre*
ligne aérienne liñ ae·riɛn *aerolínea*
ligne liñ *línea*
limitation de vitesse li·mi·ta·sio^{n} dœ vi·tɛs *límite de velocidad*
lin len *lino*
linge lenj *sopa sucia*
lingerie lɛ^{n}j·ri *lencería*
lire lir *leer*
lit li *cama*
literie lit·ri *ropa de cama*
lits jumeaux li jü·mo *dos camas individuales*
livre livr *libro*
livre livr *libra (moneda, peso)*
livrer li·vre *entregar*
local(e) lo·kal *local*
locataire lo·ka·tɛr *inquilino*
location de voitures lo·ka·sio^{n} dœ vua·tür *alquiler de automóvil*
logement loj·ma^{n} *alojamiento*
logiciel lo·ji·siɛl *software*
loi lua *ley*
lointain(e) loɛ^{n}·tɛ^{n} *lejos*
long lo^{n} *largo*
long-courrier lo^{n} ku·rrie *larga distancia (vuelo)*
longue lo^{n} *largo*
longueur lo^{n}·gœr *longitud*
louer lu·e *alquilar*
louer à bail lu·e a bay *arrendamiento*
lourd(e) lur(d) *pesado/a*
loyal(e) lua·yal *fiel*
lubrifiant lü·bri·fia^{n} *lubricante*
lumière lü·miɛr *luz*
lundi lɛ^{n}·di *lunes*
lune de miel lün dœ miɛl *luna de miel*
lunettes lü·nɛt *gafas*
lunettes de soleil lü·nɛt dœ so·lɛy *gafas de sol*
luxe lüks *lujo*

M

ma ma *mi*
machine ma·shin *máquina*
machine à laver ma·shin a la·ve *lavadora*
mâchoire ma·shuar *mandíbula*
Madame ma·dam *Sra.*
Mademoiselle mad·mua·zɛl *Srta.*
magasin ma·ga·zɛ^{n} *tienda*
— **de chaussures** dœ sho·sür *zapatería*
— **de souvenirs** dœ suv·nir *de recuerdos*
— **de sports** dœ spor *de deportes*
— **de vêtements** dœ vɛt·ma^{n} *de ropa*
— **de vins et spiritueux** dœ vɛ^{n} e spi·ri·tüœ *de vinos y licores*
— **pour équipement de camping** pur e·kip·ma^{n} dœ ka^{n}·piñ *de equipo de acampada*
— **qui vend des appareils électriques** ki va^{n} dɛ za·pa·rɛy e·lɛk·trik *de material de electridad*
magazine ma·ga·zin *revista*
magicien/magicienne ma·ji·syɛ^{n} /ma·ji·siɛnn *mago/a*
magnétoscope ma·ñe·tos·kop *grabador de vídeo*
mai mɛ *mayo*
maigre mɛgr *delgado*
maillot de corps ma·yo dœ kor *chaleco*
maillot de bain ma·yo dœ bɛ^{n} *bañador*
main mɛ^{n} *mano*
maintenant mɛ^{n}t·na^{n} *ahora*
maire mɛr *alcalde*
mairie mɛ·ri *ayuntamiento*
mais mɛ *pero*
maison mɛ·zo^{n} *casa*
majorité ma·jo·ri·te *mayoría*
mal à la tête mal a la tɛt *dolor de cabeza*
mal des transports mal dɛ tra^{n}s·por *mareo*
malade ma·lad *enfermo*
maladie ma·la·di *enfermedad*
— **vénérienne** ve·ne·riɛn *venérea*
— **de cœur** dœ kœr *afección cardiaca*
malhonnête mal·o·nɛt *deshonesto*
maman ma·ma^{n} *mamá*
mammographie ma·mo·gra·fi *mamografía*
manger ma^{n}·je *comer*
manif(estation) ma·nif(ɛs·ta·sio^{n}) *protesta*

manifester ma·ni·fɛs·te *protestar*
manoeuvre ma·nœvr *obrero*
manque ma^{n}k *escasez*
manquer ma^n·ke *echar de menos*
manquer de ma^n·ke dœ *acabarse*
manteau ma^n·to *abrigo*
maquillage ma·ki·yaj *maquillaje*
marchand mar·sha^n *tendero*
— **de journaux** dœ jur·no *el que vende prensa*
— **de légumes** dœ le·güm *verdulero*
marche marsh *escalón*
marché mar·she *mercado*
marché aux puces mar·she o püs *mercadillo*
marcher mar·she *andar*
mardi mar·di *martes*
marée ma·re *marea*
mari ma·ri *marido*
mariage ma·rriaj *boda*
marié(e) ma·rie *casado/a*
marihuana ma·ri·ua·na *mariguana*
mars mars *marzo*
marteau mar·to *martillo*
massage ma·saj *masaje*
masser ma·se *dar un masaje*
masseur/masseuse ma·sœr/ma·sœz *masajista*
match mach *partido*
match nul mach nül *empate*
matelas mat·la *colchón*
matériel ma·te·riɛl *material*
matin ma·tɛ^n *mañana*
mauvais(e) mo·vɛ(z) *malo/a* • *(dirección) equivocada*
mécanicien/mécanicienne me·ka·ni·syɛ^n/ me·ka·ni·siɛnn *mecánico/a*
médecin med·sɛ^n *médico*
médecine med·sin *medicina*
médias me·dia *medios de comunicación*
médicament me·di·ka·ma^n *medicamento*
méditation me·di·ta·sio^n *meditación*
meilleur(e) mɛ·yœr *mejor*
mélanger me·la^n·je *mezcla*
membre ma^{n}br *miembro*
même mɛm *igual*
mémoire me·muar *memoria*
ménage me·naj *tareas domésticas*
mensonge ma^n·so^{n}j *mentira*
menstruation ma^{n}s·trüa·sio^n *menstruación*
menteur/menteuse ma^n·tœr/ma^n·tœz *mentiroso/a*
mentir ma^n·tir *mentir*
menuisier mœ·nüi·zie *carpintero*
mer mɛr *mar*
mercredi mɛr·krœ·di *miércoles*
mère mɛr *madre*
merveilleux/merveilleuse mɛr·vɛ·yœ/ mɛr·vɛ·yœz *maravilloso/a*
mes mɛ *mis*
message mɛ·saj *mensaje*
messe mɛs *misa*
métal me·tal *metal*
météo me·te·o *previsión meteorológica*
mètre mɛtr *metro*
métro me·tro *metro*
mettre mɛtr *poner*
meublé(e) mœ·ble *amueblado/a*
meubles mœbl *muebles*
midi mi·di *mediodía*
mignon/mignonne mi·ño^n/mi·ñon *mono/a*
migraine mi·grɛn *migraña*
militaire mi·li·tɛr *militar*
militant/militante mi·li·ta^n(t) *activista*
millénaire mi·le·nɛr *milenio*
millimètre mi·li·mɛtr *milímetro*
million mi·lio^n *millón*
minorité mi·no·ri·te *minoría*
minuit mi·nüi *medianoche*
minuscule mi·nis·kül *minúsculo*
minute mi·nüt *minuto*
miroir mi·ruar *espejo*
mode mod *moda*
modem mo·dem *módem*
moderne mo·dɛrn *moderno*
moi mua *yo*
moins de moɛ^n dœ *menos de*
moins moɛ^n *menos*
mois mua *mes*
moitié mua·tie *mitad*
mon mon *mi*
monarchie mo·nar·shi *monarquía*
monastère mo·nas·tɛr *monasterio*

monde mo^{n}d *mundo*
monnaie mo·nɛ *cambio (monedas)*
mononucléose infectieuse mo·no·nü·kleoz ɛ^n·fɛk·siœz *mononucleosis infecciosa*
Monsieur mœ·siœ *Sr.*
montagne mo^n·tañ *montaña*
monter mo^n·te *montar*
— à (cheval) a (shœ·val) *a (caballo)*
— à bord de a bor dœ *embarcar*
montre mo^n·tr *reloj*
montrer mo^n·tre *mostrar*
monument mo·nü·ma^n *monumento*
morceau mor·so *trozo*
mordre mordr *morder*
morsure mor·sür *mordisco*
mort mor *muerte*
mort(e) mor(t) *muerto/a*
mosquée mos·ke *mezquita*
mot mo *palabra*
motel mo·tɛl *motel*
moteur mo·tœr *motor*
moto mo·to *motocicleta*
mouche mush *mosca*
mouchoir mu·shuar *pañuelo*
mouchoirs en papier mu·shuar a^n pa·pie *pañuelo de papel*
mouillé(e) mui·ye *mojado*
mourir mu·rir *morir*
mousse à raser mus a ra·ze *crema de afeitar*
moustiquaire mus·ti·kɛr *mosquitera*
moustique mus·tik *mosquito*
mouton mu·to^n *oveja*
muguet mü·gɛ *aftas·lirio del valle*
multimédia mül·ti·me·dia *multimedia*
mur mür *muro*
muscle müskl *músculo*
musée mü·ze *museo*
musée mü·ze *galería de arte*
musicien(ne) des rues müzi·syɛ^n/ mü·zi·siɛn dɛ rü *músico callejero*
musicien/musicienne mü·zi·syɛ^n/ mü·zi·siɛn *músico*
musique mü·zik *música*
musulman(e) mü·zül·ma^n *musulmán*

N

n'importe où nɛ^n·por·tu *cualquier sitio*
n'importe quel/quelle nɛ^n·por·tœ kɛl *cualquier/a*
n'importe qui nɛ^n·por·tœ ki *quienquiera*
n'importe quoi nɛ^n·por·tœ kua *cualquier cosa*
nager na·je *nadar*
nager avec un tuba na·je a·vɛk ɛ^n tü·ba *snórkel*
nappe nap *mantel*
nationalité na·sio·na·li·te *nacionalidad*
nature na·tür *naturaleza*
naturopathe na·tü·ro·pat *naturópata*
nausée no·ze *náusea*
nausées matinales no·ze ma·ti·nal *náuseas matutinas*
navire na·vir *navío*
né(e) ne *nacido/a*
nécessaire ne·sɛ·sɛr *necesario*
neige nɛj *nieve*
neiger nɛ·je *nevar*
nettoyage nɛ·tua·yaj *limpieza*
nettoyer nɛ·tua·ye *limpiar*
neuf nœf *nueve*
nez ne *nariz*
ni ni *ni*
nier ni·e *denegar*
niveau ni·vo *nivel*
Noël no·ɛl *Navidad*
noir(e) nuar *negro/a*
noir et blanc nuar e bla^n *(película) en blanco y negro*
nom no^n *nombre*
— de famille dœ fa·miy *apellido*
non no^n *no*
non-direct non di·rɛkt *no directo*
non-fumeur no^n fü·mœr *no fumador*
non-meublé(e) no^n mœ·ble *sin amueblar*
nord nor *norte*
normal(e) nor·mal *normal*
nostalgique nos·tal·jik *nostalgia*
notre notr *nuestro*
nourrir nu·rrir *alimentar*
nourriture nu·rri·tür *comida*

nous nu *nosotros*
nouveau/nouvelle nu·vo/ nu·vɛl *nuevo/a*
Nouvelle-Zélande nu·vɛl ze·la^{n}d *Nueva Zelanda*
nuage nüaj *nube*
nuageux/nuageuse nüa·jœ/nüa·jœz *nublado/a*
nuit nüi *noche*
numéro nü·me·ro *número*
— **de chambre** dœ sha^{n}br *número de habitación*
— **de passeport** dœ pas·por *número de pasaporte*

O

objectif ob·jɛk·tif *objetivo*
objet ob·jɛ *propósito*
objets artisanaux ob·jɛ ar·ti·za·no *artesanía*
obscur(e) obs·kür *oscuro*
obtenir ob·tœ·nir *obtener*
occasion o·ka·zio^n *oportunidad*
occupation o·kü·pa·sio^n *ocupación*
occupé(e) o·kü·pe *ocupado/a*
océan o·se·a^n *océano*
odeur o·dœr *olor*
œil œy *ojo*
office de tourisme o·fis dœ tu·rism *oficina de turismo*
officier o·fi·sie *oficial*
oiseau ua·zo *pájaro*
ombre o^{n}br *sombra*
opéra o·pe·ra *ópera*
opérateur/opératrice o·pe·ra·tœr/ o·pe·ra·tris *operador/a*
opération o·pe·ra·sio^n *operación*
or or *oro*
orage o·raj *tormenta*
orange o·ra^{n}j *naranja*
ordinaire or·di·nɛr *corriente*
ordinateur or·di·na·tœr *ordenador*
ordinateur portable or·di·na·tœr por·tabl *ordenador portátil*
ordonnance or·do·na^{n}s *prescripción*
ordonner or·do·ne *ordenar*
ordre ordr *orden*
ordures or·dür *basura*
oreille o·rɛy *oreja*
oreiller o·rɛ·ye *almohada*
organisation or·ga·ni·za·sio^n *organización*
organiser or·ga·ni·ze *organizar*
orgasme or·gasm *orgasmo*
original(e) o·ri·ji·nal *original*
orteil or·tɛy *dedo gordo (del pie)*
os os *hueso*
ou u *o*
où u *dónde*
ouate de coton uat de ko·to^n *bolas de algodón*
oublier u·bli·e *olvidar*
ouest uɛst *oeste*
oui ui *sí*
outre-mer utr mɛr *ultramar*
ouvert(e) u·vɛr(t) *abierto/a*
ouvre-boîte uvr buat *abrelatas*
ouvre-bouteille uvr bu·tɛy *abrebotellas*
ouvrier/ouvrière u·vrie/u·vriɛr *obrero*
ouvrier/ère d'usine u·vrie dü·zin *operario*
ouvrir u·vrir *abrir*
overdose o·vɛr·doz *sobredosis*
oxygène ok·si·jɛn *oxígeno*

P

page paj *página*
paiement pɛ·ma^n *pago*
pain pɛ^n *pan*
pain grillé pɛ^n gri·ye *tostada*
paire pɛr *par*
paix pɛ *paz*
palais pa·lɛ *palacio*
panier pa·nie *cesta*
panne pan *avería*
pansement pa^{n}s·ma^n *vendaje*
pantalon pa^n·ta·lo^n *pantalones*
papa pa·pa *papá*
paperasserie pa·pras·ri *papeleo*
papeterie pa·pet·ri *librería*
papier pa·pie *papel*
papier hygiénique pa·pie i·jie·nik *papel higiénico*
papillon pa·pi·yo^n *mariposa*
Pâques pak *Pascua*
paquet pa·kɛ *paquete*

par par *por*
— **avion** a·vio^n *avión*
— **exprès** ɛks·prɛs *correo urgente*
— **voie de terre** vua dœ tɛrr *vía terrestre*
— **voie maritime** vua ma·ri·tim *vía marítima*
parade pa·rad *desfile*
paraplégique pa·ra·ple·jik *parapléjico*
parapluie pa·ra·plüi *sombrilla*
parc park *parque*
parc national park na·sio·nal *parque nacional*
parce que pars kœ *porque*
par-dessus par dœ·sü *encima*
pardonner par·do·ne *perdonar*
pare-brise par briz *parabrisas*
parents pa·ra^n *padres*
paresseux/paresseuse pa·rɛ·sœ /pa·rɛ·sœz *vago/a*
parfait(e) par·fɛ(t) *perfecto/a*
parfum par·fɛ^n *perfume*
pari pa·ri *apuesta*
parier pa·rie *apostar*
parking par·kin *aparcar*
parler par·le *hablar*
parmi par·mi *entre*
partager par·ta·je *compartir*
parti par·ti *partido*
participer par·ti·si·pe *participar*
particulier/particulière par·ti·kü·lie/ par·ti·kü·liɛr *particular*
partie par·ti *parte*
partir par·tir *irse*
pas compris pa ko^n·pri *excluido*
pas encore pa za^n·kor *aún no*
pas frais/fraîche pa frɛ/frɛsh *rancio*
pas mal pa mal *no está mal*
passe pas *pase*
passé pa·se *pasado*
passeport pas·por *pasaporte*
passer pa·se *pasar*
passe-temps pas ta^n *afición*
pâtisserie pa·tis·ri *pastelería*
pauvre povr *pobre*
pauvreté po·vrœ·te *pobreza*
payer pɛ·ye *pagar*
pays pɛ·i *país*
paysage pɛ·i·zaj *escenario*
Pays-Bas pɛ·i ba *Países Bajos*
peau po *piel*
pêche pɛsh *pesca*
pédale pe·dal *pedal*
peigne pɛñ *peine*
peine pɛn *pena*
peintre pɛ^{n}tr *pintor*
peinture pɛ^n·tür *pintura*
pellicule pe·li·kül *carrete*
pendant pa^n·da^n *durante*
pendant la nuit pa^n·da^n la nüi *durante la noche*
penderie pa^n·dri *ropero*
pendule pa^n·dül *reloj*
pénicilline pe·ni·si·lin *penicilina*
pénis pe·nis *pene*
penser pa^n·se *pensar*
pension pa^n·sio^n *pensión*
pension (de famille) pa^n·sio^n (dœ fa·miy) *casa de huéspedes*
perdant(e) pɛr·da^n(t) *perdedor/a*
perdre pɛrdr *perder*
perdu(e) pɛr·dü *perdido/a*
père pɛr *padre*
permanent(e) pɛr·ma·na^n(t) *permanente*
permettre pɛr·mɛtr *permitir*
permis pɛr·mi *permiso*
— **de travail** dœ tra·vay *de trabajo*
— **de conduire** dœ ko^n·düir *de conducir*
permission pɛr·mi·sio^n *permiso*
personnalité pɛr·so·na·li·te *personalidad*
personne pɛr·son *persona*
personnel(le) pɛr·so·nɛl *personal*
perte pɛrt *pérdida*
pertinent(e) pɛr·ti·na^n(t) *relevante*
peser pœ·ze *peso*
petit(e) pœ·ti(t) *pequeño/a*
— **ami/e** pœ·ti·ta·mi *novio/a*
— **déjeuner** pœ·ti de·jœ·ne *desayuno*
— **tapis** ta·pi *esterilla*
— **cuillère** pœ·tit küi·yɛr *cucharilla*
— **monnaie** pœ·tit mo·nɛ *suelto*
petite-fille pœ·tit fiy *nieta*
petit-fils pœ·ti fis *nieto*
pétition pe·ti·sio^n *petición*
pétrole pe·trol *petróleo*

peu pœ *poco*
— **commun(e)** ko·mɛ^n/ko·mün *común*
— **profond(e)** pro·fo^n(d) *profundo/a*
peur pœr *miedo*
peut-être pœ·tɛtr *tal vez*
phares far *faros*
pharmacie far·ma·si *farmacia*
pharmacien(ne) far·ma·syi^n/far·ma·siɛn *farmacéutico/a*
photo fo·to *foto*
photographe fo·to·graf *fotógrafo/a*
photographie fo·to·gra·fi *fotogafía*
pièce (de théâtre) piɛs (dœ teatr) *obra (de teatro)*
pièce d'identité piɛs di·da^n·ti·te *carné de identidad*
pièces piɛs *monedas*
pied pie *pie*
pierre piɛr *piedra*
piéton pie·to^n *peatón*
pile pil *batería*
pilule pi·lül *píldora*
pince à épiler pɛ^{n}s a e·pi·le *pinzas*
pipe pip *pipa*
pique-nique pik nik *picnic*
piquets de tente pi·kɛ dœ ta^{n}t *estacas*
piqûre pi·kür *picar (insecto)* • *inyección*
pire pir *peor*
piscine pi·sin *piscina*
piste pist *pista*
piste cyclable pist si·klabl *carril bici*
pistolet pis·to·lɛ *pistola*
placard pla·kar *armario*
place plas *asiento* • *plaza*
place centrale plas sa^n·tral *plaza central*
plage plaj *playa*
plainte plɛ^{n}t *queja*
plaisanterie plɛ·za^n·tri *chiste*
plan pla^n *plano*
planche à voile pla^{n}sh a vual *tabla de windsurf*
planche de surf pla^{n}sh dœ serf *tabla de surf*
plancher pla^n·she *suelo*
planète pla·nɛt *planeta*
plaque d'immatriculation plak di·ma·tri·kü·la·sio^n *matrícula*
plastique plas·tik *plástico*
plat pla *plato*
plat(e) pla(t) *plano/a*
plein(e) plɛ^n *lleno/a*
pleurer plœ·re *llorar*
pleuvoir plœ·vuar *llover*
plongée (sous-marine) plo^n·je (su ma·rin) *submarinismo*
plonger plo^n·je *zambullirse*
pluie plüi *lluvia*
plus plü *más*
plus de plü dœ *la mayoría*
plus grand(e) plü gra^n(d) *más grande*
plus petit(e) plü pœ·ti(t) *más pequeño/a*
plus tard plü tar *más tarde*
plusieurs plü·ziœr *varios*
pneu pnœ *rueda*
poche posh *bolsillo*
poêle pual *sartén*
poésie po·e·zi *poesía*
poids pua *peso*
poignet pua·ñe *muñeca*
pointe poɛ^{n}t *punto*
poisson pua·so^n *pescado*
poissonnerie pua·son·ri *pescadería*
poitrine pua·trin *pecho*
police po·lis *policía*
policier po·li·sie *agente de policía*
politique po·li·tik *política*
pollen po·len *polen*
pollution po·lü·sio^n *contaminación*
pommade pour les lèvres po·mad pur lɛ lɛvr *cacao para labios*
pompe po^{n}p *bomba*
pont po^n *puente*
populaire po·pü·lɛr *popular*
port por *puerto*
porte port *puerta*
porte-monnaie port mo·nɛ *monedero*
porter por·te *llevar*
posemètre poz·mɛtr *fotómetro*
poser po·ze *preguntar*
positif/positive po·zi·tif/po·zi·tiv *positivo/a*
possible po·sibl *posible*
poste post *correos*
pot po *jarro* • *bote*
pot d'échappement po de·shap·ma^n *tubo de escape*

pot-de-vin po dœ vɛ^n *soborno*
poterie po·tri *cerámica*
poubelle pu·bɛl *cubo de basura*
poulet pu·lɛ *pollo*
poumon pu·mo^n *pulmón*
poupée pu·pe *muñeca*
pour pur *para*
  — cent sa^n *porcentaje*
pourboire pur·buar *propina*
pourquoi pur·kua *por qué*
pousser pu·se *crecer*
poussette pu·sɛt *silla de bebé*
poussière pu·siɛr *polvo*
pouvoir pu·vuar *tener permiso*
pouvoir pu·vuar *poder*
poux pu *piojo*
pratique pra·tik *práctico*
pratiquer pra·ti·ke *practicar*
précédent(e) pre·se·da^n(t) *anterior*
préférer pre·fe·re *preferir*
premier/première prœ·mie/prœ·miɛr *primero/a*
premier ministre prœ·mie mi·nistr *primer ministro*
première classe prœ·miɛ klas *primera clase*
prendre pra^{n}dr *coger*
prendre en photo pra^{n}dr a^n fo·to *sacar una foto*
prénom pre·no^n *nombre*
préparer pre·pa·re *preparar*
près de prɛ dœ *cerca*
présent pre·za^n *presente*
présenter pre·za^n·te *introducir*
préservatif pre·zɛr·va·tif *preservativo*
président pre·si·da^n *presidente*
presque presk *casi*
pressé(e) pre·se *(tener) prisa*
pression pre·sio^n *presión*
prêt(e) prɛ/prɛt *preparado/a*
prêtre prɛtr *cura*
prévenir prev·nir *prevenir*
prévision pre·vi·zio^n *previsión*
prévoir pre·vuar *preveer*
prière priɛr *oración*
principal(e) prɛ^n·si·pal *principal*
printemps prɛ^n·ta^n *primavera*
prise priz *enchufe*
prison pri·zo^n *cárcel • prisión*
prisonnier/prisonnière pri·zo·nie/pri·zo·niɛr *prisionero/a*
privé(e) pri·ve *privado/a*
prix pri *precio*
prix d'entrée pri da^n·tre *precio de la entrada*
probable pro·babl *probable*
problème pro·blɛm *problema*
prochain(e) pro·shɛ^n *siguiente*
proche prosh *cerca*
produire pro·düir *producir*
professeur pro·fɛ·sœr *profesor*
professeur (à l'université) pro·fɛ·sœr (a·lü·ni·vɛr·si·te) *profesor de universidad*
professionnel(le) pro·fɛ·sio·nɛl *profesional*
profond(e) pro·fo^n(d) *profundo*
programme pro·gram *programa*
programme des spectacles pro·gram dɛ spek·takl *guía del ocio*
projecteur pro·jɛk·tœr *proyector*
prolongation pro·lo^n·ga·sio^n *prolongación*
promenade prom·nad *paseo*
promesse pro·mɛs *promesa*
promettre pro·mɛtr *prometer*
promouvoir pro·mu·vuar *promocionar*
propre propr *limpio*
propriétaire pro·prie·tɛr *propietario/a*
prostituée pros·ti·tü·e *prostituta*
protection pro·tɛk·sio^n *protección*
protégé(e) pro·te·je *protegido/a*
protéger pro·te·je *proteger*
protège-slips pro·tej slip *salva slip*
provisions pro·vi·zio^n *provisiones*
prudence prü·da^{n}s *prudencia*
psychothérapie psi·ko·te·ra·pi *psicoterapia*
public pü·blik *público*
publicité pü·bli·si·te *anuncio*
puce püs *pulga*
puis püi *entonces*
puissance nucléaire püi·sa^{n}s nü·kle·ɛr *potencia nuclear*
pull pül *jersey*
punir pü·nir *castigar*
pur(e) pür *puro/a*

Q

quai kɛ *plataforma, andén*
qualification ka·li·fi·ka·sio^{n} *cualificación*
qualité ka·li·te *calidad*
quand ka^{n} *cuando • cuándo*
quantité ka^{n}·ti·te *cualidad*
quarantaine ka·ra^{n}·tɛn *cuarentena*
quart kar *cuarto*
quatre katr *cuatro*
quel(le) kɛl *cual*
quel/quelle kɛl *cual*
quelqu'un kɛl·kɛ^{n} *alguien*
quelque chose kɛlk shoz *algo*
quelquefois kɛlk·fua *a veces*
quelques kɛlk *algunos*
question kɛs·sio^{n} *pregunta*
queue kœ *cola*
qui ki *quien • quién*
quincaillerie kɛ^{n}·kay·ri *ferretería*
quitter ki·te *abandonar*
quotidien(ne) ko·ti·dyɛ^{n} /ko·ti·diɛn *cotidiano/a*

R

race ras *carrera*
racisme ra·sism *racismo*
raconter ra·ko^{n}·te *contar*
radiateur ra·dia·tœr *radiador*
radical(e) ra·di·kal *radical*
radio ra·dio *radio*
raide rɛd *empinado*
raison rɛ·zo^{n} *razón*
raisonnable rɛ·zo·nabl *sensible*
ramasser ra·ma·se *recoger*
randonnée ra^{n}·do·ne *excursión*
rapide ra·pid *rápido*
rapport ra·por *relación*
rapports sexuels protégés ra·por sek·süɛl pro·te·je *relaciones sexuales seguras*
raquette ra·kɛt *raqueta*
rare rar *raro*
rasoir ra·zuar *cuchilla*
rassis(e) ra·si(z) *pasado/a (alimentos)*
rat ra *rata*
réalisateur/réalisatrice rea·li·za·tœr/ rea·li·za·tris *director (cine)*
réaliser rea·li·ze *dirigir (una película)*
réaliste rea·list *realista*
réalité rea·li·te *realidad*
rebord rœ·bor *cornisa*
récemment re·sa·ma^{n} *recientemente*
receveur rœ·sœ·vœr *cobrador (autobús)*
recevoir rœ·sœ·vuar *recibir*
réchaud re·sho *estufa*
recherches rœ·shɛrsh *investigación*
récolte re·kolt *cultivo*
recommander rœ·ko·ma^{n}·de *recomendar*
reconnaissant(e) rœ·ko·nɛ·sa^{n}(t) *agradecido/a*
reconnaître rœ·ko·nɛtr *reconocer*
reçu rœ·sü *recibo*
recueil d'expressions rœ·kœy deks·prɛ·sio^{n} *libro de expresiones*
recyclable rœ·si·klabl *reciclable*
recyclage rœ·si·klaj *reciclaje*
recycler rœ·si·kle *reciclar*
rédacteur/rédactrice re·dak·tœr/ re·dak·tris *editor*
réduire re·düir *reducir*
référence re·fe·ra^{n}s *referencia*
réfrigérateur re·fri·je·ra·tœr *nevera*
réfugié(e) re·fü·jie *refugiado/a*
refuser rœ·fü·ze *rechazar*
regarder rœ·gar·de *mirar*
régime re·jim *régimen*
région re·jio^{n} *región*
règles rɛgl *reglas*
règles douloureuses rɛgl du·lu·rœz *dolores menstruales*
reine rɛn *reina*
relation rœ·la·sio^{n} *relación*
religieuse rœ·li·jiœz *monja*
religieux/religieuse rœ·li·jiœ/rœ·li·jiœz *religioso/a*
religion rœ·li·jio^{n} *religión*
remboursement ra^{n}·bur·sœ·ma^{n} *reembolso*
remercier rœ·mɛr·sie *agradecer*
remise rœ·miz *descuento*
remplir ra^{n}·plir *rellenar*
rencontrer ra^{n}·ko^{n}·tre *encontrar*
rendez-vous ra^{n}·de vu *cita*
renseignements ra^{n}·sɛ·ñœ·ma^{n}n *información*

réparer re·pa·re *reparar*
repas rœ·pa *comida*
repasser rœ·pa·se *planchar*
répondre re·po^{n}dr *responder*
réponse re·po^{n}s *respuesta*
repos rœ·po *descansar*
représenter rœ·pre·za^n·te *representar*
république re·pü·blik *república*
réseau re·zo *red*
réservation re·zɛr·va·sio^n *reserva*
réserver re·zɛr·ve *reservar*
respirer res·pi·re *respirar*
ressort rœ·sor *resorte*
restaurant res·to·ra^n *restaurante*
rester res·te *permanecer*
retard rœ·tar *retraso*
retrait rœ·trɛ *retirada*
retrait des bagages rœ·trɛ dɛ ba·gaj *recogida de equipaje*
retraité(e) rœ·trɛ·te *jubilado/a*
réussite re·ü·sit *logro*
réveil re·vɛy *despertador*
réveiller re·vɛ·ye *despertar*
revenir rœ·vœ·nir *volver*
revenus rœ·vœ·nü *ingresos*
rêver rɛ·ve *soñar*
révolution re·vo·lü·sio^n *revolución*
rhume des foins rüm dɛ foɛ^n *fiebre del heno*
riche rish *rico*
rien ryɛ^n *nada*
rire rir *reír*
risque risk *riesgo*
rivière ri·viɛr *río*
riz ri *arroz*
robe rob *vestido*
robinet ro·bi·nɛ *grifo*
rocher ro·she *roca*
rock rok *rock (música)*
roi rua *rey*
roller ro·lœr *patín*
roman ro·ma^n *novela*
romantique ro·ma^n·tik *romántico*
rond(e) ro^n(d) *redondo*
rond-point ro^n poɛ^n *rotonda*
rose roz *rosa*
roue ru *rueda*
rouge ruj *rojo*
rouge à lèvres ruj a lɛvr *barra de labios*
rougeole ru·jol *sarampión*
rougeur ru·jœr *sarpullido*
route rut *carretera*
royaume rua·yom *reino*
rue rü *calle*
ruelle rüɛl *callejuela*
rugby rüg·bi *rugby*
ruines rüin *ruinas*
ruisseau rüi·so *arroyo*
ruse rüz *truco*
rythme ritm *ritmo*

S

s'allonger sa·lo^n·je *tumbarse*
s'amuser sa·mü·ze *divertirse*
s'arrêter sa·rrɛ·te *pararse*
s'asseoir sa·suar *sentarse*
s'ennuyer sa^n·nü·ye *aburrirse*
s'habiller sa·bi·ye *vestirse*
s'inquiéter sɛ^{n}n·kie·te *estar preocupado*
s'occuper de so·kü·pe dœ *cuidar de*
sa sa *su*
sabbat sa·ba *Sabat*
sable sabl *arena*
sac sak *bolso*
— **à dos** a do *mochila*
— **de couchage** dœ ku·shaj *saco de dormir*
— **à main** a mɛ^n *de mano*
saint(e) sɛ^n(t) *santo/a*
Saint-Sylvestre sɛ^n sil·vɛstr *Nochevieja*
saison sɛ·zo^n *temporada*
salaire sa·lɛr *salario*
salaud sa·lo *cabrón*
sale sal *sucio*
salle sal *habitación*
— **d'attente** sal da·ta^{n}t *sala de espera*
— **de bain** sal dœ bɛ^n *cuarto de baño*
— **de transit** sal dœ tra^n·zit *sala de tránsito*
salon de beauté sa·lo^n dœ bo·te *salón de belleza*
salope sa·lop *puta*
samedi sam·di *sábado*
sandales sa^n·dal *sandalias*
sang sa^n *sangre*
sans sa^n *sin*
sans plomb sa^n plo^n *sin plomo*

sans-abri sa^n·za·bri *sin hogar*
santé sa^n·te *salud*
satisfait(e) sa·tis·fɛ/sa·tis·fɛt *satisfecho/a*
sauf sof *excepto*
sauna so·na *sauna*
sauter so·te *saltar*
sauvage so·vaj *salvaje*
sauver so·ve *salvar*
savoir sa·vuar *saber*
savon sa·vo^n *jabón*
scénario se·na·rio *guión*
scénariste se·na·rist *guionista*
scène sɛn *escenario*
science sia^{n}s *ciencia*
science-fiction sia^{n}s fik·sio^n *ciencia ficción*
scientifique sia^n·ti·fik *científico*
score skor *tanto (deporte)*
sculpture skülp·tür *escultura*
se coucher sœ ku·she *irse a la cama*
se décider sœ de·si·de *decidirse*
se disputer sœ dis·pü·te *discutir*
se laver sœ la·ve *lavarse*
se mettre à genoux sœ mɛtr a jœ·nu *arrodillarse*
se mettre en grève sœ mɛtra^n grɛv *hacer huelga*
se plaindre sœ plɛ^{n}dr *quejarse*
se raser sœ ra·ze *afeitarse*
se rendre compte de sœ ra^{n}dr ko^{n}pt dœ *darse cuenta de*
se reposer sœ rœ·po·ze *relajarse*
se réveiller sœ rœ·vɛ·ye *despertarse*
se souvenir sœ suv·nir *recordar*
seau so *balde, cubo*
sec/sèche sɛk/sɛsh *seco/a*
sécher se·she *secar*
second(e) sœ·go^n/sœ·go^{n}d *segundo/a (lugar)*
seconde sœ·gond *segundo (tiempo)*
secret sœ·krɛ *secreto*
secrétaire sœ·kre·tɛr *secretario/a*
sécurité se·kü·ri·te *seguridad*
sécurité sociale se·kü·ri·te so·sial *seguridad social*
sein sɛ^n *seno*
sel sɛl *sal*
selle sɛl *montura*
semaine sœ·mɛn *semana*
semblable sa^n·blabl *similar*
séminaire se·mi·nɛr *seminario*
sensation sa^n·sa·sio^n *sensación*
sensibilité sa^n·si·bi·li·te *sensibilidad*
sensuel(le) sa^n·süɛl *sensual*
sentier sa^n·tie *sendero*
sentiment sa^n·ti·ma^n *sentimiento*
sentir sa^n·tir *oler*
séparé(e) se·pa·re *separado/a*
sept set *siete*
septembre sɛp·ta^{n}br *septiembre*
série se·ri *serie*
sérieux/sérieuse se·riœ/se·riœz *serio/a*
seringue sœ·rɛ^{n}g *jeringuilla*
séropositif/séropositive se·ro·po·zi·tif/ se·ro·po·zi·tiv *seropositivo*
serpent sɛr·pa^n *serpiente*
serrer dans ses bras se·rre da^n sɛ bras *abrazar*
serrure se·rrür *candado*
serveur/serveuse sɛr·vœr/sɛr·vœz *camarero/a*
service sɛr·vis *servicio*
service militaire sɛr·vis mi·li·tɛr *servicio militar*
serviette sɛr·viɛt *maletín* • *servilleta* • *toalla*
serviette hygiénique sɛr·viɛt i·jie·nik *compresa*
ses sɛ *su*
seule(e) sœl *solo/a*
sexe seks *sexo*
sexisme sek·sism *sexismo*
sexiste sek·sist *sexista*
sexy sek·si *sexy*
shampooing sha^n·poɛ^n *champú*
short short *pantalones cortos*
si si *si*
SIDA si·da *sida*
siège pour enfant siɛj pur a^n·fa^n *sillita para niños*
siffler si·fle *silbato*
signature si·ña·tür *firma*
signe siñ *signo*
simple sɛ^{n}pl *simple*
Singapour sɛ^n·ga·pur *Singapur*
singe sɛ^{n}j *mono*
situation si·tüa·sio^n *situación*

situation familiale si·tüa·sio^n fa·mi·lial *estado civil*
six sis *seis*
skateboard skɛt·bord *hacer skateboard*
ski ski *esquí*
ski nautique ski no·tik *esquí acuático*
skier ski·e *esquiar*
skis ski *esquís*
slip slip *bragas*
socialisme so·sia·lism *socialismo*
socialiste so·sia·list *socialista*
societé so·sie·te *sociedad*
sœur sœr *hermana*
soie sua *seda*
soigner sua·ñe *cuidar de alguien*
soigneux/soigneuse sua·ñœ/sua·ñœz *cuidadoso/a*
soir suar *noche*
soirée sua·re *atardecer* • *velada*
soldat sol·da *soldado*
solde sold *balance (saldo)*
soleil so·lɛy *sol*
solide so·lid *sólido*
somme som *cantidad (dinero)*
sommeil so·mɛy *dormir*
somnifère som·ni·fɛr *somnífero*
son so^n *su*
sonner so·ne *sonar*
sortie sor·ti *salida*
sortir sor·tir *salir*
sortir avec sor·tir a·vɛk *salir con alguien*
souffrir su·frir *sufrir*
souhaiter su·ɛ·te *deseo*
soulever sul·ve *levantar*
sourd(e) sur(d) *sordo/a*
sourire su·rir *sonreír*
sourire su·rir *sonrisa*
souris su·ri *ratón*
sous su *debajo*
sous-titres su titr *subtítulos*
sous-vêtements su vɛt·ma^n *ropa interior*
soutien-gorge su·tɛ^n gorj *sujetador*
souvenir suv·nir *memoria* • *recuerdo*
souvent su·va^n *a menudo*
sparadrap spa·ra·dra *tirita*
spécial(e) spe·sial *especial*
spécialiste spe·sia·list *especialista*
spectacle spɛk·takl *espectáculo* • *representación*
sport spor *deporte*
sportif/sportive spor·tif/spor·tiv *deportista*
stade stad *estadio*
stage en entreprise staj a^n na^n·trœ·priz *experiencia de trabajo*
station de métro sta·sio^n dœ me·tro *estación de metro*
station de taxi sta·sio^n dœ tak·si *parada de taxi*
station-service sta·sio^n sɛr·vis *estación de servicio*
stérilet ste·ri·lɛ *DIU*
stupéfiant stü·pe·fia^n *narcótico*
stupéfiant(e) stü·pe·fia^{n}t(t) *sorprendente*
stupide stü·pid *estúpido*
style stil *estilo*
stylo sti·lo *bolígrafo*
suborner sü·bor·ne *sobornar*
sucré(e) sü·kre *dulce*
sud süd *sur*
suivre süivr *seguir*
supérette de quartier sü·pe·rɛt dœ kar·tie *ultramarinos*
supermarché sü·pɛr·mar·she *supermercado*
superstition sü·pers·ti·sio^n *superstición*
supplémentaire sü·ple·ma^n·tɛr *adicional*
supporter sü·por·te *apoyar*
sur sür *sobre* • *encima de*
sûr(e) sür *seguro*
surf (des neiges) serf (dɛ nɛj) *hacer snowboard*
surfer sür·fe *hacer surf*
surnom sür·no^n *mote*
surprise sür·priz *sorpresa*
survivre sür·vivr *sobrevivir*
synagogue si·na·gog *sinagoga*
syndicat sɛ^n·di·ka *sindicato*
syndrome prémenstruel sɛ^n·drom pre·ma^{n}s·trüɛl *síndrome premenstrual*
synthétique sɛ^n·te·tik *sintético*
syrop contre la toux si·ro ko^{n}tr la tu *jarabe contra la tos*

T

ta sg inf ta *tu*
tabac ta·ba *tabaco*
table tabl *mesa*
tableau ta·blo *pintura*
tableau d'affichage ta·blo da·fi·shaj *marcador*
taie d'oreiller tɛ do·rɛ·ye *funda de almohada*
taille tay *talla*
tailleur ta·yœr *sastre*
talc talk *polvos de talco*
tambour ta^n·bur *tambor*
tampon hygiénique ta^n·po^n i·jie·nik *tampón*
tante ta^{n}t *tía*
tapis ta·pi *alfombra*
tarif ta·rif *tarifa*
tarifs postaux ta·rif pos·to *franqueo*
tasse tas *taza*
taux de change to de sha^{n}j *tipo de cambio*
taxe taks *impuesto*
— **à la vente** a la va^{n}t *sobre la venta*
— **d'aéroport** da·e·ro·por *tasa de aeropuerto*
taxi tak·si *taxi*
technique tek·nik *técnica*
télé te·le *tele*
télécarte te·le·kart *tarjeta de teléfono*
télécommande te·le·ko·ma^{n}d *control remoto*
télégramme te·le·gram *telegrama*
téléphérique te·le·fe·rik *teleférico*
téléphone te·le·fon *teléfono*
téléphone portable te·le·fon por·tabl *teléfono móvil*
téléphone public te·le·fon pü·blik *teléfono público*
téléphoner te·le·fo·ne *llamar por teléfono*
télescope te·les·kop *telescopio*
télésiège te·le·siɛj *telesilla*
télévision te·le·vi·zio^n *televisión*
témoin te·moɛ^n *testigo*
température ta^n·pe·ra·tür *temperatura*
temple ta^{n}pl *templo*
temps ta^n *tiempo*
tennis tɛ·nis *tenis*
tennis de table tɛ·nis dœ tabl *ping pong*
tension artérielle tan·sio^n ar·te·riɛl *tensión arterial*
tente ta^{n}t *tienda*
terrain tɛ·rrɛ^n *terreno*
— **de camping** dœ ka^n·piñ *lugar de acampada*
— **de golf** dœ golf *campo de golf*
— **de jeux** dœ jœ *zona de juegos*
— **de sport** dœ spor *polideportivo*
Terre tɛrr *la tierra*
terre tɛrr *tierra*
terrorisme tɛ·rro·rism *terrorismo*
tes tɛ *tus*
test de grossesse test dœ gro·sɛs *test de embarazo*
tête tɛt *cabeza*
tétine te·tin *chupete*
théâtre te·atr *drama* • *teatro*
timbre tɛ^{n}br *sello*
timide ti·mid *tímido*
tire-bouchon tir bu·sho^n *sacacorchos*
tirer ti·re *tirar* • *disparar*
tissu ti·sü *tejido*
toilettes tua·lɛt *servicios*
toit tua *tejado*
tombe to^{n}b *tumba*
tomber to^n·be *caer*
ton to^n *tu*
tonalité to·na·li·te *signo de marcación*
tôt to *temprano*
toucher tu·she *tocar*
toujours tu·jur *siempre*
tour tur *torre*
touriste tu·rist *turista*
tourner tur·ne *girar*
tournoi tur·nua *torneo*
tous les deux tu lɛ dœ *ambos*
tous les jours tu lɛ jur *todos los días*
tout tu *todo*
— **droit** drua *recto*
— **le monde** lœ mo^{n}d *el mundo*
— **près** prɛ *muy cerca*
tout(e) seul(e) tu(t) sœl *solo/a*
toux tu *tos*
toxicomanie tok·si·ko·ma·ni *toxicomanía*

traduire tra·düir *traducir*
trafiquant de drogue tra·fi·ka^{n} dœ drog *traficante de droga*
train trɛ^{n} *tren*
traite bancaire trɛt ba^{n}·kɛr *documento bancario*
traitement trɛt·ma^{n} *tratamiento*
tranchant(e) tra^{n}·sha^{n}(t) *afilado/a*
tranche tra^{n}sh *loncha*
tranquille tra^{n}·kil *tranquilo*
transfert tra^{n}s·fɛr *transferencia*
transport tra^{n}s·por *transporte*
travail tra·vay *trabajo*
— **dans un bar** da^{n} zɛ^{n} bar *dentro de un bar*
— **intermittent** ɛ^{n}·tɛr·mi·ta^{n} *temporal*
travailler tra·va·ye *trabajador*
traverser tra·vɛr·se *cruzar*
tremblement de terre tra^{n}·blœ·ma^{n} dœ tɛrr *terremoto*
très trɛ *muy*
tribunal tri·bü·nal *tribunal*
tricheur/tricheuse tri·shœr/tri·shœz *tramposo/a*
tricot tri·ko *tejer*
triste trist *triste*
trois trua *tres*
troisième trua·ziɛm *tercero*
tromper (se) tro^{n}·pe *equivocarse*
trop tro *demasiado*
trop de tro dœ *demasiado*
trou tru *agujero*
trousse à pharmacie trus a far·ma·si *botiquín*
trouver tru·ve *encontrar*
T-shirt ti·shœrt *camiseta*
tu tü *tú*
tuer tü·e *matar*
tuer (d'un coup de pistolet) tü·e (dɛ^{n} ku dœ pis·to·lɛ) *matar de un disparo*
type tip *tipo*
typique ti·pik *típico*

U

ultrason ül·tra·so^{n} *ultrasonidos*
un peu ɛn pœ *un poco*
un(e) ɛ^{n}/ün *un/a*
une fois ün fua *una vez*
uniforme ü·ni·form *uniforme*
union ü·nio^{n} *unión*
université ü·ni·vɛr·si·te *universidad*
univers ü·ni·vɛr *universo*
urgent(e) ür·ja^{n}(t) *urgente*
usine ü·zin *fábrica*
utile ü·til *útil*
utiliser ü·ti·li·ze *utilizar*

V

vacances va·ka^{n}s *vacaciones*
vaccination vak·si·na·sio^{n} *vacuna*
vache vash *vaca*
vagin va·jɛ^{n} *vagina*
vague vag *ola*
valeur va·lœr *valor (precio)*
valider va·li·de *validar*
valise va·liz *maleta*
vallée va·le *valle*
varappe va·rap *escalada en roca*
végétarien/végétarienne ve·je·ta·ryɛ^{n}/ ve·je·ta·riɛn *vegetariano/a*
véhicule ve·i·kül *vehículo*
veine vɛn *vena*
vélo ve·lo *bicicleta*
vélo tout terrain (VTT) ve·lo tu tɛ·rrɛ^{n} (ve te te) *bicicleta de montaña*
vendre va^{n}dr *vender*
vendredi va^{n}·drœ·di *viernes*
venimeux/venimeuse vœ·ni·mœ/ vœ·ni·mœz *venenoso/a*
venir vœ·nir *venir*
vent va^{n} *viento*
vente va^{n}t *venta*
vente aux enchères va^{n}t o za^{n}·shɛr *subasta*
ventilateur va^{n}·ti·la·tœr *ventilador*
vérifier ve·ri·fie *verificar*
vérité ve·ri·te *verdad*
verre vɛrr *vaso* • *copa (de alcohol)*
verres de contact vɛrr dœ ko^{n}·takt *lentes de contacto*
vers vɛr *hacia (dirección)*
vers vɛr *gusanos*
vert(e) vɛr(t) *verde*
veste vɛst *chaqueta*
vestiaire ves·tiɛr *guardarropa*

vêtements vɛt·ma^{n} *ropa*
veuf vœf *viudo*
veuve vœv *viuda*
via vi·a *vía*
viande via^{n}d *carne*
vide vid *vacío*
vie vi *vida*
vieux/vieille viœ/viɛy *viejo/a*
vigne viñ *viña*
vignoble vi·ñobl *viñedo*
VIH (virus immunodéficitaire humain) ve I ash (vi·rüs i·mü·no·de·fi·si·tɛr ü·ɛ^{n}) *VIH*
village vi·laj *pueblo*
ville vil *ciudad*
vin vɛ^{n} *vino*
violer vio·le *violar*
violet(te) vio·lɛ(t) *morado/a*
virus vi·rüs *virus*
visa vi·za *visado*
visage vi·zaj *cara*
visite guidée vi·zit gi·de *visita guiada*
visiter vi·zi·te *visitar*
visiteur/visiteuse vi·zi·tœr/vi·zi·tœz *visitante*
vitamine vi·ta·min *vitamina*
vitesse vi·tɛs *velocidad*
vivant(e) vi·va^{n}(t) *vivo/a*
vivre vivr *vivir*
voile vual *vela* • *navegar*
voir vuar *ver*
voiture vua·tür *automóvil*
voiture de police vua·tür dœ po·lis *coche de policía*
vol vol *vuelo* • *robo*
volé(e) vo·le *robado/a*
voler vo·le *volar* • *robar*
voleur/voleuse vo·lœr/vo·lœz *ladrón/ladrona*
volume vo·lüm *volumen*
vomir vo·mir *vomitar*
vos vo *vuestros*
voter vo·te *votar*
votre votr *vuestro*
vouloir vu·luar *querer*
vous vu *vosotros*
voyage vua·yaj *viaje*
voyage d'affaires vua·yaj da·fɛr *viaje de negocios*
voyager vua·ya·je *viajar*
voyageur/voyageuse vua·ya·jœr/vua·ya·jœz *pasajero*
vrai(e) vrɛ *real*
vrai(e) vrɛ *verdadero/a*
vraiment vrɛ·ma^{n} *verdaderamente*
vue vü *vista*

W

wagon-lit va·go^{n} li *coche cama*
wagon-restaurant va·go^{n} res·to·ra^{n} *vagón restaurante*
week-end uik end *fin de semana*

Y

yeux yœ *ojos*
yoga yo·ga *yoga*

Z

zéro ze·ro *cero*
zoo zo *zoo*

F

G

H

I

L

M

N

O

P

Q

R

S

T

U

V